50°
130°
120°
110°
100°
バンクーヴァー島
ファンデーフカ海峡
バンクーヴァー
シアトル
コロンビア川
ワシントン
スポーケン
ポートランド
スネーク川
オレゴン
アイダホ
モンタナ
ノースダコタ
サウスダコタ
ミズーリ
ワイオミング
太
40°
グレートソルト湖
ソルトレークシティ
ネブラスカ
ユタ
デンヴァー
コロラド
カンザス
サンタフェ
オクラホマ
オクラホマシティ
サンディエゴ
アリゾナ
ニューメキシコ
洋
30°
ツーサン
フォートウォース
エルパソ
テキサス
オースティン
サンアントニオ
リオグランデ川
メキシコ
100°
マタモロス
120°
アラスカ
160°
140°
北極圏
カナダ
アラスカ
〔アメリカ合衆国〕
アンカレッジ
60°
太
平
洋
180°
アレウト諸島
1:50,000,000
1:50,000,000
0
500km
ハワイ諸島
160°
ニイハウ島
カウアイ島
オアフ島
ホノルル
モロカイ島
マウイ島
ラナイ島
太
平
洋
ハワイ
〔アメリカ合衆国〕
20°
20°
ハワイ島
1:17,900,000
0
200km
グアム島
144°45′
ハガッニャ

YAMAKAWA SELECTION

アメリカ史 上

紀平英作 編

山川出版社

［カバー写真］
ゲティスバーグで演説するリンカーン

『山川セレクション　アメリカ史』への序文——トランプ政権の誕生によせて

この書のもととなる『新版　世界各国史第二四巻　アメリカ史』は一九九九年に刊行された。その後の二〇年間にみられた驚くべき変化にふれて、セレクションの序文としたい。

二〇一六年十一月、政治経験をもたない実業家ドナルド・トランプが、アメリカ政治の最高権力者に一気にかけあがった。二十世紀の第四・四半期から明確であった保守的社会潮流を受けてのことであったが、それにしても彼の当選は、従来の政治常識を覆したばかりか、就任からすでに二年がたつなかでは、この大統領の異様なまでの言動が目立つ。女性問題やロシア疑惑など政治倫理上、認めがたい行動が多いだけではない。合衆国国民自身が驚愕しているのは、アメリカ社会が「リベラル」対「極端な保守」という政治的立場の違いにそって、あるいは人種、また中絶という文化的問題にかかわって、かつてない深刻な分裂に直面している事実である。

「アメリカの分断」と呼ばれるこの状況をいかに理解するのか。まず検討すべきは、その亀裂が、トランプの異様な挑発的言動によって起きているのか、それとも問題の根はさらに深いかであろう。

簡潔にいえば分断と呼びうる現象は、すでに二十世紀末から進行してきた長期の状況とみなしてよい。たとえばフランス人歴史家エマニュエル・トッドは、トランプ当選の直後、彼の勝利は民主主義の本義に沿っているとして、つぎのような趣旨の議論をしていた。

ここ一五年のあいだ、アメリカ人大衆の生活水準は下がり、一部の白人では死亡率さえ上昇した。人々は、グローバル化という名のもとの自由貿易と移民が、世界中の働き手を競争に放り込み、極端な経済的不平等をもたらし、生活の停滞をもたらしたと感じてきた。その状況に着目し、衰退する製造業にたずさわる人々にたいして、アメリカは現在うまくいっていないと率直に語ったトランプが有権者に受け入れられた。トランプは真実を語ることで勝利したのだ。

（インタビュー、『朝日新聞』二〇一六年十一月十七日）

トッドの議論は、語られる分断の原因が、経済のグローバル化を進める先進国アメリカで顕著にあらわれる、社会上層部への富の極端な偏在の傾向、所得格差の拡大、結果としての中間層の萎縮と下層中産階級の経済的困窮にあるとみる点では、間違っていない。指摘にある死亡率の上昇は、下層中産階級白人に増加する薬物中毒によるとされる。

しかし、その一方で、トッドの議論ではトランプ大統領の登場がもつ別の二つの状況を、うまく説明できない恨みがある。そのひとつは、二〇一六年、「政治家」トランプが大衆の経済的不満をすくいあげたというのであれば、なぜその時点で、またその後も、困窮が進む同じ大衆にたいして、彼があえてその内部の分断を煽《あお》る行動をとりつづけているのか、である。

白人と黒人との関係、移民との関係、また人工妊娠中絶を個人の権利とみる人々と反対する福音主義宗教右派の関係とは、すべてがそうだとはいえないにしても、じつは「大衆のなかの」分裂でもある。トランプは、不法移民は屑《くず》だから阻止すると声高に叫び、また文化的問題では、宗教右派の立場で分断をさらに煽る。トッドの議論では、トランプが分裂をことさらに煽りつづける理由が十分に説明できないのである。たとえば中南米からアメリカにすでに相当数はいっているヒスパニック系移民は、ただちに中西部ラストベルト（錆《さ》びついた工業地帯）に住む白人労働者の職を奪うような人々ではないからである。

そしていま一点、トランプが政権について以降の政策が、貧困化が進む人々の要望にそうのかも、じつは疑問である。なるほど、新大統領は世界的企業にたいしてアメリカに工場をつくるようにと脅《おど》しをかけ、また労賃の安いメキシコからＮＡＦＴＡ（北米自由貿易協定）によって、アメリカに自由にはいる貿易は認めないといいつづける。しかし、そうした事例は派手なキャンペーンではあっても、アメリカ製造業、とくにラストベルトを再生させる規模にはなりえないことはあまりに明らかである。

それよりも彼が政策の重点をおくのは、第一に減税であり、そしてオバマ政権がリーマンショック後すすめた金融規制（ほかにも環境規制など）を緩和する動きであり、さらに軍事産業を潤す軍備の増強のための財政出動なのである。それらの政策は、先端技術をアメリカに囲い込むため、中国にたいして貿易戦争をしかける動きとともに、どれもがじつはこの四半世紀、超大国アメリカがグローバル化を進める過程でとった政策の延長であり、保守的なのである。減税は消費と投資をうながすと謳《うた》われるが、どうみても巨大企業と富裕層に有利に働き、社会格差を拡大してきたのである。

トッドの所見にたいして疑問と感じる以上の二点は、現在のトランプ政権と共和党右派が経済的に下層の人々に向けるメッセージが、やはり選挙目当ての戦術だと感じさせるものだが、じつはそれに加えて、トランプ政権の歴史的位置づけについて深刻な課題をわれわれに突きつけている。その課題もしくは疑問の重さに強い衝撃を感じるのである。

そもそもトランプ政権は、従来のアメリカのどの政治権力とも違う特質をもつようにみえる。たとえば彼らは、グローバル化が進むいま、社会に分断が広がるのは当然であり、その緩和にエネルギーを振り向けるよりも、分断を煽る方が政治的効果は高いと考える。潜在的であれ表出するものであれ、人種問題の悪化は見て見ぬ振りをし、移民や中絶などの争点については明確な保守的政策をとることで、彼らは相当量の支持層を確保できると踏む。政治戦術とは、本来そのようなものでよく、そのうえで彼ら指導者がめざす政治とは、金融を軸にアメリカ経済、企業がグローバルに活動できる手段をあらゆる舞台で追求していく。国家の無比の政治目標はそこにあるかのように振舞う。

かりにそうした論理でアメリカの最高権力や政党が動き始めたとすれば、じつのところそこでの権力は、従来の国民国家の権力とはまったく異なる方向に顔を向け始めたことになろう。広くいえば、近現代の世界、とくに共和国アメリカは、十八世紀後半に独立して以来多くの紆余曲折を含みながらも、より統合された国民の形成を多様性の保持とともに目標としてきた。アメリカ社会が自由と統合に向かうものと自ら規定してきたのは、その意味である。しかし、トランプ政権の動きは既存のそうした歴史的方向規範を転換させかねないのである。あるいはまったく異なる軌道への転移といってもよい。

そうした権力の変化が、歴史制度としての国民国家の「劣化」なのか、それとも質的変形なのか、さらには民主主義の退歩なのか、その判断はいま明言しがたい。しかし、いえることは、民主主義や国民国家もまた歴史の所産であり、それらは「劣化」しうること、とくに国民国家の中枢を握る権力体にとって、主権者として仮想される「統合された国民」なるものは、理念として残っても、もはや実態として意味ないものとみなされる変化がありうる、という点なのである。選挙は勝てばよく、そこでは断片化した「国民」の片々が激しく争いあっていてもよい、政治はその分裂に改善の手をさしのべるより、むしろ煽ることで権力は維持できる。どこからみても醜悪な論理ではあるが、そうした多数形成の論理を密かにいだく権力が、国民国家の指導者を自称する状況がありうるということなのである。

本書の序文に戻ろう。この書は、そのような疑問を感じながらもいまはその問いをおいて、植民地であったアメリカが共和国としてイギリスから独立し、南北戦争という分裂の試練を経験しながらも、より均衡ある国家の形成に向けてゆるやかに進んできた軌跡を、世界的にも国民国家が幅広く形成される国際環境のなかで描こうとしている。その軌跡こそが、近現代世界史の基本的な文脈だったからであり、われわれはその文脈をまず押さえることが、現在を生きるうえで重要ととらえるからである。そしてそのあり方がかりにいま危機にあるならば、本書をあらためて世に送る意味もまた大きいと信じている。

ただし、一九九九年刊行の初版になかった事態が生じている以上、その新しい状況を歴史的に分析することが必要であろう。この書では、初版の最終章であった第十一章にかなりの修正を施し、さらに新たな終章を書き加えることで、二十一世紀にはいって一五年程度の合衆国の変化を二十世紀からの歴史的連続として捉えようとしている。その他、既存の叙述にもいくぶん修正を加えた部分があり、読者に吟味いただければと願っている。

本書の出版にあたり新しい序文を用意したため、各国史『アメリカ史』の序においた「はじめに」は削除した。重複を避ける趣旨であるが、日本人の立場でアメリカ史を考えることについて筆者なりの思いをまとめた文章であり、限られたスペースではあるが、それにも簡単にふれておきたい。

日本の近代は、いうまでもなく十九世紀半ば嘉永六年六月三日(一八五三年七月八日)、ペリー提督率いるアメリカ東アジア艦隊が浦賀沖に投錨したことに始まる。そのおり、ペリーが「渡来の趣旨」として提出したアメリカ大統領フィルモアから徳川将軍宛国書は、今日の言葉でいえば「新しい地域への展望」と呼んでよい、つぎのような開国への誘いを記す内容であった(以下、現代語訳)。

アメリカ合衆国は、「これより三〇〇年ほど前にヨーロッパ人が開拓を始め、今日では大きな国となり、日本とヨーロッパの中間に位置している、つまり東と西において二つの大洋に面する」国家である。現在は国の活動が盛んとなり、「西の太平洋岸にも開拓がおよび、……蒸気船に乗って泰平海〔太平洋〕をわたれば、一八日から二〇日の行程で貴国〔日本〕に到着する」。そのような事情から、「交易は今後年々盛んとなり、貴国の港にもわが国の船がたくさんみられるようになるはずで」あり、われわれはそのことに鑑み「両国のあいだに和約をさだめ、懇意な関係になりたいと希望している」のである。

この書簡が示唆するとおり、ペリーの日本来航はじつは数年にわたり周到に準備された計画であり、その用意の背景には、日本を含む東アジア地域が、もはや伝統的世界とは異質の地域構造に生まれ変わりつつある事情があった。東からの合衆国だけでなく、イギリスまたフランスがすでに南シナ海そして東シナ海をこえて日本近海および太平洋に進出していた。ペリーの来航は、その二国が中国(清朝)にたいし第二次アヘン戦争であるアロー戦争をしかける、直前の事件であった。来航の意図が、イギリスへの対抗であったことはいうまでもない。さらに帝政ロシアも、カムチャツカ半島から日本海を往来していた。東アジア沿岸地域そして太平洋は、国際戦争をも含めてこのような、従来よりはるかに多様な人々が頻繁に往来、競合する新しい海に生まれ変わり始めていたのである。

その太平洋をどのようにとらえ、アメリカとどのようにかかわりあうかは、近代日本が背負った大きな課題であるばかりか、中国また朝鮮が直面した問題でもあった。いいかえれば、その多元的な関係のなかで、十九世紀半ば以降、東アジア太平洋地域とも呼んでよい地域構造がつくられてきた。ただ、第二次世界大戦まで日本は、その多元性をあたかも抹消するかのような覇権的行動をとり、地域の孤児と化した――。そうであれば今日、アメリカ合衆国を、日本とアメリカとの二国関係という枠だけではなく、その東アジア太平洋あるいは環太平洋地域社会の枠で多元的に考えることがとくに重要ではないだろうか。

間違いなくアメリカ合衆国はヨーロッパ起源の国である。その点で、また二十世紀にはいっての経済力・政治力のゆえに、アメリカは、東アジア太平洋地域にとどまらない世界大国としての顔をもってはいる。しかし、その一方で、この国は十九世紀中頃以来、まぎれもなくわれわれの隣につねに存在してきた地域の一員なのである。

そうした東アジア太平洋という枠を無視したかのように、アメリカと日本との関係だけを考える思考は、過去に問題であったように、今日においても深刻な危険をはらむ。第二次世界大戦以前がそうであったように、その思考からはアメリカは、われわれにとっての唯一のライバルもしくは敵のようにイメージされかねない。逆に、第二次世界大戦後のように、われわれの保護者であるかのように、異様に頼ることにもなりかねない。日米関係を周辺から隔絶される特殊なものととらえるのではなく、アメリカをあくまで相対的に東アジア太平洋地域の一員として迎え、アメリカを含めてこの地域により対等である新しい多元的関係を想像することは、われわれの歴史意識にとって重要な意味をもつであろう。

なるほどその意識は、現実政治のうえではいまのところ無視される議論ではある。しかし、われわれが東アジア太平洋地域で生きることを運命づけられているかぎり、その目標を捨てることがまた非歴史的となる――その点がじつは重要なのである。あくまでアメリカを地域の隣人として意識し、そのつきあい方をも想像しながら合衆国の歴史を振り返ることは、アメリカ史の創造的な再検討に十分貢献しうる。なぜならその視野をもつことで、アメリカ史をかつてない大国の歴史として驚異をもって描くのではなく、十六世紀以降の近代世界史の流れのなかで、近代史叙述が課題としてきた欧米中心的でない、多元的な地域の視点を加えて論じことができるように思えるからである。

ついでながらそのような関心から、この書物では、以前のアメリカ史の叙述とは若干異なる表現を用いた箇所がある。とくに一九五〇年代から六〇年代に展開した「公民権運動」と訳された運動(Civil Rights Movement)を、「市民権運動」としている点については多少の説明が必要であろう。

その運動に先立つ時期、合衆国においてアフロアメリカン(黒人)がおかれていたのは、すでに国民であり投票権があるとされながらも白人と同じ人間として扱われないという、彼らが社会の構成員(「市民」)としてもつ基本的権利＝市民権が侵害された状況であった。したがってキングらの抗議運動も、本来「市民」に保障される平等の権利の実現を求めた運動にほかならず、それゆえに「市民権運動」と称したのである。その市民的権利は、付与される権利としての公民権とは異質のものなのである。

その市民権という概念を曖昧にすると、今日でも合衆国に（また日本に）ある、人種差別的感性を容易に見抜けなくなるし、さらには現在なお継承される市民権運動の精神も理解できなくなる、そのことを危惧している。ただしいささか序文が長くなりすぎた。本論をお読みいただくことで、大方の批判を受けることにしたい。

二〇一九年四月

紀平英作

目次

序章——「アメリカ」とは何か　3　紀平英作
❶新しい国家　3　❷アメリカ史を貫くもの　11
第一章——北米イギリス植民地の建設と発展　十六世紀末〜一七六三年　29　明石紀雄
❶アメリカ合衆国の基層　29　❷イギリス植民地の建設　33
❸ブリティッシュ・アメリカの形成　48　❹植民地の成長と内部緊張の表出　60
第二章——独立から建国の時代　一七六四〜一八〇八年　70　明石紀雄
❶独立への道　70　❷独立戦争の推移　86　❸建国の時代　91
❹アダムズ政権からジェファソン政権へ　104
第三章——共和国の成長と民主制の登場　一八〇九〜四〇年　115　清水忠重
❶西漸運動の展開と三大セクションの形成　115

❷ナショナリズムの高揚と陰り 124
❸ジャクソン時代の政争 133　❹改革運動の展開 145

第四章――「明白な運命」と南北対立の激化　一八四〇〜六〇年 154　清水忠重
❶南部奴隷制社会 154　❷「明白な運命」と領土膨張 167
❸北部と西部の経済提携 175　❹南北戦争への道 181

第五章――南北戦争と再建の時代　一八六〇〜七七年 194　横山　良
❶開戦から奴隷解放宣言へ 194　❷戦争下の社会 205
❸再建の時代 213　❹再建の破壊 226

第六章――爆発的工業化と激動の世紀末　一八七八〜九六年 233　横山　良
❶「金ぴか時代」と政治 233　❷爆発的工業化・都市化と西部・南部の変貌 240
❸分裂する社会と思潮 253　❹激動の世紀末 264

索引／写真引用一覧

下巻目次

第七章——革新主義と世界大国アメリカ　一八九七〜一九一九年　久保文明
第八章——繁栄と大恐慌　一九二〇〜四一年　久保文明
第九章——第二次世界大戦から冷戦へ　一九四一〜六〇年　島田眞杉
第十章——パクス・アメリカーナとその陰りの始まり　一九六一〜八〇年　島田眞杉
第十一章——新自由主義を掲げて　一九八一〜二〇〇〇年　紀平英作
終　章——グローバル化する二十一世紀世界のなかのアメリカ　紀平英作

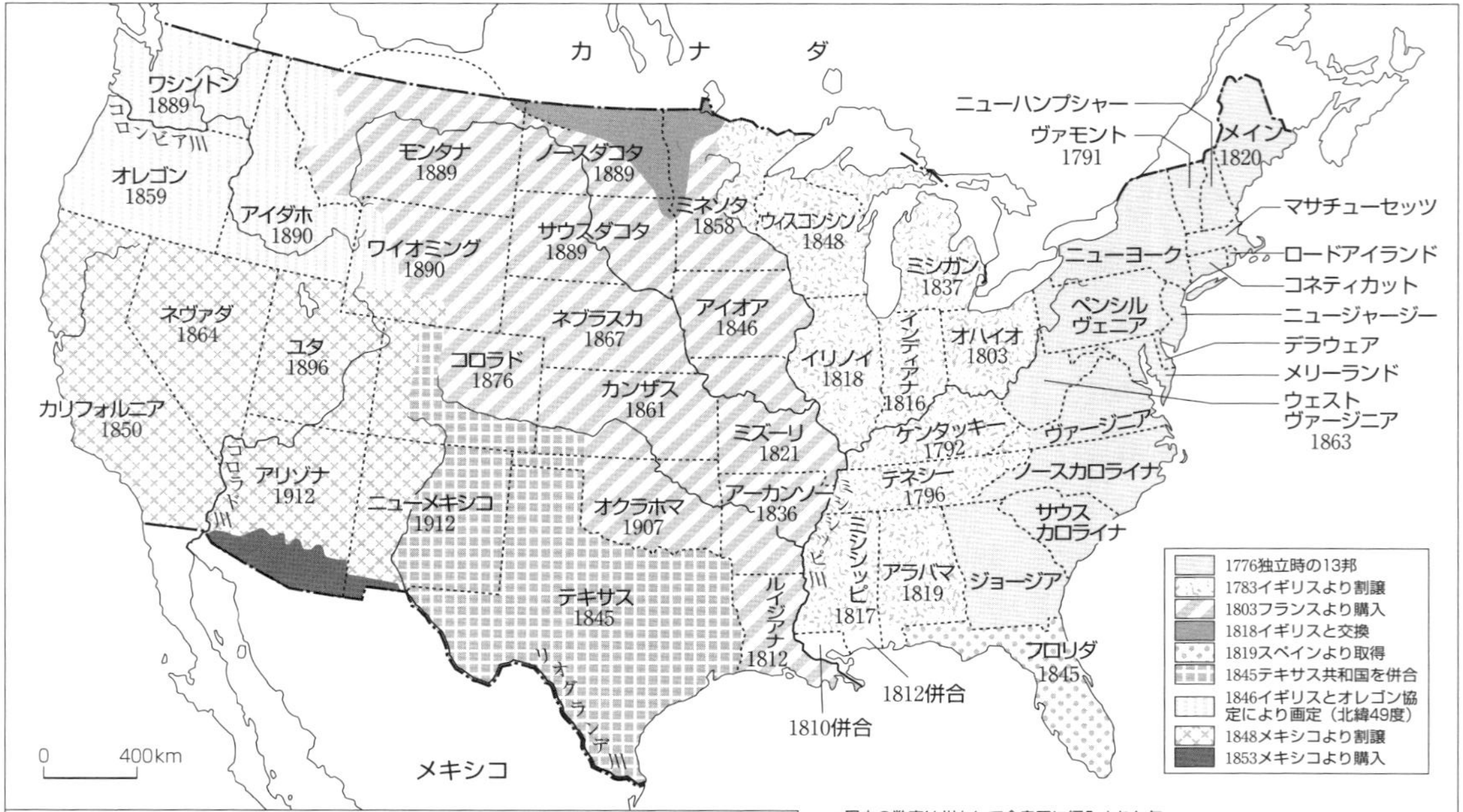

合衆国の領土拡大と州編入年一覧　1766-1912

・図中の数字は州として合衆国に編入された年。
・なおアラスカ(1959)，ハワイ(1959)を除く。
・また独立13邦から，ヴァモント，メイン，ウェストヴァージニアが分離。

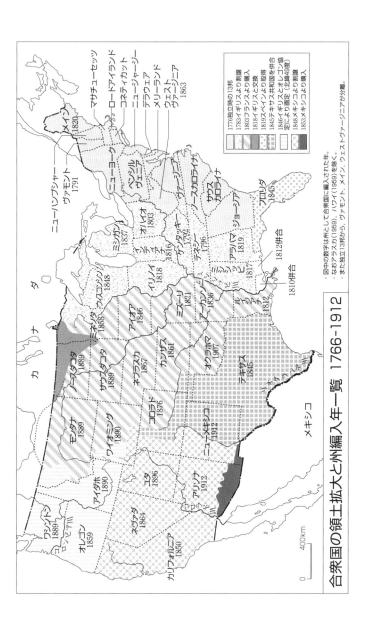

山川セレクション

アメリカ史 上

序章
「アメリカ」とは何か

1 新しい国家

大西洋と太平洋の二洋に面して

東が大西洋、西が太平洋という二大洋に面する北アメリカ大陸は、東西の幅からいうと北緯四五度線から五〇度線のあいだが一番長い、およそ四〇〇〇キロの距離である。今日カナダに接するアメリカ合衆国の北の国境線は、五大湖がかたちづくる自然地形の国境を除けば、その北緯四五度から四九度のあいだにはいる。スペリオル湖以西の国境は、北緯四九度線にそって直線的に引かれている。それにたいして南の境は、およそ北緯三〇度線にそう。フロリダ半島からくびれたメキシコ湾の海岸線が三〇度線をなぞるように西に進み、西経九七度あたりで南にさがるところで、対メキシコ国境はリオグランデ川を区切りに陸地部にはいり、やがて太平洋へとぬけていく。

こうして、アラスカおよびハワイなどの海外領土を除けばアメリカ合衆国は、北アメリカ大陸の北緯三〇度から四九度という、平地部が多い、また人間がもっとも住みやすい温帯地域を区切るように位置している。総面積約九六〇万平方キロ、四つの標準時をもつ横長の長方形ににた国土である。東西において二つの大洋に面している開放性が、この国の外形をかたちのよいものにみせる大きな要因であろう。大西洋を挟んでヨーロッパ、アフリカ、中東にさえ今日強い影響力をもち、また他方、太平洋をほぼ自らの制海権水域として、東アジア世界にも深い係わりをもつアメリカ合衆国の特徴は、この二つの大洋に面する事実に深く関係している。

もとより歴史的にたどれば、そのように巨大でしかも両洋に面した領土は古いものではなかったし、また偶然にできあがったわけでもなかった。そもそも十六世紀までこの地は、ヨーロッパ人が「インディアン」と呼んだ、人種起源的にはアジア系とされる半農、狩猟採集を生活の基盤とした先住民の土地であった。彼らは多数の小部族社会を形成し、地域を完全に区分する国境概念とは無縁の、自然生態系にそった生活を営んでいた。コロンブスの「新大陸」発見後、スペインを先頭にフランス、イギリス、オランダなどが進出し、ヨーロッパ的領土概念が北アメリカ大陸を区分していったが、それでも独立革命をへて、一七八三年アメリカが最初の領土とした地域は、現在の国土の半分に満たないミシシッピ川以東であった。大陸の西半分、また南のフロリダなどは外国の土地であった。ミシシッピ川の西岸に位置するセントルイスは十八世紀中ごろにフランス人が開いた砦であったし、またカリ

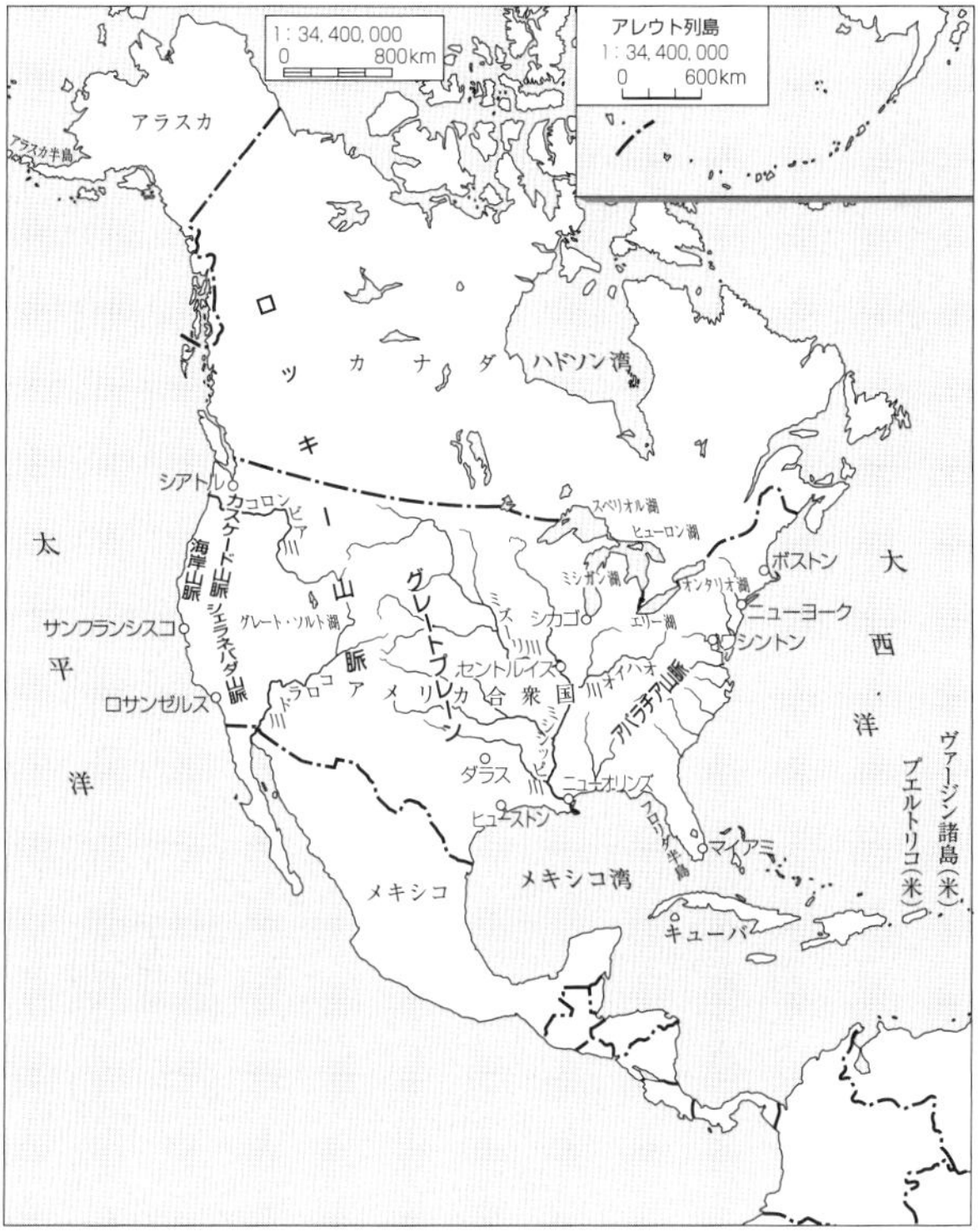

北アメリカ大陸およびカリブ海地域の地勢

フォルニアのサンフランシスコにはすでにスペイン人が入植し、領土と主張していた。

以下本論が詳述するように、今日両洋に面する合衆国の領土は、十九世紀をとおして合衆国が西に向けて折々に購入や戦争による獲得を重ね、またテキサスについては併合するなどによって、段階的に拡大し、つくりあげたものであった。先住民が土地から立退きを迫られ、彼らの人口が激減した事実を含めて、アメリカ合衆国がたどった領土膨張の勢い、その軌跡こそ、近代北アメリカ大陸の歴史がたどった最大の特徴であった。土地を取得しようとする激しい願望、またそれを基盤とした新しい領土への強い関心には、歴史的にみてアメリカ人が自国のあり方をいかにイメージしたかという自己認識が、重なっていた。新しい耕地の開拓によって富を拡大するばかりか理性を伝えるという、ときに独善ともなる、文明の担い手としての「アメリカ」という意識である。

十九世紀末になると合衆国の関心はさらに海外に拡大する。今日アメリカ合衆国はハワイ諸島、グアム島などの島嶼領土、また大西洋でもプエルトリコを領有して、北アメリカの大陸国家であるばかりか、太平洋の大半を影響下におさえた海上国家である点にも注意しておきたい（地図参照）。その全領土に、二〇一〇年時点で、およそ三億八〇〇〇万人の人々が生活している。

多様な景観と歴史的風土

全体としてみれば温暖ではあるが、広いアメリカの土地と自然は、東と西、また南と北で、異なる

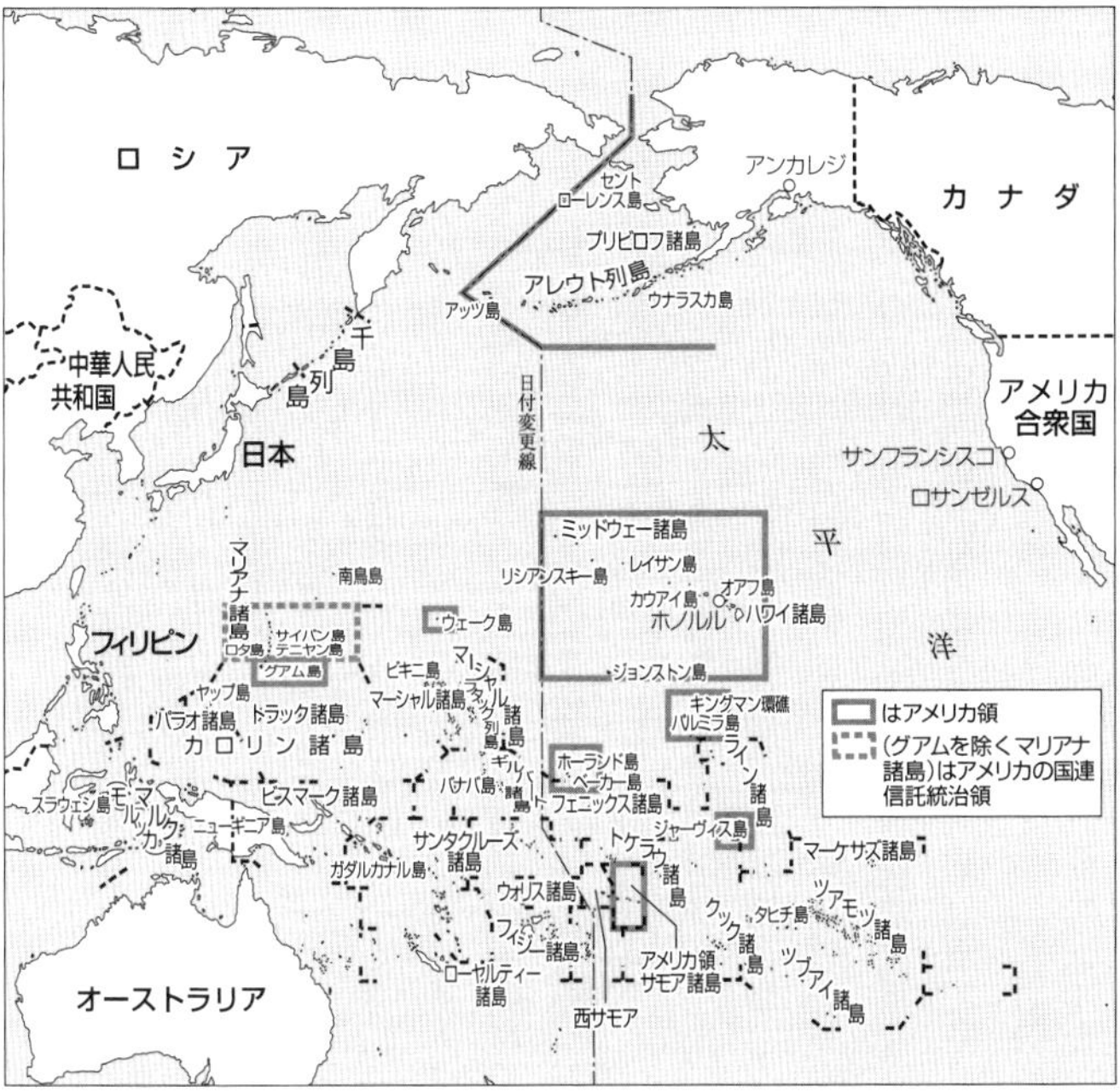
ロシア
カナダ
アンカレジ
セント
ローレンス島
プリビロフ諸島
アレウト列島
ウナラスカ島
アッツ島
千島列島
中華人民共和国
日本
日付変更線
太平洋
アメリカ合衆国
サンフランシスコ
ロサンゼルス
ミッドウェー諸島
リシアンスキー島
レイサン島
カウアイ島
オアフ島
ホノルル
ハワイ諸島
マリアナ諸島
南鳥島
ウェーク島
フィリピン
ロタ島
サイパン島
テニヤン島
グアム島
ビキニ島
マーシャル諸島
ジョンストン島
ヤップ島
パラオ諸島
トラック諸島
カロリン諸島
キングマン環礁
パルミラ島
ライン諸島
はアメリカ領
(グアムを除くマリアナ諸島)はアメリカの国連信託統治領
ギルバート諸島
ホーランド島
ベーカー島
フェニックス諸島
バナバ島
スラウェシ島
モルッカ諸島
ビスマーク諸島
ニューギニア島
サンタクルーズ諸島
ジャーヴィス島
マーケサズ諸島
ガダルカナル島
トケラウ諸島
ウォリス諸島
フィジー諸島
クック諸島
タヒチ島
ツアモツ諸島
ツブアイ諸島
アメリカ領サモア諸島
ローヤルティー諸島
西サモア
オーストラリア
太平洋地域の島嶼領土

様相を示している。多様な景観を風土とともに記してみよう。

東の大西洋岸は、アメリカ合衆国建国へ向かったかつてのイギリス一三植民地であり、白人の入植がもっとも早く始まった地域であった。十六世紀後半までカシなどの深い森林に覆われていたが、大西洋沿岸にそって広い平野部をもち、アパラチア山脈を水源とした多くの河川にもめぐまれている。ただ気候は、冬季には氷点下もたびたびとなる寒冷の東北部ニューイングランドから、比較的温暖なニューヨーク、ペンシルヴェニアなどの中部、そして寒暖の差の少ない湿潤の南部まで、南北のあいだで大きな違いがある。歴史的にみればその違いは、南部の奴隷制度が南北戦争の引き金となったように、社会制度の重要な相違を生み出す一因であった。

ただその点を含めていえば、これらの地域は十八世紀以来今日まで、ほぼ一貫して北アメリカ大陸の富のもっとも多くを集めてきた先進地域であった。建国以来、多額の資金を投じてつくられた多様な交通体系、またこの地域に伝統的な高等教育などの教育施設や文化能力が、大西洋岸都市がもつ政治的機能および対外貿易活動とともに、地域の経済的・社会的基盤を支えてきたからである。

アパラチア山脈はその西に位置する、南北に連なる山系である。建国直後の十八世紀末まで、合衆国は、アパラチア山脈の東にうずくまった社会であったと表現される。じっさい、この山脈は最高の標高でも約二〇〇〇メートルとけっして高い山並みではないが、十八世紀中ごろまで街道はもとより、踏みならした道路というものもほとんどもたない厚い森が、すそ野から山肌全体を覆った。初期のイギリス系植民者にとって簡単にこえられない厳しい自然の障壁として、アメリカの歴史に深い関わりをもったのである。

景観もアパラチアの山並みをこえるにしたがい変化する。かつて、大西洋岸から西に向かって、カシのほか、ブナ、クリ、カエデなどの落葉高木樹林が密生した森林景観は、ケンタッキー、オハイオをすぎるとカナダ国境付近の北部を除いて影をひそめていく。それにかわって最初は草丈の高いプレーリー、さらには草丈のごく低いグレート・プレーンズと呼ばれる、世界最大規模の平地草原地域が広がっていく。黒々とした豊かな土壌のプレーリーはオハイオからアイオワまで続き、南のメキシコ湾に向けてゆるやかに下降する。他方、アイオワをこえて西経九八度以西に進むと、年間降雨量がわずか五〇〇ミリ前後というグレート・プレーンズへといたる。まったくの平原というより、乾いた大地がうねるような起伏をもって西に向かい、しだいに高度をあげてロッキー山脈東麓へといたる、昼夜の気温差が大きい内陸型気候の乾燥草原地帯である。

幾本もの支流をもつミシシッピ川は、その二つのタイプの平地を北から南にゆるやかに流れ、十八世紀初めにフランス人が開いた港町であるニューオーリンズの先でメキシコ湾に注ぐ。十九世紀後半のアメリカを代表する小説家マーク・トウェインが、ハックルベリー・フィンの冒険舞台として愛着をこめて描いたその川筋と、人々の関わりは、文化的ばかりか社会的、経済的にもかぎりなく大きかった。十九世紀、アパラチアをこえて西に向かった開拓民は、まずはオハイオ川(ミシシッピ川の東の支流）、そして西ではミズーリ川（西の支流）を経由して草原地域への入植を進めた。斧、鋤《すき》、鍬《くわ》などの農耕具、あるいは鋸《のこぎり》、鍋、コーヒー豆、砂糖などの日常生活物資の多くも、この川筋を水路として運ばれた。移住者たちが、そうしたミシシッピの川筋をたどることで入植し、厳しい自然とたたかいながら草原に定住するなかで、プレーリーばかりか、乾燥のために農業が当初不可能とみられたグレート・プレーンズまでが、世界の穀倉地帯へと発展し始めたのは、十九世紀後半であった。鉄道の敷設、新機軸として導入された灌漑《かんがい》農業、さらには二十世紀にはいっての自動車道路の普及がこの地域の景観をかつての草原から、世界有数の農業地帯へと変貌させていったのである。

十九世紀末にはほぼ農地化した中央大平原を西において区切る壁が、北アメリカ大陸西部にそびえるロッキーの山並みとなる。ロッキーを含めて西の山並みは太平洋岸まで幾層にもおよび、カスケード山脈あるいはシエラネバダ山脈へと続く。南北に連なる険難で幅広い山並みと高地によって、合衆国の中央平原部と太平洋岸の気候は、ふたたび内陸型と大洋沿岸型という対照的な性格に分かれるのである。

事実、歴史的にいえば東から西に向かった人々は、ロッキーの山並みなどを幌《ほろ》馬車などによってこえてふたたび平地にでたことになる。太平洋に臨むその地に白人農民がはじめて到達したのは、一八四〇年代初め、とくに土壌が豊かであった北のオレゴン地域であった。他方、一八四八年に南のカリフォルニアが合衆国に編入されたことによって、太平洋岸への移住はさらに活発化していった。沿岸を暖流が流れ、冬でさえ温暖であるカリフォルニアの気候は、発展の有力な基盤となった。

二十世紀にはいるとカリフォルニアの人口は急増し、第二次世界大戦時を境に、伝統的なオレンジ果樹栽培などの農業ばかりか、航空機産業、情報産業といった新型の先端産業が根づいていった。とくに南カリフォルニアはかつて乾燥が激しく広漠とした平地にすぎなかった。その地にわずか半世紀ほどのあいだに出現したロサンゼルスなどの巨大都市は、疾走する自動車の流れとともに、二十世紀におけるカリフォルニアの躍動する景観を代表するものであろう。二〇一〇年、カリフォルニア州にはアメリカ人口の一割をこえる三七二五万人以上の人々が暮らしている。今日五〇州からなる合衆国全体でも、カリフォルニアの影響力が政治経済的また文化的にきわめて大きいのは、そのゆえである。

2　アメリカ史を貫くもの

土着化がもたらした分離・独立

アメリカを生み出したそもそもの背景は、ヨーロッパ人が大西洋を大量に渡ることが可能となった、十五世紀からの近代航海術の発展であった。その意味でアメリカは文字どおりヨーロッパの近代が生み出した新しい社会であった。その事実を念頭において、この国の歴史的特徴をつぎの三点にそって概観してみたい。かつてのイギリス植民地「アメリカ」はなぜ独立したのか。アメリカにとって移民とはいかなる意味をもったのか。そして現代アメリカはどのようにして形成されたのか。

コロンブスがアメリカを発見した十五世紀末の時点で、現在のアメリカ合衆国領土から北のカナダを含めた地域には、二〇〇万人から五〇〇万人前後の先住民が居住していた（かつては一〇〇万人ほどと考えられていたが、最近の人口動態分析によると、それより遥かに多い数の先住民がいたと推定される。ただし、十六世紀にはいると、先住民社会はヨーロッパ人が持ち込んだ新しい病気である天然痘などの影響によって、激しい人口減少にみまわれていた）。

十七世紀初め、北アメリカ大陸中部に入植したイギリス人は、その先住民からトウモロコシの栽培法など、生活上の知恵をいくつか学び、また毛皮の入手などを目的に交易関係をもっていった。しかし、当初のそうした相互的関係の成立にもかかわらず、先住民世界は以後のアメリカの形成に積極的な意味をほとんどもたなかった。その地がかつて先住民の生活の場であったことを今日に伝えるのは、マンハッタンあるいはシカゴといった、彼らの部族名や使いならしたことばに由来する、多くの地名のみである。アメリカは、先住民社会を退けることで、社会的また文化的にも近代ヨーロッパ、とくにイギリスの膨張の一端として、大西洋のかなたに移住民がつくる社会として発展していった。

イギリス人またヨーロッパ人が大西洋のかなたに眺めたのは、未知というより「未開」の社会であった。「野蛮」であり、できれば接触を避けたい世界であった。しかし、そうした不安にもかかわらず移住者と植民地宗主国イギリスは、その地に、開拓すべき新しい土地ばかりか富を求めた。イギリス人あるいはヨーロッパ人にとって貴重である新しい産品、また鉱物資源への期待であった。移住者はこうして空間的には大西洋を渡ったが、彼らの意識のうえでは、本国に政治的に拘束されたばかりか、経済的、文化的にも強く係留されていた。新しい産品の多くはヨーロッパに運ばれ、利益をあげるべきであった。本国イギリスは、彼らの生活と富を比定する基準であったし、またあらゆる意味で帰属すべき権威の対象であった。

しかしそのような権威を感じながらも、移住者はイギリス本国から、あるいはヨーロッパから離脱し、海をこえた人々であった。権威的世界から空間的に離れていく行為に含まれる特異な感性を、もっとも先鋭に意識した集団が、十七世紀前半、ニューイングランドに移住した初期のピューリタンたちであった。ピューリタンにとっての「新世界」は、イギリスにおいて当面受け入れられない彼らの宗教的共同体を、より純粋なかたちで設立する聖地であり、その意味で本国の精神的改革をめざす一方で、古き世界から逃避を試みる場でもあった。大西洋のかなたに強い権威を感じながらも、同時にその権威の拘束から離れ、新生するといった複雑な要素が、アメリカ大陸には持ち込まれていたのである。

初期の移住者がかかえたその矛盾をはらんだ意識は、植民地社会が成長するにしたがい、独自の新しい心性へと融合、変容していった。移住した第一世代の人々とはちがって、現地で生まれた子どもたち以降の世代は、土着の現地人となった。彼らも、ヨーロッパと疎遠になることを恐れたという点では第一世代と決定的に異なったわけではない。しかし他方で、土着化した人々のあいだには、時がたつにしたがい、かつて典拠とみた社会とは異なる、彼ら固有の社会意識や利害が育った。とくに広い土地のために土地所有が比較的容易であった事実を背景に、植民地社会はまもなく、よどんだ古き

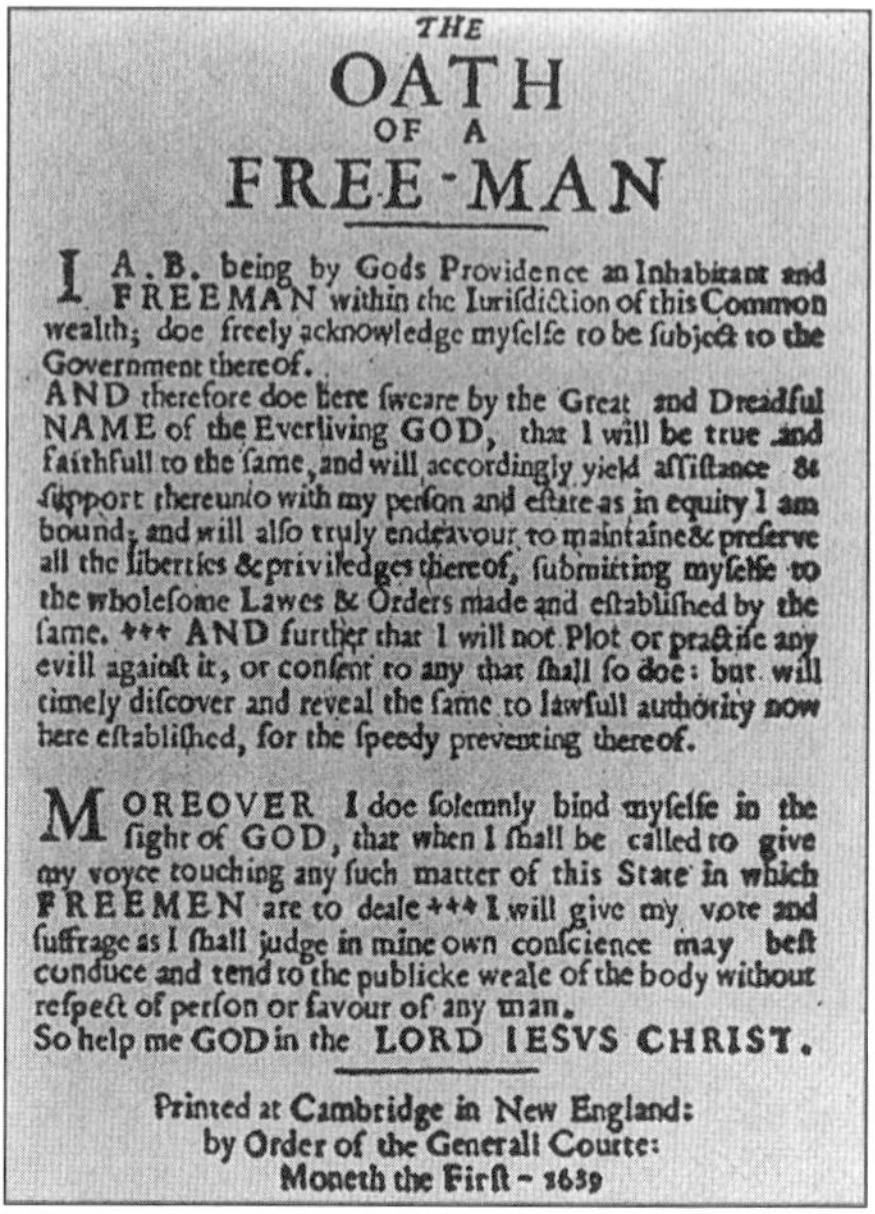
THE

OATH

OF A

FREE-MAN

I A.B. being by Gods Providence an Inhabitant and FREEMAN within the Iuriſdiction of this Common wealth; doe freely acknowledge myſelfe to be ſubject to the Government thereof.
AND therefore doe here ſweare by the Great and Dreadful NAME of the Everliving GOD, that I will be true and faithfull to the ſame, and will accordingly yield aſſiſtance & ſupport thereunto with my perſon and eſtate as in equity I am bound; and will alſo truly endeavour to maintaine & preſerve all the liberties & priviledges thereof, ſubmitting myſelfe to the wholeſome Lawes & Orders made and eſtabliſhed by the ſame. +++ AND further that I will not Plot or practiſe any evill againſt it, or conſent to any that ſhall ſo doe: but will timely diſcover and reveal the ſame to lawfull authority now here eſtabliſhed, for the ſpeedy preventing thereof.

MOREOVER I doe ſolemnly bind myſelfe in the ſight of GOD, that when I ſhall be called to give my voyce touching any ſuch matter of this State in which FREEMEN are to deale +++ I will give my vote and ſuffrage as I ſhall judge in mine own conſcience may beſt conduce and tend to the publicke weale of the body without reſpect of perſon or favour of any man.
So help me GOD in the LORD IESVS CHRIST.

Printed at Cambridge in New England:
by Order of the Generall Courte:
Moneth the Firſt ~ 1639

「自由民の誓い」(1639年)　1630年以降，マサチューセッツに移住したピューリタン(清教徒)たち(各世帯主男性)は，総会議(のちの植民地議会)の構成員として，自らを「自由民」とみなした。

ヨーロッパにたいし、より開かれた新しい機会の地、あるいは幸福追求の土地として対照化された。植民地人が当初模倣したイギリスの慣習や法制度も、土地制度あるいは財産相続のあり方などを中心に、より自由な制度へと移行していった。ピューリタンたちが初期に持ち込んだ新生するという感性が、新しい環境のもとでヨーロッパの権威に拘束されない新しい「植民地人」という、独自の世俗的世界観に転換したのである。

十八世紀後半、幸福追求の地という理解を基底に、本国イギリスとは異なる「アメリカ」という新しい政治権力概念が植民地の知的指導者に芽生え、それが独立へとつながる思想的・社会的原動力となった。一七七六年トマス・ジェファソンら大陸会議に参集した人々は、イギリス国王また議会との遠い、越えがたい空間的距離を意識し、自らの「アメリカ」をふるい立たせるように独立を宣言した。その分離という行為から始まった合衆国の建国は、さらに進んで、広大な地域に連邦共和国を組織し、またそれを支える法理念として人民主権と三権分立を基礎とした、かつてない憲法体制を成立させた点において、近代ヨーロッパ政治史のひとつの変革と位置づけてよいものであった。

ヨーロッパから離れた地ではあったが、ヨーロッパ的伝統を担う人々が王制を否定し、自由を標榜し、あわせて一三の植民地を結びつけた統合的権力機構を立憲政体化した点がなにより重要であった。その連邦共和国の樹立は、一世紀半におよぶ「アメリカ」植民地人の土着化が、大西洋という空間を媒介として生み出した、独自たろうとする意識の証であった。ヨーロッパのよどんだ影響から逃れ新しい「善」なる社会を築くという、理想と独善がいりまじった独自の世界観が、以後も「アメリカ人」の行動を文化的また倫理的に正当化した。独立、建国はそうした意味で、今日なお合衆国の政治制度上ばかりか思想上の出発点である。

土着化の一方で続いた移民

ただし、右のような意味での土着化と自立化が独立を引き起こしながらも、他方でアメリカ社会は、以後もヨーロッパに新しい移民をひきつづき求め、多数の人々を受け入れた。その事実は、じつのところ、独立後もアメリカにとってヨーロッパとの結びつきが、重要な意味をもったことを示唆する。移民というテーマに議論を移してみたい。

じっさいのところ、土着化した人々だけでは、イギリス植民地時代ばかりか、独立後のアメリカ社会においても労働力が決定的に不足した。ヨーロッパの新技術また文化も流入してこなかった。植民地時代でいえば一六八〇年ころから、初期の移住者とは異なる新しい移住者のまとまった流入がイギリス植民地全体に始まり、独立革命まで続いた。独立後にはさらに大量の移民が流入した。

今その事実をより客観的な視野で理解するため、他のヨーロッパ系植民地とも比較してみよう。近代にはいってヨーロッパ系移民がつくった社会という点でいえば、スペイン人およびポルトガル人の侵入地であったラテンアメリカを含めた南北アメリカ大陸のすべての国が、同様の成り立ちをもつ社会であった。またアメリカ大陸以外でも、オーストラリアなどがそのような社会であった。しかしアメリカの際立った特徴は、それら同時期に形成されたいずれの植民地、国よりも、先住民社会を徹底的に破壊した一方、宗主国以外の他のヨーロッパ諸国に移民の門戸を広く開き、じつに多様な民族の人々を貪欲に受け入れた点であった。

やや一般的ないい方をすれば、すでに一定の構造をもち始めた社会は、新しい移民を受け入れることで、既存の社会構成あるいは民族編成に変化を受けることを予想しなければならない。しかもその変化は、すべてが望ましいものばかりではなく、先住者は警戒をおこたらない。事実アメリカにおいても、既住者と移民との対立は、政治経済的領域から宗教上の差別にまでおよんだ。しかし、そのような摩擦にもかかわらずアメリカ社会は、建国の時期から移民の継続的な受け入れによって、他の国家にはみられない早い速度の領土的拡大をもくろみ、またより強い、富んだ社会となることを期待していた。移民の流入、受け入れという歴史から独立後のアメリカ社会をみたとき、基底から浮かび上がる重要な点は、この社会が時の経過とともに強めた、特異なほどに強烈な富の拡大への意欲であった。ことばをかえれば膨張をめざす衝動とも表現しうるものであり、そこでは社会成員一人一人、あるいは移民のそれぞれが社会の拡大にあずかろうとした、強い自我と個人主義的行動原理が際立っていた。

一八三〇年代、アメリカをおとずれたフランスの政治思想家アレクシス・ド・トクヴィルは、十九世紀前半のアメリカ社会成員がもったそうした行動力の源泉を、「諸条件の平等」にあると観察した。じっさいのところ、彼のみた社会成員とは白人男子のみに限られており、すべての国民、人々の条件が平等であったわけではなかったが、ヨーロッパ人の目からみてアメリカは、たしかに破格なほど新来の人々に多くの機会を提供した社会であった。トクヴィルが総括的に指摘したように、アメリカはそうした新しい労働力人口を積極的に受け入れることで、領土的にまた社会的にも急速な膨張をめざしていたのである。

以下、移民にかかわる具体的事実を、若干確認しておこう。イギリス植民地時代、移住者の主力はイギリス系のアングロサクソンであった。ただし独立の前にも、オランダ人、スウェーデン人、さら

年代	移民数(人)
1821-1830	151,800
1831-1840	599,100
1841-1850	1,713,200
1851-1860	2,598,200
1861-1870	2,314,800
1871-1880	2,812,200
1881-1890	5,249,600
1891-1900	3,687,600
1901-1910	8,795,400
1911-1920	5,735,800
1921-1930	4,107,200
1931-1940	528,400
1941-1950	1,035,000
1951-1960	2,515,500
1961-1970	3,321,700
1971-1980	4,493,300
1981-1990	7,338,100
1991-2000	9,081,000
2001-2010	10,501,000

合衆国への移民(1821〜2010年)

にドイツ人、フランス人などがイギリス領植民地にすでに流入した事実は記憶されてよい。そもそもニューヨークは、オランダ人が建設した植民地をイギリスが奪取したものであった。植民地時代からアメリカ社会はかなりの多様性をもっていた。他方、自主的な移民ではなく、強制的にアフリカから連行された特殊な「移住者」、黒人奴隷が大西洋をこえて多数運ばれたことも、植民地時代から独立後まで続いた重要な事実であった。

独立からしばらく、ナポレオン戦争の動乱がヨーロッパを覆った一時期には、移民は減少したが、一八一〇年代後半以降になると、表が示すとおり顕著に増加し始め、以後二十世紀初頭までの大量移民時代へと続いていった。一八四〇年代からは、アイルランド系移民またドイツ系などの中欧系移民がふえ、また十九世紀末から二十世紀初頭には南ヨーロッパ系(イタリア人など)、さらにはポーランド人などの東欧スラヴ系、そして大量のユダヤ人が合衆国に移民した。十九世紀の合衆国はそうした流入する移民を有力な人的基盤として西に向けて爆発的に領土膨張し、世紀後半には、急速な工業化さらには都市化の時代を切り開いた。独立以後、移民制限が本格的に始まる一九二〇年代までの時期に、ヨーロッパからアメリカに移民した人々の全体数は、およそ三七〇〇万人を数えたのである(十九世紀後半からはアジアからの移民も流入した)。

移民の継続的流入は、アメリカ社会をいやおうなく階層的また民族的に流動的なものとした。今日アメリカ社会は文字どおりの多民族社会といってよい。二十世紀末の時点で、アメリカ総人口約二億六〇〇〇万人のうち、白人人口はおよそ八割強の二億一八〇〇万人である。そのうち、自らをイギリス系と称する人々は二〇％程度と、白人の圧倒的多数は、非イギリス系と考える人々なのである。アメリカ独立時点で、スコットランド系およびスコッチ・アイリッシュ(スコットランド系アイルランド人)を含めたイギリス系人口が、白人人口全体の八割を占めていたことを知れば、この二〇〇年間におけるアメリカ社会の民族構成は、劇的といってよい変化を示した。非白人に分類される人々も、アフロアメリカン、ラテンアメリカ系住民、さらにはアジアの多様な民族を含んでいるのである(一八頁の表は、合衆国への移民が二十世紀末の一九八〇年代から再び急増しつつあることを示す。その半数以上がヒスパニックと呼ばれるラテンアメリカ系であり、ついでアジア系が多い)。

二十世紀社会への転換

アメリカ社会が歴史的に示した変化は、移民の流入による著しい人口の増加、そして民族構成の変化だけにとどまらなかった。そのほかにも、十九世紀をとおしてつねに移動性に富み膨張を続けたこの社会は、いずれ二十世紀のアメリカに特徴的となる、際立って競争的な資本主義経済、また独自の画一性の高い文化をつくりだす基盤となった。そうした経済組織さらに文化が、現代アメリカ社会を基礎づける中心的要因であったとすれば、それらをはぐくんだ社会の統合原理もまた、アメリカの歴史の重要な特徴といってよい。現代アメリカの形成にかかわる第三の論点に移ってみよう。

十九世紀前半から後半にかけて、爆発的領土膨張と工業化への道をたどったアメリカの経済社会は、移民ばかりか土着の農民さらには労働者をも加えて、労働力成員やその家族たちの競争をたえず刺激し、社会編成上、厳しい競争と選択を原理とした労働・社会システムをつくりだしていった。農民たちはより豊かな土地をえるために、たがいに競いながら移動した。他方、雇用をえるための労働者間の競争も激しく、彼らの生き方、生活のあり方を律した。

多くが新来者であった人々がより高い賃金をえるためには、移動してさらに有利な職場をみつけるか、あるいは現状よりも高い技術や知識を身につけなければならなかった。労働は厳しく、落伍者も少なくなかった。十九世紀、農地拡大と工業化が一体となって進んだアメリカ社会を、われわれは自由主義的社会と呼んでよいし、事実、個人主義また個人の自由な職業選択が社会の基本原理であった。だが同時に、その流動的である社会は激しい競争を原則とし、生き残りの厳しさがあらゆるところに浸透した社会でもあった。各個人は見知らぬ人々のあいだで受け入れられるためにも、勤勉と誠実をもっとも重要な倫理規範として経済的に自立すること、あるいはのし上がることをめざした。

その後、十九世紀の後半から二十世紀の初めにかけて台頭した資本主義的近代企業組織は、産業社会が全国に波及していくなかで、アメリカ社会のそうした個人主義的競争原理と勤労倫理規範を個々の組織の基本体系に取り込み、アメリカ社会そのものの大規模な再編を進めた決定的力であった。拡大していく資本と管理職に就くエリートは、たがいに競い合う多くの個人を身体的力、産業技術、さらには有用な知識を基礎として識別し、組織のなかで階層的に振り分けていくという序列的組織をつくりだした。その個人を振り分ける基盤とした機能主義的配置の機構が、近代産業組織の縦の基幹構造として確立していったのは、二十世紀の初めであった。

企業組織ばかりか行政機構、その他、二十世紀アメリカ社会の基本組織の多くが、革新主義時代と呼ばれたその二十世紀初めに発現する管理的エリートと、エリートが体系づける縦の能力主義的構造を基礎として形成されたことは、社会全体のあり方を考えるうえでも重要な意味をもつ点であった。その組織体系のもとで、個人はより高度の専門的知識あるいは有用な技術をもつことが、他の社会目標にまさる優先規範となり、規範にそった教育と訓練が、社会的地位の上昇につねに相関する全国的社会構造が成立していった。

一方で、近代企業組織は資本主義的生産の拡大、利益の増大化をめざしたが、その意味での生産と利益の拡大はまた、労働にかかわる多数の人々の生活をあらたな枠組みに方向づけ、画一性の高い大衆文化をつくりだす強力な力であった。二十世紀初め、生産全体をいくつもの互換的部品製造過程に分解し、作業を単純標準化することで自動車産業における大量生産への道を開いた先駆者は、ヘンリー・フォードと彼が創業したフォード社であった。一九一〇年代中ごろフォード社が導入したフォード・システムと呼ばれた、多数の画一的で、分業的仕事が連結しあう生産体系のもとでは、労働者はおのおのの作業にたいして忍耐強く持続的に勤務することが求められた。かつてチャーリー・

チャップリンが映画『モダン・タイムズ』で揶揄《やゆ》したとおり、そのシステムは、生産現場での時間の遵守ばかりか、体の動かし方といった作業態度についても特定のスタイルを求めた。

しかし、規律は社会の特定分野にとどまらなかった。個々人の労働をこえた余暇あるいは家族生活もまたいずれ、近代資本主義生産様式が命じる規範化の対象となっていったことが重要であった。

フォード生産様式　1930年代，フォード社，リバー・ルージュ工場におけるV-8エンジンの組立ライン。

フォード・システムを先行モデルに生産を大規模に拡大した巨大企業組織は、日常品から耐久消費財まで多くの種類の生産品を全国市場――さらには世界市場――に大量に送り出すことで、人々が休みなく消費することを求めた組織であった。大量の生産を大量の消費が支えるという新しい経済社会システムの成立は、同時に近代企業が社会のすみずみの人々の趣向にも働きかけ、特定の消費モデルを教示するという、幅広い生活様式の規範化と標準化を積極的に促していった。多数の人々にたいして宣伝が活発にほどこされたのであり、そのような情報共有量の増加のなかで、一九二〇年代ごろから、独特の平準化したアメリカ中産階級的生活様式と大衆文化が育っていった。

たしかに平準化であったが、一方で、二十世紀に生まれたアメリカ中産階級の生活様式また大衆文化は世界的にみて、きわめて個性的であったことは認めなければならない。多くが個人主義的傾向を強くもち、また民族的にも複雑な文化様式をもったアメリカ民衆は、多数の新製品が消費に供される機械文明的、物量的社会を「豊かな社会」として受け入れた一方で、ときに、お仕着せの趣向でない独自の好みを、資本主義的「もの」生産文化にも自己主張しようとした。その相互作用のなかで、新しい好みや、民衆が受け入れやすい機能性なり刺激性が、生産企画のなかに不断に吸い上げられる特異な文化様式が工夫された。われわれはそうした中産階級の趣向や生活願望と独特の接点をもつ、二十世紀アメリカ社会が育てた代表的文化として、映画、ラジオ、レコード、あるいはテレビ文化をあげてよいのであろう。いずれも、機械的、機能的でコピーが大量におこなわれる消費文化であったが、しかしそれなりにオリジナルな刺激をたえず呼び起こそうとする幅広い民衆の趣向を取り込んだ文化であった。それらの大半が二十世紀の前半から中ごろに生まれたものであったことも、けっして偶然ではなかったのである。

現代アメリカが直面する問題

エリートが運営管理する巨大な組織機構のもとで、激しい競争と能力による序列化が進む社会。その一方で、平準化の進んだ大衆文化。いくぶん逆説的であるが、二十世紀アメリカが生み出した新しい統合原理と文化は、おそらく今日のアメリカ社会にも基本的に引き継がれているのであろう。最後に、現代アメリカ社会のあり方にも簡単にふれて、この章を結んでみたい。

今日のアメリカ社会は、企業資本がそれぞれの利益を活発に追求するなかで、なお厳しい競争社会でありつづけている。そこでの重要な原理は、専門家と組織管理エリートの優位に象徴されるように、個人の価値が、各自の能力によって序列的にまた機能的に意義づけられている点であろう。

たしかに一方で、二十世紀アメリカを特徴づけるその組織社会は現在、政治組織であれ、経済組織であれ、絶対的な権威をたえず保持しつづけているわけではない。政治機構の肥大化が進むなかで、共和党、民主党の既成二大政党あるいは議会にたいして、民衆感覚からずれた鈍感さを批判する声があがり、ひいては政治的無関心が一九八〇年代から広がり始めたといわれる。経済組織も、個々の企業は年をへるにしたがい沈滞し、巨大であっても再編を必要とするケースが少なくない。より小さな冒険的企業の創造性が高く評価されている。

しかし他方で、アメリカ社会全体にわたたって貫かれる組織社会の基本規律は、なお圧倒的に有力である。どのような出自、あるいは人種・民族の人でも、それぞれの基準にみあう能力を個人的に獲得すれば、相応の地位をえる資格があることを、この社会は承認する。そこでの競争原理の高い透明性が、比較的広い行動の自由とともに、能力の発揮をもたらすことによって、アメリカ社会の活力を支え、また社会全体にたいしても既存組織の権威を保持する有力な力となっている。組織エリートのもつ経済的・政治的権威はなお高い。報酬も大きい。現代アメリカ社会はその意味で、豊かな知的基盤を支えにした、なお活力のある組織体でありつづけている。

しかし、そうした現代アメリカを特徴づける組織社会が、その歴史的生成過程でかかえた問題点あるいは直接的な負の側面も、また数多い。そのなかにはたとえば人種差別の歴史が、重要な問題のひとつとしてなお残っている。かつて、近代社会における最大規模の奴隷制度をかかえたこの国の歴史は、つねに多くの移民を受け入れ、さらには民族的・人種的多様化を現実に認めながら、他方で人種差別また民族差別を秩序維持の重要な内部構造とした社会でもあった。アフロアメリカンが、憲法上アメリカ市民に認められた法の前での完全な平等をえたのは、南部一一州の場合（さらに境界四州をも加えてよい）、今日からわずか五〇年前の一九六〇年代であった。現代のアメリカを基礎づける組織社会は、そうした人種的あるいは民族的差別の内部下位構造をゆるやかに、場合によってはしぶしぶ薄めてきたといったほうが、歴史的には正確なのである。じっさい今日においても、以下本論の第十一章および終章が述べるように、人種差別にかかわる複雑な問題はけっして消えてはいないのである。

そのうえ、現代アメリカ社会の歴史的形成過程がかかえるさらに深刻な問題は、競争を最大の統合原理とする社会秩序が、社会的弱者にたいする保護や援助の論理をしばしば打ち消すように働いてきた点である。多くの人々が教育という個人の能力の改善によって社会的上昇を実現した。しかし、その意味の教育は、ある時点から社会の平準化をもたらすより、階層化を強め、格差を維持・拡大していく制度にも変化した。その教育格差が著しく拡大した現状の制度のなかで、アメリカ社会により確かな公平さと、さらには安定をいかなる共通の倫理的基盤によって確保していくのか。その基盤に透明な能力主義の原則をかかげ、エリートへの開放性を主張するだけでは、長期的には合意が確保しがたい状況へと、格差はすでに拡大している。今日、アメリカ社会の底辺の貧困層は、先進国とはいいがたいほどの深刻な社会的または文化的問題状況を示しているのである。

いい方をかえれば、その問題はつぎのようなアメリカの歴史のいまひとつの特徴とも深くかかわっている。歴史的にみてアメリカ社会はたえず膨張を続けた社会であったといってよい。しかも、その膨張への傾向は今日も継続している。二十世紀末、大気圏をこえて地球周囲の宇宙をも影響下におさえようとする合衆国の行動には、その膨張の論理がなお息づいているようにみえる。論理もかつてのものと、さほどに変わっていない。合衆国の影響力の拡大、たとえば宇宙空間を利用可能とする先端的な行動は、アメリカを豊かにするばかりか、世界にたいしても、より大きな安全と文明的改善をもたらすという論理である。

たしかにアメリカは、その民主的な政治組織の伝統と勤勉さを誇ってよい。しかし、他方でわれわれが今痛感するのは、そのような合衆国の膨張が多くの科学的発明を先導し、人類を豊かにしてきた一面を認めたとしても、なお、あまりに強引な一方的論理を含んだという事実である。先住民にたいする破壊の歴史など、過去にその一方的論理を示す事例は多い。しかし、事例をあえて古くとらずとも、今日アメリカを特徴づける競争的・機能的社会が自らの内部で容易に解決できない、あるいは放置している社会的・経済的格差の拡大する傾向、あるいは人種差別の構造は、つまるところ合衆国が他の世界にたいして結ぶ関係のあり方、とりわけその折々の強引な接し方に、おのずと反映せざるをえないのである。二十世紀の後半から二十一世紀の初め、合衆国がたびたび繰り返す小国への唐突な軍事介入は、そうした合衆国の強引さを物語る事実のなかでも、際立つものであろう。

二十一世紀をむかえて合衆国は、どのような社会に向かおうとしているのか。さらにはほかの国と、いかなる関係を結ぼうとするのか。われわれはその足取りが、世界にたいして大きな影響を与えるであろうと想像している。この国の歴史に立ち返りその軌跡にたえず批判的な関心を払うことは、人類の歩みを考えるうえでも重要な意味をもつことであろう。

第一章　北米イギリス植民地の建設と発展　十六世紀末〜一七六三年

1　アメリカ合衆国の基層

その多様性

アメリカ合衆国の歴史は、十六世紀末および十七世紀初頭の北アメリカ大陸におけるイギリス植民地建設から始めるのではなく、それ以前の時代にさかのぼって書き起こすのが望ましいとする考え方がある。その理由として第一にあげられるのは、同大陸には数万年前から先住民(インディアン)が居住しており、彼らの存在への言及が十分になされないアメリカ合衆国史は完全なものではないという点である。第二に、北アメリカ大陸に到着したヨーロッパ人はイギリス人が最初ではなく、彼らより先にポルトガル人、スペイン人、フランス人、スウェーデン人などが到来したので、イギリス人による植民事業は、これら「先進国」のそれに比べれば、明らかに後発的であった。しかしこれらの点を考慮しても、今日のアメリカ合衆国の政治的・経済的・社会的諸制度の多くが、十六世紀末ならびに十七世紀初頭のイギリスに支配的であったものに起源をもつことは否定できない。アメリカ社会と文化の基層のかなりの部分は、イギリスからの初期の植民者によって築かれたのである。植民地時代および建国期のアメリカ合衆国の歴史が「アングロアメリカ」を出発点として描かれるのはそのためである。

とはいえ、アメリカ合衆国の歴史的起源を追究するにあたり、イギリス中心主義になることは避けなければならない。イギリス以外のヨーロッパ諸国も北アメリカ大陸に恒久的植民地をおこうとしたのであり、いくつかの国(たとえばフランス、スペイン)がそれに成功したのであった。いいかえれば北アメリカ大陸には「フランコアメリカ」や「イベロ(スペイン)アメリカ」が存在したことを忘れてはならない。イギリス植民地は、これらの植民地と密接な接触をもちながら発展したのである。さらに、ヨーロッパからの移住者だけがイギリス植民地に定住したのではなかった。そこには先住民がいたし、ヨーロッパからの移住者とほぼ同じ時期に多数のアフリカ人(黒人)も到来した。アフリカ人の場合、ほとんど全員が奴隷として到来した点において、彼らの移住の形態はきわめて特殊であった。かくて、アメリカ合衆国の基層は当初から多様性に富んでいた。北米イギリス植民地の建設と発展の記述は、まずもってそのような多様性を反映したものでなければならない。

先住民とイギリス人の出会い

イギリス人による植民が始まったころ、今日のアメリカ合衆国にあたる地域には二〇〇万人から五〇〇万人前後の先住民(インディアン)が住んでいた。彼らは部族を単位とする生活集団を構成し、狩猟に従事し、獲物を求めて移動する者が多かったが、農耕を営み定住の形態をとる者もいた。後者の場合、祭祀を中心とした宗教、口承による物語など、発達した文化を保有していたことが知られている。

イギリス植民者は、チェサピーク地域においてはポーハタン族やアポマトック族、ニューイングランドにおいてはマサチューセッツ族、ナラガンセット族、ワムパノーアグ族およびピークォット族、中部大西洋岸地域ではモホーク族、セネカ族、オナイダ族、南部チェサピーク湾地域においてはポーハタン族やアポマトック族、南部内陸部では、クリーク族、チェロキー族、セミノール族などと接した。

イギリス人による植民は、大西洋岸近辺から内陸部に向かったが、もし彼らによる開拓を「進出」とみるならば、それは同時に先住民の居住地の「後退」を意味した。先住民は、ヨーロッパからの移住者に援助を与え、植民当初の困難をきりぬけるのを助けた。しかしそのことは、イギリス植民者が先住民文化をよく理解し、両者の関係が友好的であったことを意味するものではない。現実には、しばしば協力よりも対立がみられたのである。

いわゆるインディアン戦争はその産物であり、たとえばピークォット族との戦争（一六三七年）、フィリップ王戦争（一六七五～七六年）、チェロキー族との戦い（一七六〇～六二年）、ポンティアック（アルゴンクィン族）戦争（一七六三～六七年）などが起こった。その結果、双方に多くの犠牲者がでた。なかでもフィリップ王戦争は植民地時代の最大のもので、ニューイングランドのワムパノーアグ族（族長メタコム）とのあいだで戦われたものであった。十七世紀初めには二万五〇〇〇人いたと推定されるニューイングランド南部の先住民は、同戦争が終わったときには、一五〇〇人程度に減少した。またヴァージニアでは、かつては強大な勢力を有していたポーハタン族は十七世紀の終わりにはほとんど壊滅した。メリーランドにおいては最後まで残っていたピスカタウェイ族も圧迫され、オハイオ方面に移動した。ペンシルヴェニアでは創設者のウィリアム・ペンは平和と友好を重んじる方針をとったが、彼の後継者たちはそれを放棄し、先住民の保有地を明け渡させる圧力をかけた。ニューヨーク北西部のイロクォイ語系に属するいくつかの部族――とりわけモホーク、オナイダ、オノンガダ、カユーガ、セネカの五部族――は政治的連合を形成し、進出する白人と戦った。

イギリス人にとって北アメリカ大陸の先住民社会と文化には理解できないことが多かった。とくに彼らの宗教と土地所有の形態にしばしばとまどった。自然崇拝に基づき、多神教であった先住民の信仰はユダヤ＝キリスト教とはおおいに異なった。また土地の共同保有と狩猟地域における共同使用権の概念は、イギリス人のなじんでいた方式とは異なるものであった。そこで、ニューイングランドを拓いたピューリタンたちは先住民をキリスト教に改宗させることを試みた。なかでもジョン・エリオットは熱心で、一六四一年から「インディアン伝道」をおこない、六一年には最初のインディアン語による新約聖書を出版した。しかし十七世紀の終わりまでに、伝道への熱はさめ、それにかわって先住民を征服の対象としてみなす風潮があらわれた。他方、イギリス人との接触は先住民の生活習慣を変えることになった。交易を進めるために多数の毛皮獣を殺したので、彼ら自身の生活基盤が失われた。イギリス人から買った砂糖や酒によって、彼らの健康が害されることも頻繁に起こった。このようにみると、インディアン戦争は他文化の侵入にたいする先住者の自らの文化・生活防衛のためのひとつの抵抗形態だった。

2　イギリス植民地の建設

植民事業

ジョン・カボット(一四九七〜九八年頃ニューファンドランドおよびデラウェア・チェサピーク湾に到達したと推測される)やフランシス・ドレイク(一五七九年、世界一周の航行中サンフランシスコ湾にはいった)による先駆的な探検があったが、今日アメリカ合衆国となっている地域においてイギリス人によ

ウォルター・ローリー卿　最初のイギリス領北アメリカ植民地を現在のノースカロライナ州ロアノーク島に建てた。

る本格的な植民が始まったのは、十六世紀末のことである。ウォルター・ローリーにより、一五八四年から八七年にかけて、四回におよぶロアノーク島（ノースカロライナ）への植民の試みがなされた。彼は、自分に下付された土地を未婚の女王エリザベスにちなんでヴァージニアと命名した。植民後、ゆくえがわからなくなった彼の一行にたいし一六〇二年に生存者を求めて捜索隊が派遣されたが、ただの一人もみつけることはできなかった。以後彼の名は「失われた植民地《ロスト・コロニー》」と結びついて長く記憶されている。

一五二四年にヨーロッパ人としてははじめて、イタリアのジョヴァンニ・ヴェラザーノがニューヨーク湾を航行した。彼を派遣したのは、北西ルート回りでインドに到達できると考えていたフランス国王フランシス一世であった。ヴェラザーノはカロライナ沿岸に着いたあと北上し、ニューヨーク湾およびナラガンセット湾を経由して、最終的にはノヴァスコシアに到達した。

フランスの北アメリカ大陸にたいする関心はこれにとどまらなかった。ジャック・カルティエおよびジャン・フランソワ・ド・ラロークが派遣され、セントローレンス川一帯を探検(一五三四～四三年)し、カナダの領有権を主張できる礎を築いた。十七世紀にはいると、サミュエル・ド・シャンプレーンが一一回にわたり、セントローレンス川、五大湖地方、ミシシッピ川流域を探検(一六〇三～三五年)した。他方、スペインは、南部大西洋岸、メキシコ湾さらには北アメリカ大陸南西部にかけてのエルナンド・デ・ソト(一五三九～四三年)、フランシスコ・コロナード(一五四一年)などの探検により、同地方を領有し、同時にキリスト教伝道のための拠点を築いた。ペドロ・メネンデス・デ・アヴィレスにより一五六五年に拓かれたセント・オーガスティン(フロリダ)は、ヨーロッパ人によって拓かれた。現在まで続くアメリカ合衆国で最古の町である。オランダも、アジアへ通じる「北西通路」(ヨーロッパから北西回り、すなわち北アメリカ大陸を横切りアジアに通じる水路があると長く信じられていた)をさがし求めていたイギリス人ヘンリー・ハドソンの探検(一六〇八～一一年)を支援することにより、ハドソン川流域および同河口にニューネーデルラント(ニューネザーランド)植民地を築く足場を固めた。スウェーデンも一六三八年から四〇年にかけてデラウェア川流域にニュースウェーデン植民地を建設した。

イギリスは、北アメリカ大陸における本格的な植民事業にかんしては、これらヨーロッパ諸国と比べて後発国であった。そのためにイギリス植民地は、大枠でフランスおよびスペインの影響下にある地域に挟まれ、オランダおよびスウェーデンの勢力がおよばない東部地域におかれることになった。十七世紀初めからの約一世紀のあいだにイギリスが植民地建設に邁進できるにいたった要因はいくつかあったが、とくにスペインに対抗する基地としての意味が意識されていた。

この時期イギリス国内では海外膨張の物理的条件が整っていた。囲い込み運動《エンクロージャー》の結果、農村に余剰人口が生まれ、そのはけ口が求められていたからである。また、毛織物などの産物を売りさばくための市場の確保が急務とされた。とりわけ重要だったのは、必要な資金の調達方法として「共同出資会社《ジョイント・ストック・カンパニー》」が発達したことである。これは、特定の事業を独占的に遂行する目的で国王の特許状《チャーター》を獲得し事業に賛同する出資者をつのるもので、利益が生じたとき出資者に配分されるというものであった。それにより、個人の努力のみでは不可能な資金の調達が可能になり、スペインやフランス植民地の場合にしばしばみられた国王直轄もしくは有力な個人の出資によるものではない、あらたな植民地経営の道が開かれることになった。

当時イギリスに強くあった宗教的熱意も植民をうながした。ローマ教会から分離してイギリス国教会が樹立されたが、それに満足せず、改革をさらに徹底しようとする宗派があらわれた。この構成員たちは国教会を「清浄化する《ピューリファイ》」ことを唱えたので、ピューリタンと呼ばれた。ピューリタンの一部はアメリカに新天地を求め移住した。彼らの唱える信仰の自由に引かれ、イギリス以外の国からも宗教的迫害を受けていた者が多くピューリタン植民地に渡った。

南部植民地

十八世紀にイギリス本国から独立し、アメリカ合衆国を建設することになる北アメリカ大陸の一三の植民地を「南部」「ニューイングランド」「中部大西洋岸」の地域ごとに分け、おのおのの成立の経過および統治形態をみることにする。

南部植民地に属するのはヴァージニア、メリーランド、ノースカロライナ、サウスカロライナ、ジョージアの五つである。

一六〇六年、ロンドン商人が進めていた会社(ロンドン会社)に国王ジェームズ一世の特許状が与えられ(すぐに名称はヴァージニア会社と改められた)、同年十二月に最初の植民者一〇五人が送られたのが、ヴァージニア植民地の始まりであった。彼らは翌年五月ジェームズ川を三〇マイル(四八キロメートル)さかのぼった地点に上陸し、ジェームズタウンを拓いた。その後わずか半年あまりで入植者は飢えとマラリアで半分以下に減少したが、ジョン・スミスの指導性と先住民(ポーハタン族)の協力があって生き延びることができた。それ以後も厳しい開拓の時期が続き、植民開始から一〇年をへても利益の配当はなかったが、ジョン・ロルフの唱道したタバコ栽培によっておおいに改善された。また一六一九年より実施されたエドウィン・サンズによる土地改革——送り込む移住者一人につき五〇エーカーの土地を無償で与える人頭権《ヘッドライト》の導入——の結果、植民地の基礎は確固としたものになった。この間、ポーハタン族長の娘ポカホンタスとロルフの結婚があり、先住民との友好関係が保たれた。一六一九年に住民代表による最初の会議が召集され、植民地人に本国人と同様の自由が保障された。しかし、いぜんとして当初期待されたほどの利益がなかったので、一六二四年に特許状が廃止され、ヴァージニアは王領植民地となっていった。

　ヴァージニアの北隣、同じチェサピーク湾に面したメリーランド植民地は、カトリック教徒のための避難所をアメリカに建設したいと願ったカトリック教徒、ボルティモア卿ジョージ・カルヴァートのヴィジョンから生まれたものである。カルヴァートはヴァージニアを訪問し、とくにチェサピーク湾地域に魅力を覚え、この地方に領地が下付されることを国王ジェームズ一世に請願したのであった。彼の死後、息子のセシリアス(第二代ボルティモア卿)に特許状が与えられ、同じカトリック教徒であったメアリ女王にちなんでメリーランドと命名された植民地が一六三四年に設立された。メリーランドはヴァージニアと比べて遥かにめぐまれた条件のもとで発達したが、プロテスタントの移住者がふえたことと住民の自由を求める声が強く、植民地は設立者の思惑とは異なる方向に発展し、領主制は名ばかりのものになった。このような不安定な要因があったにもかかわらず、タバコ栽培と結びついた経済が発達した。

一六六三年三月、国王チャールズ二世が王政復古に功績のあった八人の貴族にヴァージニア以南、北緯二九度から同三六度三〇分までの土地を付与したことが、カロライナ植民地の始まりである。移住者を引きつけるために免役地代(中世ヨーロッパでは領主にたいする賦役にかわるものとして納められたが、アメリカでは土地所有者一般に課せられた)を低くするなどの方策をとったが、移住者はふえなかっ

ジェームズタウン植民地(復元)　1607年開拓。飢えとマラリアに苦しんだが，先住民の協力があって生き延びることができた。

た。このようななか、アンソニー・アシュレー・クーパーがほかの領主たちを説得して資金を集め、あらたに移住者をつのった。一六八九年に彼らはアシュレー川河口に到着し、上流のクーパー川と合流する地点にチャールズタウン(のちのチャールストン)を拓き、カロライナ植民地の発展の基礎を築いた。クーパーは安定した秩序を打ち立てるために新憲法を定めた。ジョン・ロックの手になる新憲法は、住民の権利を擁護する項目がみられるが、領主が任命する総督と貴族的支配層が構成する評議会に権限を集中させるなど、貴族的内容のものであった。一七一二年五月、植民地の北部《ノース》と南部《サウス》が別々の総督の監督下にはいった。一七一九年に領主制が廃止されたのにともない、二九年、両カロライナは王領植民地として再編成された。

人道主義者ジョージ・オグルソープの努力で特許状が発せられ、一七三二年に設立されたのが、もっとも南のジョージア植民地である。オグルソープは、ロンドンの貧困者——とくに負債をはらえないために入獄していた者たち——の救済を念頭におき、彼らを北アメリカ大陸のサウスカロライナの南方に移住させることを計画した。同植民地は特許状の規定により、二〇年後の一七五二年に王領植民地となった。

ニューイングランド植民地

ニューイングランドにはマサチューセッツ、ロードアイランド、コネティカット、ニューハンプシャーの四つの植民地が建設された。

マサチューセッツ植民地は、厳密には、一六三〇年に会社組織をもって建設されたマサチューセッツ湾植民地と、二〇年に北アメリカ大陸に新天地を求めて到来したピューリタンの一団(彼らは一般に「巡礼の始祖たち《ピルグリム・ファーザーズ》」と呼ばれる)によって築かれたプリマス植民地からなる。プリマス植民地の創設者はイングランド中部の小村スクルービーとその近隣の出身者で、まずオランダに移住し、ついでアメリカへの移住を決意した人たちであった。彼らは共同出資会社の方式をとって植民会社を設立し、メイフラワー号で一〇二人が到来した。上陸に先立ち、四一人の成年男子が契約書に署名し、契約に基礎をおく政治団体として出発したことが明示された。彼らが到着したのは十一月なかばで当初苦難を経験したが、その後は先住民の援助を受け、あらたな移住者も到来し、ささやかながら安定した共同体が形成されていった。

一六三〇年三月、マサチューセッツ湾植民地会社の送った最初の一団が到着し、植民作業が始められた。その年のうちに約一〇〇〇人が移住し、さらにその後の一〇年間に約二万人が移住した。同植民地の場合、共同出資会社の株主会にあたる「総会議《ゼネラル・コート》」が現地において開かれることになり、これはのちに植民地全体の立法機関としての機能をはたすことになった。株主に相当する自由民の資格は成年男子の教会員全員に与えられ、住民参加のタウン・ミーティングにおいて、生活に密接したことがらが決定される習慣が形成された。教会員には、回心の体験をえて信仰の証を立てられる者だけが認められた。プリマスへ移住したピューリタンはイギリス国教会からの分離を宗教改革の必然的帰結とみなしていたが、マサチューセッツ湾へ移住した者たちは、国教会にとどまり改革をめざした。経済的にはマサチューセッツは食糧や家畜を自給する一方、商品となる作物をもたないかわりに漁業と造船業が発達し、さらに貿易が盛んになり、安定した成長を示した。一六九一年、人数および経済的基盤において劣るプリマス植民地は、マサチューセッツ湾植民地に併合された。

ロードアイランドも、当初はプロヴィデンスおよびその周辺の植民地からなっていた。最初にこの地を拓いたのは、ロジャー・ウィリアムズであった。彼は一六三一年にマサチューセッツに移住し、イギリス国教会からの完全な分離を唱えた。そのために一六三五年の総会議により追放され、翌年ナラガンセット族から土地を購入し、仲間とともにプロヴィデンス植民地を拓いた。一六三八年三月、神の恩恵の直接的体験を唱えたために（道徳廃棄主義《アンチ・ノミアニズム》）、異端の判定を受けたアン・ハッチンソンはマサチューセッツを逃れ、ロードアイランドのアクィドネック島の開拓地（ポーツマス）に移り住んだ。そのほかの地域で迫害を受けていたクエーカー教徒も多くがロードアイランドに移り住んだ。ウィリアムズはこれらの開拓地を統合する特許状を求め、一六四四年に認められた。その下で総督は住民によって選ばれ、代議制議会が開かれ政教の分離が定められた。

一六三六年、ピューリタンの聖職者であったトマス・フッカーと彼を指導者とあおぐ一団が、マサチューセッツ植民地の西南に隣接するコネティカット川流域のハートフォードに入植し、コネティ

メイフラワー号上の「ピルグリム・ファーザーズ(巡礼の始祖たち)」
彼らはイギリス・ピューリタン(清教徒)であったが，そうでない者も多く同号に乗船していた。

カット植民地を拓いた。その統治形態を決めるために「基本法《ファンダメンタル・オーダーズ》」がつくられた。被治者の同意による政治という原則がうたわれているこの基本法は、アメリカにおける最初の成文憲法である。王政復古後の一六六二年、同植民地にチャールズ二世の特許状が与えられ、またニューヘイヴンに建設されていた別の植民地がこれに併合された。

一六二二年以後、ニューイングランド評議会により、マサチューセッツ湾より北の地域の土地がジョン・メーソンおよびフェルディナンド・ゴージス(ホルヘス)にたいし付与され、両者は植民地建設の企てをもったが、入植は進まなかった。それ以後もマサチューセッツ湾植民地の現状に不満をいだく者たちによる散発的な移住が続いたが、一六八〇年になってこの地域はマサチューセッツより分離され、ニューハンプシャー植民地として編成された。しかし一六九八年から一七四一年まで、同じ総督が双方の植民地を統治した。

中部大西洋岸植民地

ニューヨーク、ニュージャージー、ペンシルヴェニア、デラウェアの四つの植民地がこの地域に建設された。

ニューヨーク植民地となる地方に最初に移住したのはオランダ人であった。一六〇九年のヘンリー・ハドソンによる探検に続き、二一年にオランダ西インド会社が設立され、フォート・オレンジ（現在のオルバニー市）とニューアムステルダム（現在のニューヨーク市）の二つの砦がおかれた。一六二六年に先住民（マナハッタ族）から六〇ギルダー＝二四ドルで現在のマンハッタン島を買い取り、ニューネーデルラント植民地の礎が築かれた。ハドソン川にそった地域に大地主制《パトルーンシップ》農業経営が始められ、ニューアムステルダムは商業中心地として隆盛することになる。ひきつづきフィンランド人、ドイツ人、スウェーデン人が到来し、またニューイングランドからピューリタンがおもにロングアイランドに移住して農耕にたずさわった。奴隷ではないアフリカ出身者（自由黒人）もみられた。このように建設はじめから、ニューヨークは人種・民族的多様性がその特徴であった。

第二次英蘭戦争（一六六四〜六七年）でイギリスがニューアムステルダムを占領し、特許によって国王チャールズ二世の弟ヨーク公に旧オランダ領が付与され、ニューネーデルラントは以後ニューヨー

ク と名を変えた。第三次英蘭戦争(一六七二〜七四年)中、ニューヨークは一時オランダに再占領されるが、ウェストミンスター条約(一六七四年)によりイギリスによる保有が認められた。その後、人種・民族的多様性および宗教的寛容の風土から生じる不安定な要素をかかえながら、ニューヨークは発展した。一六八九年のヤコブ・ライスラーによる代議制に基づく臨時政府樹立の試みは失敗に終わったが(反乱罪により一六九一年処刑)、その後ニューヨークでは植民地議会が召集されることとなった。

一六六四年、ハドソン川とデラウェア川のあいだの地域がヨーク公により二人の廷臣、ジョン・バークリーとジョージ・カートレットに譲渡されたことが、ニュージャージー植民地の始まりである。領主権の売買が繰り返され、一六七六年にはイーストジャージー、ウェストジャージーに分割された。前者にはニューイングランドからの移住者が多く、しばしば領主と対立した。また後者の経営にはウィリアム・ペンなど多くのクエーカー教徒がかかわり、良心の自由、陪審による裁判、住民の代表のみによる課税を定めた「諸法ならびに同意」を発布した。しかしイギリス国教会派の影響が強まるにともない、領主の権限が弱まった。その結果一七〇二年に両ジャージーのすべての領主が国王に権利を移譲し、あらたに統一されたニュージャージー植民地が生まれた。一七三八年まではニューヨーク総督がかねていたが、それ以後は独自の総督が任命されることになった。

ペンシルヴェニア植民地は、イギリスで迫害を受けていたクエーカー教徒の避難所をつくるという

フォート・クリスティーナを開いたスウェーデン人とフィンランド人　オランダ人も同植民地の建設に加わった。中部植民地の民族的多様性を象徴する。

ウィリアム・ペンの構想が実ったものである。ペンの父は国王(チャールズ二世)の廷臣として成功し、海軍提督にまでなった人物であったが、ペンが父から受け継いだ相続のなかに、国王にたいする債権があった。その代償として一六八一年、デラウェア川の西側地域の領主権を付与され、植民が始まった。自身クエーカー教徒になっていたペンの名をとって、同植民地はペンシルヴェニア(ペンの森の意味)と命名された。

ペンはペンシルヴェニアを宗教的自由のための「神聖な実験《ホーリー・エクスペリメント》」としてみなし、クエーカー教徒のみでなくすべての人に良心の自由を保障したので、厳格な規律を重んじる敬虔《けいけん》派のアーミッシュ(ドイツ系)や長老派のスコットランド系アイルランド人が到来した。地味の豊かな内陸部に発達した農業を背景にペンシルヴェニアは経済的に発展し、イギリス領北アメリカ植民地の要石《キーストーン》となった。またペンの意思により、武力ではなく交渉により先住民との友好関係を結ぶことにも成功した。しかしインディアン防衛政策および地代をめぐる内紛が頻発し、一時王領植民地になるなど、ペンの「実験」は理想とはかけ離れていった。この状況は独立前夜まで続いた。

デラウェア植民地の初期の歴史はペンシルヴェニア植民地のそれと重なる。すなわち一六三八年、スウェーデン人がフォート・クリスティーナ(現在のウィルミントン)を建設し、以後周辺の地域はニュースウェーデン会社によって開拓された。しかし一六五五年、北隣のニューネーデルラントと争って敗れ、オランダ領となった。さらに英蘭戦争の結果イギリス領となるが、ヨーク公は一六八二年に同地域をウィリアム・ペンに付与した。ペンは両地域の結合をはかったが、「ロウアー・カウンティーズ」（デラウェアの当時の通称）の希望により、一七〇四年から総督を同じにしながら独自の議会をもつことになった。

3　ブリティッシュ・アメリカの形成

植民地の統治形態

北アメリカ大陸のイギリス植民地は、その統治形態から、王領植民地、領主植民地、自治植民地に分類される。代表的な王領植民地はヴァージニアやニューヨークであり、ペンシルヴェニアやメリーランドなどは領主植民地、マサチューセッツ、ロードアイランド、コネティカットは自治植民地である。しかし同一の植民地の統治形態が、時代により変わることもしばしばあった。

一六七六年以後に特許状を廃止して、王領植民地とする動きが一時顕著になった。航海法（後述）が施行されるにあたり、マサチューセッツ植民地がそれに抗議したときにその動きは活発になった。一六八五年、航海法を阻止すべくジョゼフ・ダドレーが本国に派遣された。ジェームズ二世は逆に彼を「マサチューセッツ、メインおよびニューハンプシャー」の総督に任命し、植民地側の思惑をつみとった。翌年ダドレーの後継者としてエドマンド・アンドロスが任命され、あらたに設立された「ドミニオン・オヴ・ニューイングランド」を支配下におさめることとなった。同ドミニオンには、フランスの進出への防衛と航海法のよりよき施行のために、全ニューイングランド植民地に加えて、ニューヨーク、ニュージャージー、ペンシルヴェニアを含むことが企図された。しかしロードアイランドおよびコネティカットの特許状は巧みに隠され、両者の自治植民地としての地位は保たれ、さらに名誉革命(一六八八〜八九年)が起こりジェームズ二世が廃位されるにいたり、王領植民地化の企図は成功しなかった。

なお、カリブ海地域のバーベイドス、トリニダード、バハマその他にもイギリス植民地が建設されたことを知っておく必要がある。これらいわゆる西インド諸島の植民地は大農園制に基づく砂糖の産地として、北アメリカ大陸の植民地より重要な位置を占めた。しかし、経営が困難になった農民や土地をえられない年期契約奉公人は、そこから北アメリカ大陸の植民地——とくにサウスおよびノースカロライナ——に移っていった。

帝国構造と重商主義

統治形態がいかなるものであれ、イギリス領北アメリカの諸植民地は最終的に国王に属するものであり、その権限の行使を補佐する枢密院《プリヴィ・カウンシル》は、植民地統治の最高決定機関であった。枢密院が対植民

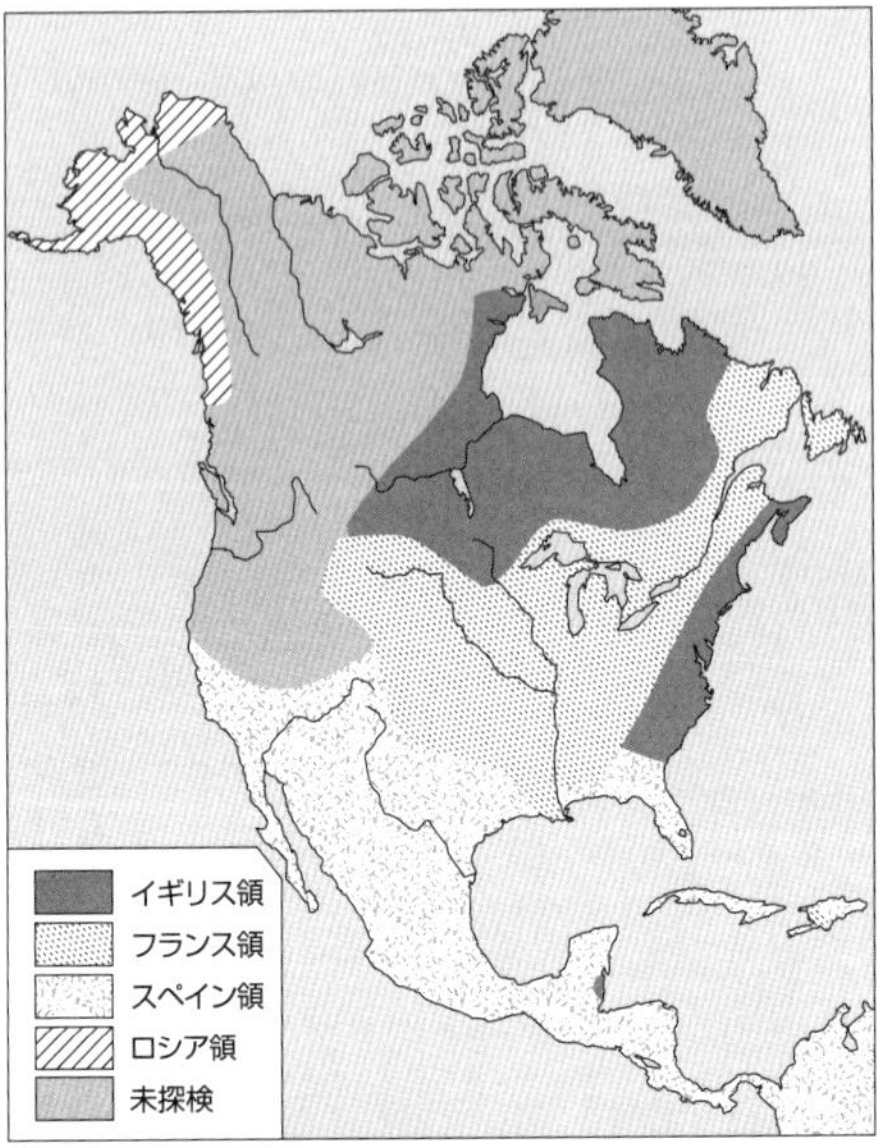

1754年以前の北アメリカにおける勢力分布

地政策にかんする決定をおこない、すべての行政レヴェルにおけるその執行を監督・指示しただけでなく、各植民地で成立した立法のすべてについて審査した。

他方、商務院《ボード・オヴ・トレイド》（一六九六年設立）は枢密院の下におかれ、日常的に植民地にかんする情報の収集、報告書の作成、政策の提言と実施などを担当した。その役割は時代によって異なったが、航海法の実施の監視が主たる目的とされた。他方、植民地政策の決定に当たったもっとも重要な役職者は、内閣首相および南・北両国務相と商務院総裁であった。南国務相が南ヨーロッパ諸国との外交関係のほか、アイルランドおよびアメリカの諸植民地の問題を担当し、北国務相がヨーロッパ北部の諸国との関係を担当した。本国議会も植民地統治にかんして重要な役割をはたした。しかし議会が植民地問題に参与するようになるのは名誉革命以後であり、議会の権限が大きくなった時期と一致している。他方、各植民地の議会も自己主張を強めつつあったので、しばしば本国議会の立法が植民地において受け入れられないという事態が起こった。それが顕著となるのは、とくに一七六五年の印紙法成立以降のことである(第二章第一節参照)。

本国による植民地の統治は、「おさめられる者の同意」という原則に基づいていた。同様に経済面でも、重商主義政策がとられていたにもかかわらず、本国政府は植民地に大幅な自由裁量を認める傾向があった。そうした政治面、経済面での編成《アレンジメント》——各植民地はそれぞれの利益を最大にすべくつとめるが、そうすることによりイギリス帝国全体の利益が促進される——は、植民地側からは「有益な怠慢《ビナイン・ネグレクト》」として受けとめられた。しかし、本国側からそれを改めようとする動きが生じたとき、植民地側は激しく抵抗し、その争いが最終的には植民地による独立・分離に帰着するのである。

十八世紀の第二・四半世紀までは比較的平和の続いた時期であり、このあいだに北アメリカのイギリス植民地はめざましい経済的発展をとげた。たとえば南部のメリーランド、ヴァージニア、ノースカロライナ、サウスカロライナでは、タバコ・米・砂糖・藍の生産が飛躍的に増大した。一方、ニューイングランドおよび中部大西洋岸の地域では農業・漁業が盛んになり、その産物は輸出され、またその関連として造船業・製材業も発達した。

植民地は本国の発展に寄与することが期待され、その成果を最大限にするために十七世紀末から十八世紀にかけて、イギリス本国は植民地にたいしてさまざまな政策をとった。それらは総称して重商主義と呼ばれる。これはイギリスに限らず、十七・十八世紀のヨーロッパ列強が競ってとったものであった。

重商主義の特色は、貿易黒字を国力の指標とみなし、貿易を国家の管理のもとにおいたことにあった。具体的には、一六五一〜六三年に成立した航海法により植民地貿易から外国の商船を排除し、商品価値がある植民地の特産物を本国を経由して外国に輸出し、植民地が必要とする物資は本国から供給した。イギリスは同様な政策をとるオランダおよびフランスと、貿易・植民地の争奪の面で争いながら自国の富の増加をはかり、その後も複数の通商規制法をつくった。以下、主要なものをあげる。

一六九六年　羊毛品法(植民地産の羊毛およびその加工品の輸出入禁止)
一七〇五年　艦船資材法(北部植民地に艦船資材をつくらせた)
一七二〇年　泡沫法(イギリス議会の許可なしで操業されている植民地諸企業を違法とした)
一七三二年　帽子法(植民地産の帽子の輸出禁止)

一七五〇年　鉄法（植民地での溶鉱炉などの建設を禁止）
一七五一年　通貨法（植民地による銀行の設立を禁止）

ここにみられるように、植民地の産業・通商を独占的に規制することが、重商主義がめざしたものであった。しかしそのような政策がとられたために、植民地の経済的基盤が全面的にゆがめられたわけではなかった。第一に、植民地の貿易はイギリス海軍による保護を受けることができ、防衛のための負担をおう必要はなかった。第二に、植民地の海運業や造船業が発展し、そして第三に、規制はじっさいにはほとんど実施されなかったからである。

植民地戦争

重商主義政策とならんで植民地の発展を規制したものに、本国が他国と戦争し、それが植民地においても争われる、いわゆる植民地戦争があった。十七世紀後半まではアメリカ大陸への進出をめぐってスペイン、ポルトガル、オランダ、イギリス、フランスが覇権を競ったが、十八世紀になると北アメリカ大陸の領土と貿易とをめぐる争いは、主にイギリスとフランスとのあいだで展開されることになった。

植民地での争いは、しばしばヨーロッパでの戦争と違った名前で知られた。まずスペインの王位継承をめぐって、ルイ十四世のフランスにイギリス、オランダその他の国々が戦った戦争（スペイン継承戦争)は、植民地では「アン女王戦争」(一七〇二～一三年)と呼ばれた。一七一三年のユトレヒト条約により、イギリスのニューファンドランドとハドソン湾地域の領有が承認され、フランスからアカディア(ノヴァスコシア)移譲を受けた。一七四〇年にオーストリア継承戦争がはじまると、北アメリカでは英仏間に「ジェンキンズの耳戦争」(三九～四二年)、およびジョージ王戦争(四四～四八年)と呼ばれる戦争が起こった。植民地は派遣部隊を編成するなどして協力し、ケイプブレトン島のフランスの基地ルイブールを攻略し、これを落とすことに成功した。しかしエクスラシャペルの講和により、ルイブールはフランスに返還され、植民地人たちはそれに失望した。

その後一七五四年ごろからオハイオ川流域で、英仏の対立が顕著になった。フランスは同地域へのイギリスの進出を阻止する構えをみせ、ヴァージニア政府の命を受けたジョージ・ワシントンは優勢なフランス軍に敗れた。その知らせを受け、イギリス政府は正規軍を派遣したが、フランス軍および先住民(インディアン)の連合軍に敗れた。一七五六年にはヨーロッパで七年戦争が勃発し、英仏両国は北アメリカを含む世界各地で争うことになった。一七五九年イギリス軍はケベックを占領し、翌年モンレアル(モントリオール)のフランス軍を破った。一七六三年に講和が成立し、イギリスは北はハドソン湾地域から南はフロリダまで領土にした。この戦争は植民地では「フレンチ・アンド・インディアン戦争」と呼ばれた。英仏両方の側に先住民がついていたが、フランスの側についた諸部族にとって、フランスの敗北は大きな打撃であった。

「フレンチ・アンド・インディアン戦争」にいたる時期に、北アメリカのイギリス植民地において「アメリカ」の意識を高めるのに大きな影響をおよぼした出来事があった。ニューヨークのオルバニーにニューイングランドの四植民地およびニューヨーク、ペンシルヴェニア、メリーランドの七つの植民地から計二五名の代表が集まったオルバニー会議(一七五四年)である。

オルバニー会議の目的は、先住民のイロクォイ六部族連合との友好関係を回復する方法を模索することと、フランスにたいする共同防衛のための連合計画を議することの二つであった。前者については成果はほとんどなかった。しかし、「連合政府」を樹立する提案(「オルバニー連合案《プラン》」)が提出され、討議された。すなわち、植民地防衛のための兵士の募集、要塞の構築、沿岸警備、通商保護のための武装船の準備、そのための法律の制定、諸税の賦課・徴収、「連合政府」と各植民地政府とのあいだの権限の分割が議せられたのであった。同連合案は結果的には日の目をみることはなかったが、四半世紀後のアメリカ合衆国建国への先駆的役割を示したものとして、その意義は小さくない。

黒人奴隷制の成立

黒人を奴隷として使用する制度の起源については諸説あるが、労働力不足を補うために導入されたことは否定できない。ヴァージニア植民地を例に、奴隷制の成立をみてみたい。

ヴァージニアでは年期奉公人について、順次植民地としての取決めが定められていった。当初はヨーロッパからの移住者(白人)だけでなく、アフリカ出身者も年期奉公人として働いた。しかし両者のあいだに待遇——逃亡した場合あるいは結婚・信仰にかんして——の違いがみられるようになり、その違いはしだいに法制化される傾向へと向かった。たとえば一六五七年に、黒人の年期奉公人が逃亡して捕らえられた場合、「年期の追加をもってしても損害の賠償は不可能」であると定められたが、これは四〇年ごろから慣習となっていたものを確認したものであった。また一六六一年に、黒人女性(多くは奴隷)の生んだ子どもの身分は母親の身分に従うことが明文化され、六七年には奴隷が洗礼を受けても自由身分となることがないと決められた。

一七〇五年に制定された法はそれまでの慣習を集大成したもので、ヴァージニアにおける奴隷制がすでに確固となった事実を確認するうえで貴重な資料である。それによれば、「本植民地へ輸入された奉公人であって、その出身地において非キリスト教徒であった者——ただし、非キリスト教徒であってもイギリスと友好関係にあるトルコ人、ムーア人、それにイングランドその他のキリスト教国で自由身分であったことを立証できる者は除く——は、すべて奴隷とされる。このような人々は、今後、キリスト教に改宗することがあっても売買の対象」(第四条)とされ、「主人または所有者および彼の命じた者が奴隷の矯正中に抵抗を受け、たまたま死にいたらしめた場合、重罪とはされない」(第三四条)、「奴隷は、小銃、剣、棍棒、棒、その他の武器をもって武装してはならないし、主人または監督の書類による許可なしに、そのプランテーションおよび居住の定められている土地から離れてはならない」(第三五条)、「奴隷が洗礼を受けた事実によって、その隷属状態からまぬがれることはない。奴隷の子どもの身分が、自由か不自由かは、その母親の身分に従うものとする」(第三六条)とされた。これらの規定から、奴隷制は人種間の諸待遇の格差を恒久化した制度であったこと、そして、その成立は、最初のアフリカからの移住者＝黒人のヴァージニア到着後、さほど時間が経過しなかったことがうかがわれる。

奴隷制の実態

奴隷貿易、アメリカへの同化および奴隷反乱の点から、奴隷制の実態についてみてみたい。フィリップ・カーティンの推定によれば、一八七〇年までに大西洋をこえてアフリカから、イギリス領西インド諸島へ一六六万五〇〇〇人、フランス領西インド諸島へ一六〇万人、スペイン領アメリカへ一五五万二〇〇〇人、ブラジルへ三六四万七〇〇〇人、オランダ領およびデンマーク領西インド諸島へ五二万八〇〇〇人の奴隷が運ばれた。のちにアメリカ合衆国となるイギリス領北アメリカへは、これらの数字と比べるならば遥かに少ない三九万九〇〇〇人が運ばれたと推定されている。彼らは、主にチェサピーク地域およびさらに南の植民地に到着した。より北の植民地では奴隷の数が少なかったが、そこでは奴隷貿易に従事する商人が多かった。

奴隷貿易のパターンは、アフリカの西海岸(北はセネガル＝ガンビア地方から南はアンゴラにいたる)に立ち寄り、奴隷を買って、西半球に運ぶというものだった。アフリカから西半球への航海は「中間航路《ミドル・パッセージ》」と呼ばれ、奴隷たちには苦しい旅だった。一隻に一五〇人から四五〇人の奴隷が積み込まれ、航海中に死ぬ奴隷は時には半数をこえたこともあった。西半球に到着後、その環境に慣れるまでに死ぬ者もあった。奴隷にされたアフリカ人は、比較的短期間でヨーロッパの言語を取り入れ、信仰面でキリスト教を受容するなど北アメリカの白人社会に同化した。同化が比較的すみやかにおこなわれたのは、彼らがアメリカ到着以前にかなり発達した農耕文化をもっていたというのが今日通説となっている。

しかし、その過程はアフリカ出身者にとっては大きな試練であった。このころの黒人奴隷がどのような考えをもち生活していたかについての情報はきわめて少ないが、十一歳のとき現在のナイジェリアで奴隷商人に誘拐され、アメリカに運ばれ、のちにイギリスに渡った一奴隷の捕らわれの話は、当時の状況を如実に伝える。オラウダ・エキアーノは彼があらたに習得した言語(英語)で、アフリカにおける奴隷捕獲、積出し地への隊列、大西洋をこえる航海(中間航路)、アメリカ大陸に到着してからの馴化《アクラマタイゼーション》(彼ははじめ西インド諸島に着いた)、ヴァージニアの農園での労働、熟練した船員となりのちに自由の身分を買い取ったこと、イギリスでの奴隷制廃止運動にかかわったことを克明に語った(『オラウダ・エキアーノ自身の筆による彼の興味深い生涯の物語』、一七八九年出版)。

一方、奴隷人口は一六八〇年代から目立ってふえ始めた。一七二〇年には、ヴァージニアの総人口八万八〇〇〇人のうち二万七〇〇〇人近くを、メリーランドでは総人口六万六〇〇〇人のうち一万三〇〇〇人を占めるにいたった。黒人人口が白人人口を上回る植民地もあった。サウスカロライナである。一七二〇年、その総人口一万七〇〇〇人のうち一万二〇〇〇人を占めた。一七六〇年には、総人口の七〇%、七万人を数えるにいたった。

このように数を増した奴隷が、彼らのおかれた状態への不満をあらわしたとき、それは奴隷主を中心とした白人社会にとって脅威となった。奴隷は怠業《サボタージュ》や逃亡することによって彼らの苦境を脱しようとし、武器をとって抵抗したこともしばしばあった。奴隷反乱として恐れられたものがそれである。植民地時代の最大の奴隷反乱は、一七三九年九月、サウスカロライナ植民地チャールストン近郊のストーノで起こった。対スペイン戦争の緊張が高まっていたころであり、スペイン総督が奴隷にたいし解放を約束したことが発端であった。カトーと呼ばれた指導者のもとに六〇人余が集まり、スペイン領セント・オーガスティンへの逃亡をはかった。彼らは二〇人余の白人を殺し、白人社会をパニックにおとしいれた。しかし、その日のうちに民兵隊により鎮圧された。以後、巡回パトロールの強化、奴隷取締法の整備、密告の奨励といった反乱阻止のための方策がとられた。それらは白人と黒人のあいだの隔離を決定的にし、アメリカ社会における人種問題の永続化のもととなった。

4 植民地の成長と内部緊張の表出

「中庸な幸福」の浸透

北アメリカ大陸にイギリス人が定住してから約一世紀半のあいだ、アメリカのイギリス植民地は政治的・経済的に安定した発展を示した。それにともない、ヨーロッパから受け継いだもの、アメリカの自然環境への適応のなかから生まれたもの、アフリカ出身者(黒人)との接触からえたものなどが混合して、アメリカ独自の文化——生活様式ならびに価値体系——が形成された。それはのちに植民地がイギリス本国から分離・独立する際の思想的基盤となった。

ベンジャミン・フランクリンは一七八〇年代初めに『アメリカへ移住しようとする人々への情報』として、つぎのような文を著した。

ヨーロッパの貧民ほど惨めな人々も少ないし、ヨーロッパで金持ちと呼ばれているような人々もごく少ないし、むしろ全般的にみな中庸で幸福《ハッピー・ミディオクリティ》なのである。大土地所有者は少なく、小作人も少ない。大半の人々は、自分自身の土地を耕すか、なにか仕事や商業をやっている。……人口は急速にふえているので、どこでも就職の機会があ〔る〕。……家柄がよいというだけの人が、そのためだけの理由で、なにか官職か俸給をえて、社会に寄食しようとすれば、軽蔑され無視されるであろう。そこでは、農民それに職人でさえ尊敬されている。彼らの仕事が有用だからである。……要するに、アメリカは労働の国であって……英語のいわゆる怠け者の国《ラバーランド》、フランス語のいわゆる夢の国《ペイ・ド・コカーユ》ではけっしてない。

フランクリンの書いたものはどの程度事実を伝えていたであろうか。年期奉公人や奴隷を除けば、財産保有が広くゆきわたっていたというのは正しい。ニューイングランドでは、住民の少なくとも九〇%がこの範疇にはいった。ヴァージニアでは数万エーカーという土地をもった大プランターがいたが、農地の九割は自由土地保有の小農民に属していた。土地の値段が安くまた容易に土地を利用できたことが、それを可能にした。したがって、本国で守られていたような財産相続方法(たとえば長子相続制や限嗣相続制)は法的に存在したものの、実質的に意味をもたなかった。

同じ著作でフランクリンは、アメリカにおける「学問や数学の知識」の普及についてふれ、それは「一般にゆきわたっている」と述べている。すでに大学が「九校」あり、そのほかに多くの青少年に基礎知識を授ける教育機関、「規模の小さいアカデミー」が数多くあった。大学はニューイングランドに四校——ハーヴァード(一六三六年)、イェール(一七〇一年)、ロードアイランド・カレッジ(一七六四年、のちのブラウン)、ダートマス(一七六九年)——、ニュージャージーに二校——カレッジ・オヴ・ニュージャージー(一七四六年、のちのプリンストン)、クイーンズ(一七六六年、のちのラトガース)——、ニューヨークにキングス・カレッジ(一七五四年、のちのコロンビア)、ペンシルヴェニアにペンシルヴェニア(一七五一年)、ヴァージニアにカレッジ・オヴ・ウィリアム・アンド・メアリー(一六九三年)の各一校であった。フランクリン自身が創設にかかわったペンシルヴェニアを除いて、これらの高等教育機関の創設にプロテスタントの宗派がかかわっていた。

フランクリンのいう「規模の小さいアカデミー」とは、おもにラテン・グラマースクールのことで、これは読み書きの基礎を教える目的でニューイングランドのほとんどのタウンに設置されていた。もっとも古いのは一六三六年ボストンに設立されたもので、フランクリンもそこで学んだ。中部大西洋岸および南部植民地では教区学校によるものか、富裕なプランターの家庭にみられたような個人教師による教育がより一般的であった。職人を志す者たちには、見習い制度の道が開かれていた。そのようななか、一七七〇年代末にトマス・ジェファソンがヴァージニアにおいて、ウォード(約一〇〇戸単位の行政区画)に小学校をひとつ設け、ディストリクト(学区)ごとに中学校を設けるとする公教育案を画定したが、それは実現されることはなかった。この地域においては、北部に比べて公教育の発達は遅れた。

魔女狩りと大覚醒

マサチューセッツのセーラム村(今日のダンバーズ)は、港町セーラムタウンに隣接した農村であった。そこで一六九二年の初め、思春期の少女のグループが年配の女性たちに魔法をかけられたとして告発したことに端を発し、同村のみならず植民地全体が大きく動揺するという事件が起こった。裁判がおこなわれ一五〇人以上が投獄、一九人が処刑され、一人は拷問で死に、一人は裁判を待つあいだに獄死した。その後、有罪とされた者にたいする刑の執行が延期され、また容疑を受けていた者たちも順次赦免され、セーラムの魔女狩りは終わった。

ヨーロッパにおいて起こった魔女狩りと比較するならば、セーラムでの事件は規模は小さかった。しかし、アメリカ合衆国の歴史において偽善と不寛容の象徴としてしばしばあげられる。告発から起訴・尋問・評決にいたる裁判の手続きは当時の法律にのっとってなされ、とくに恣意的であったと判断する根拠はない。魔法の実在を信じることは当時一般的であり、それを駆逐することは為政者に期待されたことである。しかし、少女たちの告発に疑義がもたれ始めたときにそれを明らかにする努力がなされなかったことは、大きな汚点であった。さらにこの事件の背景に、インディアン戦争による不安、新しい特許状によるマサチューセッツ植民地の王領化、合理的な信仰(ユニテリアニズム)の流入があったことが認められる。敬虔・同質性・農業活動を重んじる「農村的メンタリティー」と、理性・多様性・商業活動を容認する「都市的メンタリティー」の相克が、この事件の背景にあった。魔女を告発した者の多くが前者にあたり、その逆に、魔女として告発された者は多くの場合、後者の傾向を有していたことが明らかにされている。植民地の創設以来約半世紀がたって、宗教的ユートピア(理想郷)をこの世につくるという初期の作業が重大な行きづまりに直面していたことを、セーラムで

ジョナサン・エドワーズ　18世紀中期の信仰復興運動「大覚醒」を導いた。アーロン・バー（111ページ）は孫にあたる。

の出来事は物語る。

その後、一七三〇年代後半から五〇年代にかけて、大覚醒《グレート・アウェイクニング》として知られることになる信仰復興の波が、ニューイングランドとヴァージニアを中心として植民地各地に広がった。その兆候は、マサチューセッツ西部のノーサンプトンにまずあらわれた。そこの牧師ジョナサン・エドワーズは、キリスト教を信ずる者は自らの堕落した性質を自覚し、神の意思に完全に服従することによってのみ救いをえることができると説いた。彼の説教を聞き、多くの信徒は敬虔に信仰の道を歩む決意をあらたにした。同じころイギリスの説教者ジョージ・ホイットフィールドがニューイングランドからジョージアをおとずれ、巡回伝道をおこなった。ウィリアム（父）とギルバート（息子）・テネントは中部植民地で活動し、サミュエル・デイヴィスは南部で活動した。彼らは、儀式、伝統、国籍、相続した社会的地位などは信仰の生活においては意味をもたないこと、そのかわりに、神の国に身を委ねること、および聖霊を個人で体験すること——回心《コンヴァーション》の体験をもつこと——が重要であると説いた。

大覚醒を支持することは、明確な福音主義（救いの確信）を信じ、既存の教会制度や聖職者の権威を批判することを意味した。公定(国)教会制度は、とくに批判の対象となった。しかし、それに反対する牧師や信徒もいた。大覚醒の支持派が「ニューライト」と呼ばれたのにたいし、批判した者たちは「オールドライト(またはサイド)」と呼ばれた。両者の違いは、厳密な教義の解釈にかかわることがらにとどまらず、広くアメリカの将来についてのヴィジョンのあり方にもあらわれた。「ニューライト」に属する牧師たちは、信仰と愛をとおしての精神的な連合の可能性をアメリカにみたのであり、新しい国家を参集することが「神の召命《コーリング》」であるとするヴィジョンを描いたのである。大覚醒により、アメリカは政治的に統一されるより先に宗教的に統一されたとするのは尚早かもしれない。しかし、宗教(信仰形態)の多様性を生み出したことにおいて、大覚醒はのちのアメリカの発展を予兆したものであったといえるだろう。

植民地の動揺

植民地の発展とともに、内部に対立や分裂も生じた。ヴァージニア植民地で起こったベーコンの反乱はそのもっとも早いものである。反乱の首謀者ナサニエル・ベーコンは、一六七四年にヴァージニアに移住してきた資産家で、総督バークリーとは姻戚関係にあり、植民地評議会議員に任命された。一六七五年九月および翌七六年一月に奥地の先住民とのあいだに生じた紛争で白人の犠牲者がでると、農民たちは報復の軍隊を派遣するように総督に要求した。しかし総督は、宥和《ゆうわ》政策を提唱し、逆に砦の建設のために課税しようとした。これにたいしベーコンは、義勇兵をつのり、総督の承認をえないままに奥地へ兵を進め、平和的な先住民を虐殺した（一六七六年五月）。彼は謀反の罪に問われるが、五〇〇人の義勇兵とともに首府ジェームズタウンにはいった。一六七六年十月にベーコンが病死し、混乱は鎮静化した。この反乱は結果的には植民地の統治体制を大きく変えることはなかったが、大土地所有者による支配にたいする小農民や年期奉公人の不満が表面化されたことに意義があった。

十八世紀中ごろになると、ニューヨーク植民地で農民による反乱＝土地暴動が起こった（一七六五〜六六年）。ハドソン川下流地域は少数の有力家族に下付され、領主たちは土地を小さな農地に分け、おもに貧しいオランダ人とドイツ移民に賃貸した。彼らは、独立した土地所有者への第一歩であると考え、免役地代やその他の費用をはらっていた。ところがニューイングランドからの移住者が増加し、領地内のあいている部分を無断占拠すると、大地主との対立が目立つようになった。地主たちは告訴し、ニューヨークの裁判所はその一人のフィリップスの主張を支持し、無断占拠者たちに借地契約を結ぶことを命じた。彼らはこれに従わず、逆に地主と忠実な借地人たちとを脅かし、刑務所に捕らわれていた仲間を解放しようとした。ニューヨーク市から正規軍が派遣され、主要な指導者たちが逮捕され、暴動はおさまった。

ノースカロライナ植民地では一七六六年から七一年にかけて、議員定数の不均衡、地方役人・法律家の腐敗、人頭税に不満を感じていた西部奥地の中小農民によるレギュレーター運動が起こった。政治を自らの手で「調整《レギュレート》」しようとしたことから、この名前がつけられたのである。ノースカロライナは、東部の海岸地域にスコットランド高地出身者、アングリカン（イギリス国教会派）、クエーカー教徒が多く、奴隷労働に基づいた大農園経営が広くゆきわたっていた。対照的に西部の丘陵地域は、シェナンドア渓谷経由で移住してきたスコッチ・アイリッシュ系である独立自営小農民中心の農業が盛んであった。これら西部農民が抗議運動を起こし、植民地政府軍とアラマンス川周辺で戦ったが敗れ、首謀者六人が処刑された。戦いはレギュレーターが敗れたが、その不満が正当であったことは、のちの政府によって認められた。

植民地の成熟——新しい国家意識の芽生え

北アメリカのイギリス植民地には若い独身の女性が移住するケースが多かった。一六三〇年代から五〇年代のピューリタンの「大移住」時代、女性は少なくとも二五％を占めていた。このように多数の女性が渡来したことは、人口の自然増加に貢献しただけでなく、社会および文化の成熟を可能にした。しかしこのことは、北アメリカのイギリス植民地において女性の地位が男性のそれと比べて高かったことを意味したものではない。いいかえれば、この時代にはきわめてはっきりした性差別があったのである。女性は政治に参加する権利を有していなかったし、その他の面でも、法律上の差別を受けていた。たとえば、結婚すれば妻の財産は夫のものとなった。夫が死んだ場合やほかに相続人がいない場合、妻は全資産を相続することができたが、ほかに相続人がいる場合は、妻は遺産の不動産の三分の一について生涯使用権を認められるだけであった。契約の当事者になることも、訴訟を起こすこともできなかった。女性は、妻となり母となり、家事をおこなうことが期待されていたから、教育も男性本位であった。道徳においても男性とは異なる基準が適用され、このような二重基準《ダブル・スタンダード》は女性により厳しいものであった。

このような性の不平等への不満はやがて表出し、女性は対等な地位を要求することになる。伝統的秩序あるいは慣習を変えることが革命的であるとするならば、植民地時代後期は女性が革命的な役割を担う時期であった。女性の役割は、私的なそれから公的なものに移る。「共和国の母」のイデオロギーとして知られるようになる女性の役割についての新しい認識の芽生えについては、次章で検討したい。

以上みてきたような植民地の成長と変化は、そこに住む者たちに、自分たちは北アメリカ大陸に住むイギリス人であるという認識とは異なる新しい帰属意識《アイデンティティ》＝「アメリカ人」を生むことになった。

旧世界と新世界のあいだを往復し両方のあり様を体験したミシェル・ギョーム・ジャン・ド・クレヴクール（アメリカ名、J・ヘクター・セント・ジョン）のことばはこのことを如実に物語る。クレヴクールは、フランスの小貴族の子として生まれ、ケベック攻防戦（一七五九年）にフランス軍の将校として従事したあと、農民としてニューヨークに定住した。彼はそこでの自分の体験や見聞を文章にし、それを集め『アメリカ農夫の手紙』と題して一七八二年にロンドンで出版した(フランス語版は八四年)。

〔アメリカは〕ヨーロッパのように、あらゆるものを所有する大領主と無一物の一群の民衆とで構成されているのではありません。ここには貴族も、宮廷も、王侯も、僧侶も、教会領地も……中略……何千の人々を使用する大製造業も、すばらしく優雅な贅沢品もありません。富める者と貧しい者が、ヨーロッパのように大きく隔たっておりません。(「第三の手紙」)

さらにクレヴクールは、このようなところに住む人間は他の世界ではみられない「新しい人間」であるとした。

アメリカ人は新しい原則に基づいて行動する新しい人間です。したがって、アメリカ人は新しい思想をいだき、新しい意見をもたなければなりません。不本意な怠惰、奴隷的屈従、貧困、無益な労働から、豊かな生計を報酬として与えてくれるまったく異なった性質の労働へと移ったのです。(同)

クレヴクールは独立運動のさなかにアメリカを去り、革命時のフランスに一時帰国した。しかし元来は貴族出身であったことから身の危険を感じ、アメリカにふたたび渡る。そこに安住できず、フランスに戻り、そこで生涯を閉じた。

第二章 独立から建国の時代 一七六四〜一八〇八年

1 独立への道

イギリス的自由の継承者としての意識

「フレンチ・アンド・インディアン戦争」に勝利し、十八世紀のなかばにイギリスは北アメリカ大陸からフランス勢力を一掃し、その東半分をその領土にすることとなった。このように拡大した領土を効率よく統治するためには、従来の植民地政策を改める必要があることは、本国の政策担当者の認めるところであった。その結果、植民地の貿易を統制し、工業製品にかんする規制を厳しく課すことにより、富国の目的を達することが再確認された。それはより直接的に植民地運営の経費を植民地に負担させることを意味した。一方、それまでの「有益な怠慢」に慣れていた植民地人は、規制の強化は実質的に自治の原則を変えるものとして警戒し反発した。本国が軍隊を駐屯させ、その費用の捻出のために税関体制を強化しようとしたとき、カナダを除く北アメリカ大陸のイギリス植民地は、彼らが享受してきた自由と権益を守るために激しく抵抗した。彼らが直面していた状況の改善を本国に要請したが、それがはたされなかったとき、彼らは自分たちの不満が根本的に解決されるためにはあらたな政府を形成することによってしかないと考え、そのための理論をイギリスの過去および西欧の政

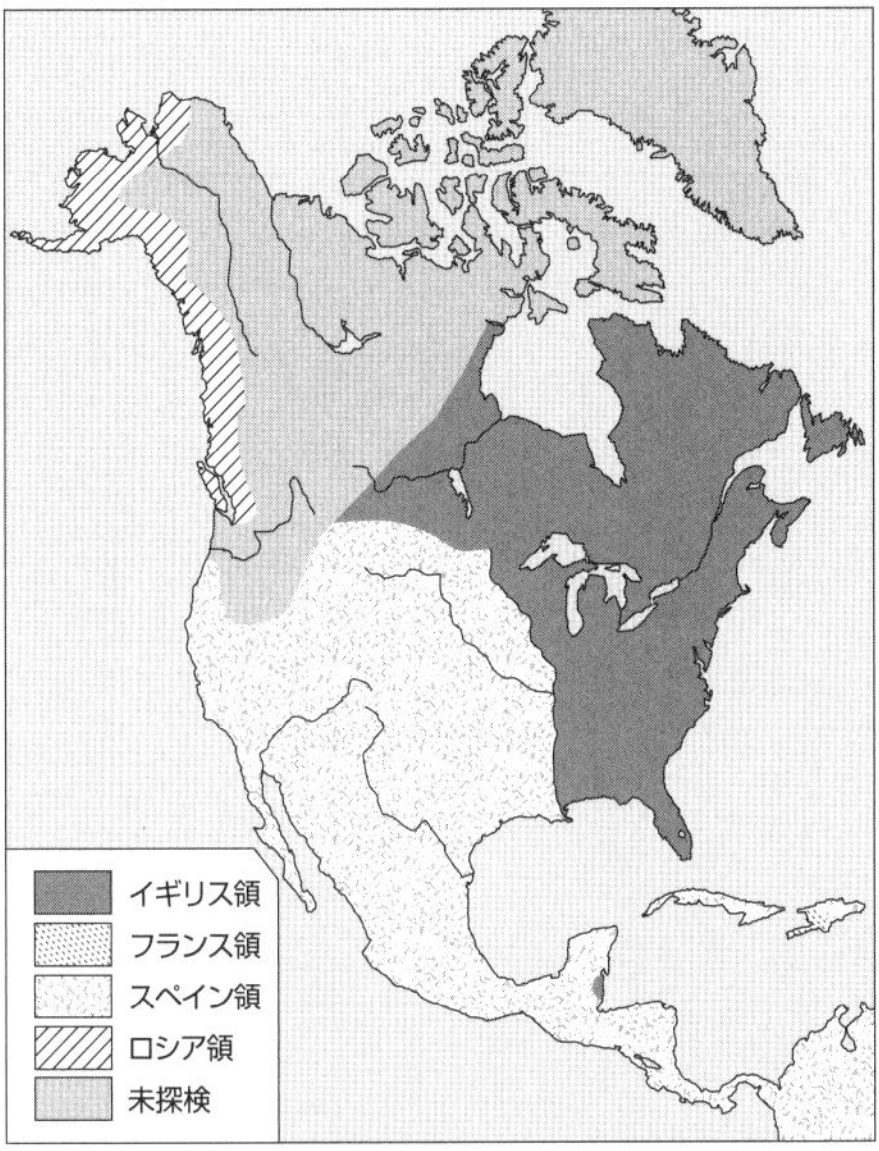

1763年以後の北アメリカにおける勢力分布　七年戦争(フレンチ・アンド・インディアン戦争)後，イギリスの制覇権が確立し，未開の地域も減少していった。

治学の古典に求めた。

かくして独立への動きが始まった。そのための営みは、本国からの分離だけに向けられたのではなく、それを超えて、新国家建設のヴィジョンをともなうものであった。本章においては、分離・独立から新国家建設にいたるプロセスを概観する。建国初期の諸問題についてもふれることになろう。なお植民地の独立運動、本国との武力抗争（戦争）、そして新国家建設までの歩みをさして、総括的に「アメリカ革命」と呼ばれる。

印紙法からボストン茶会事件へ

七年戦争は、一七六三年二月のパリ講和条約をもって終結し、イギリスの北アメリカにおける優位が確定した。拡大した北アメリカでの領土をいかに統治するかの課題に直面したグレンヴィル内閣は、そのための費用の一部を植民地に負担させることを考え、一七六四年四月、「アメリカ歳入法」（砂糖法として知られる）を成立させた。これは、外国産糖蜜の関税をさげる一方、外国産の精白糖への関税をあげ、キャリコ・リネン・絹・ワインなど本国を経由して植民地に輸入される外国産品にたいする関税をふやすことを意図したもので、鉄・毛皮・炭酸カリなどが輸入制限の対象となる列挙品目としてあげられた。

これにたいして植民地ではただちに抗議の声が上がった。イギリス製品不買運動が呼びかけられ、植民地にたいして課税することになる法律の制定は「代表権なきところに課税はない」とする原則に反するという抗議がだされた。

イギリス本国は翌一七六五年三月、軍隊宿営法と印紙法を制定した。軍隊宿営法は、アメリカ植民地に駐屯するイギリス軍にたいし、宿舎・食糧その他の必需品を提供することを義務づけた。他方、印紙法は、新聞・暦・小冊子などの出版物、証書その他の法律文書、船舶関係の書類、それにトランプにまで印紙を貼ることを要求し、違反者は植民地にたいして管轄権をもつ副海事裁判所《ヴァイス・アドミラルティ・コート》において裁かれることを定めた。年間六万ポンドの歳入が見込まれ、前年の歳入法とあわせて、植民地運営ならびに防衛に必要な経費の三分の一をまかなうと予想された。

しかし前年同様、植民地において強い抗議の声が上がった。印紙税は貿易を規制する外部課税ではなく、歳入を目的とした内部課税であり、代表が出席していないイギリス議会が定めたこのような法律に従う義務はないというのがそのおもな理由であった。「自由の息子たち《サンズ・オヴ・リバティー》」と自称する組織がボストンなどの主要な港町につくられ、印紙の販売をうけおった人々に圧力を加え、印紙が本国から運ばれたときには、その陸揚げを阻止した。一七六五年十月、九つの植民地の代表がニューヨークに集まり、印紙法に反対する共同の決議を採択した。このような全植民地レヴェルの集まりは、先述したオルバニー会議以来のことであった。イギリスの商人たちも同法に反対を表明したために、印紙法は翌年三月に廃止が決まった。しかし、本国議会はイギリス帝国最高の機関であって、植民地を拘束するあらゆる立法権を有することを確認する宣言法が、同時に制定された。

翌一七六七年、本国と植民地の関係を緊張させる出来事が起こる。ひとつは、ニューヨーク植民地が先に決められた軍隊宿営法に反して、本国軍隊宿営の要請を受け入れなかったために、ニューヨーク議会の立法機能の停止が宣言されたことである。じっさいには停止まではいかなかったが、このような権限が本国政府にあるかどうかをめぐって、激しい憲法論争が展開された。

植民地側のより大きな関心は、チャタム内閣蔵相の名をとったタウンゼンド諸法(一七六七年六月制定)に向けられた。これらの諸法は別のかたちでだされた課税の試みで、イギリス製品か東インド会社の産品からなるガラス、ペンキ、紙、茶などを対象とし、四万ポンドの歳入が見込まれた。アメリカ税関管理局がおかれ、また徴税を確実にするために税官吏にたいし一般捜査令状を交付することが定められたが、このような慣習は本国では違法とされていた。

タウンゼンド諸法への反対が植民地で起こるのに時間はかからなかった。イギリス製品不買運動が呼びかけられたのは以前と同じであったが、サミュエル・アダムズなど、マサチューセッツの急進派により各植民地にたいし回状《サーキュラー》が送られ、また精緻な本国批判を述べたジョン・ディキンソンの『ペンシルヴェニアの一農夫の手紙』が広く読まれ、植民地間の連帯の機運がさらに高まった。一七六九年五月、このような機運を支持する態度を表明していたヴァージニア植民地議会は、総督により解散されたあと、ウィリアムズバーグのローレー・タヴァンに集まり革命協議会を結成した。一七七〇年四月、ノース内閣に変わったあと、イギリス議会は茶を除いて課税を撤廃し、六五年制定の軍隊宿営法も撤回した。

この間一七七〇年三月に、数百人のボストンの群衆にたいし税関の警護にあたっていた約二〇人のイギリス兵が発砲、三人の市民——そのうちの一人は自由黒人クリスパス・アタックス——が死亡するという事件が起こった。直後に軍隊がボストンから引き揚げられ、ジョン・アダムズらが弁護にあたった兵士たちは無罪放免となり、事件は収拾された。

大陸会議の開催

タウンゼンド諸法の撤廃以後、抗議の声は鎮静し、密貿易監視船ガスピー号がロードアイランド植民地のプロヴィデンス港で焼打ちされた事件(一七七二年六月)を除いて、比較的平穏が保たれた。イギリス製品不買運動も頓挫したかにみえた。しかし急進派は、通信連絡委員会を組織し、緊急事態の発生に備えた。

一七七三年五月、多量の茶の滞貨をおっていた東インド会社を救済する目的で新しい茶法が制定された。実施されていたならば、密輸入されていた茶より、またオランダなどの外国経由で入手していた茶のいずれより安く輸入することが可能になったであろう。しかし、本国議会の課税権が確立されることを危惧した植民地の人々によって、同年十二月、ボストンで先住民や黒人に変装した市民が東インド会社の船を襲い積み荷を海中に投ずるという、「ボストン茶会事件」として後世有名になる事件が起こった。

ボストン茶会事件を受け、本国議会はただちに懲罰のための一連の法律を成立させた（「懲罰的」諸法、一七七四年三月および五月）。ボストン港閉鎖、マサチューセッツ植民地の自治の制限（植民地の役人についての国王の任命権を強化、定例以外のタウン・ミーティング開催に総督の許可を必要とする）、裁判法（本国官吏軍人の本国における裁判を保障）である。これらの法律は植民地では「耐え難き《イントレラブル》」諸法と呼ばれた。なおこれとは別に、植民地自治を制限し、カトリック教会をケベック植民地の公定教会として定めたケベック法およびあらたな軍隊宿営法が定められた。

マサチューセッツにたいする諸法は、一植民地にたいする措置ではなく、全植民地にあてはまる問題として受けとめられた。それへの対策を討議するために、一七七四年九月五日、ジョージアを除く一二の植民地の代表がフィラデルフィアに集まり、第一回大陸会議《コンチネンタル・コングレス》が開催された。以後同会議は、各植民地が統治形態の変更をおこなうにあたって、また武力衝突開始後は戦争遂行においても、指導的役割をはたすことになる。

第一回大陸会議は、植民地の本国からの分離・独立を討議することが目的ではなかった。植民地の権利と自由を守るために取るべき手段を協議することであった。決定に際しては各植民地は対等に一票を投じるとされ、秘密の厳守が申し合わされた。

ボストン市民に発砲するイギリス兵(1770年)　3人のボストン市民が死亡し，その1人は自由黒人のクリスパス・アタックスであった。

ボストン茶会事件　1773年12月16日，約60人のボストン市民が先住民や黒人に変装し，ボストン港に停泊中の東インド会社の船に乗り込み，342箱，1万ポンド以上の茶を海に投げ捨てた。

会議ではまず急進派の働きかけにより、「サフォーク郡（マサチューセッツ）決議」が採択された（一七七四年九月十一日）。同決議は「懲罰的」諸法がイギリス憲法違反であることを訴え、マサチューセッツの住民にたいし自らの政府を樹立し、民兵隊を設立することをうながし、イギリス本国にたいして厳しい経済制裁をとることを勧告した。これにたいし保守派から、国王が任命する総督《プレジデント》と各植民地から選ばれる代表からなる議会などを織り込んだ帝国連合案がだされたが、一票差で否決された（九月二十八日）。そして十月十四日に、「懲罰的」諸法とケベック法を批判する「宣言と決議」が採択された。前者は一七六三年以来とられてきた歳入増加のための法的措置が憲法違反であることを述べ、後者は植民地人には「生命、自由および財産追求」の権利などがあることを訴えた。そして第二回目の会議を翌年五月に開催することを決めて解散した。

開戦

急進派の勢力がとくに強かったのは、マサチューセッツとヴァージニアにおいてであった。前者が早い段階から抗議運動の中心となっており、そのために本国政府による「懲罰的」措置の対象になったのは先にみたとおりである。後者では、そのタバコ・プランターたちが輸出自由化を望んでいたことや西部奥地への投機の機会が本国の政策によって抑制されたことなどの理由で、反本国の機運が強かった。また人口・面積において最大で、指導層におけるまとまりがあった。

マサチューセッツでは一七七五年二月、きたるべきイギリス本国との抗争に備えて、コンコードに武器庫を建て、民兵の訓練を始め、トマス・ゲージ将軍率いるイギリス駐屯軍との対決に備えていた。同年三月ヴァージニアにおいては、パトリック・ヘンリーがニューイングランドで今すぐにでも武力衝突が起こることを予期して、「自由か死か」という後世に残る演説をおこなった。彼の予想どおり、一七七五年四月十九日早朝、ボストンから武器庫の押収に向かった総勢七〇〇人からなるイギリス軍と、同市の保安委員会が送ったポール・リヴィアとウィリアム・ドーズの通報によりそれを知った民兵とのあいだで、ボストン郊外のレキシントンとコンコードにおいて戦闘の火蓋が切られた。最初イギリス軍の被害は少なかったが、ボストンへの帰途四〇〇〇人に近い民兵の攻撃を受け、多くの死傷者(二〇〇人以上)をだした。ボストンは三月までイギリス軍に包囲されることになる。

近隣のニューハンプシャー、ロードアイランド、コネティカットからマサチューセッツ民兵への応援部隊が到着する一方、イギリス軍も増強され、六月十七日バンカーヒル(ボストン)の攻防をめぐる戦いが繰り広げられた。この戦いは艦砲射撃の援護を受けたイギリス軍の勝利に終わったが、同軍は多数の死傷者(六五〇〇人中約一〇〇〇人)をだし、内陸部ケンブリッジへの侵攻計画は放棄されなければならなかった。植民地側の損害は軽微であった。

革命政府の発足

一七七五年五月、第二回大陸会議が開かれた。マサチューセッツのジョン・ハンコックが議長に選出され、ヴァージニアのジョージ・ワシントンが植民地軍全体の総司令官に任命された（彼は無給であることを申し出た）。そして、各植民地が人口に比例して戦費を負担すること（信用状の引き受け）が決められた。七月五日に、ジョン・ディキンソンの起草による和解を意図した請願（「オリーヴの枝請願」として知られる）を採択し、翌六日には「武器をとる理由と必要について」釈明した宣言が採択された。後者はディキンソンとトマス・ジェファソンの起草によるものであり、植民地に独立の意図があることを否定する一方、植民地が連帯して、イギリス人としての正当な権利擁護のために武器をとって戦う強い意志を表明したものであった。

同会議は八月に解散するが九月に再開し、十月には海軍の編成を認め、十一月になって外国からの支援（とくにフランス）の可能性を打診するための委員会を設置した。この間、イギリス本国はアメリカ植民地が反乱状態にあるとする国王宣言を発し（八月）、議会下院は、「オリーヴの枝請願」を受理するが、それが和解の基になるということについては反対の決議をおこない（十一月）、さらに翌年三月をもって海上封鎖を実施する旨の指令を発した（十二月）。事態ここにいたり、北アメリカの植民地が本国と以前と同じ関係をもつことがありえないであろうことは、最後まで和解の希望をいだいていた人々にも明らかになった。

一方、植民地軍総司令官に任命されたワシントンは六月、ケンブリッジに到着し植民地軍の態勢整備にとりかかった。こうして本国軍と植民地軍がニューイングランドにおいて武力衝突を重ねるなかで、各植民地では旧来の統治機構がつぎつぎと機能を停止した。ヴァージニア、ノースカロライナ、ニューハンプシャーでは、総督は愛国派によって抑留されることを恐れ、イギリスの軍艦に避難した。ニューヨーク、サウスカロライナ、ジョージアにおいては総督は任地から退去し、ニュージャージー、ペンシルヴェニア、デラウェア、メリーランドでは急進化した愛国派の動きにより、総督の力は大きく制限された。マサチューセッツでは一七七五年五月に、総督は空席のままで新しい政府が組織された。コネティカットとロードアイランドは、ともに自治植民地で、旧来の政府とは異なる別の機関を設ける必要はなかった。

かくして、それまでの植民地議会にかわる代議会《コングレス》（地域によっては協議会《コンヴェンション》）が召集され、あらたな統治機構がつくられることになった。かつての植民地は、「ステーツ」となった（一七八九年までの時期については「ステーツ」は「邦」、それ以後は「州」とあらわすのが慣習となっている）。各邦においては新憲法の制定などをめぐり、激しい勢力争いが繰り広げられることとなった。それはしばしば大商人・大地主・大プランターと小土地所有者・自営職人、あるいは既存の東部支配層に抗議する新興の西部中下層というかたちをとり、例外はあったが、多くの場合後者が優勢を占めるという結果となった。ここに「内部革命」としてのアメリカ革命の性格を読みとることができる。この作業はもうひとつの大きな作業、すなわち全邦（のちに州）の統一という問題とあわせて、本国からの独立・分離をはたしたアメリカ人にとっての課題として残ることになる。

「アメリカ独立宣言」

武力抗争が開始されても本国との和解を信じ、分離に踏み切れない人々がいた。その数は全人口の三分の一にのぼったと推測される。そこで植民地人の意志を分離に統一するために、大陸会議による独立の決議が不可欠であった。そこにいたるまでに大きな影響を与えたのが、トマス・ペインによる『コモンセンス（常識論）』だった。一七七六年一月に出版されたこのパンフレットのなかでペインは、独立の利益や必然性——どこの国もアメリカ植民地との交易を望み、また独立が達成されればアメリカの安全が保障されること——を論じ、世襲君主制の不合理を批判し、本国との和解はもはや期待できないことを明快かつ扇情的なことばで述べた。

植民地においてこのような刊行物が受け入れられたのは、政権にたいし異議を申し立てることが正当であるとする理念があまねく広まっていたからである。イギリス人の諸権利（とくに言論・出版の自由）、国王・貴族・一般市民による統治形態、議会の権限、教会と国家の関係（不服従派に課せられた諸義務の不合理性）などについて、植民地人たちはそれまでの一世紀間にイギリスで展開された議論を熟知しており、彼らの不満を表現するにあたり、それらを援用してきた。トマス・ホッブス、ジェームズ・ハリントン、ロバート・フィルマー、アルジャーノン・シドニー、ジョン・ロックなどの思想は、本国批判の理論的基盤となった。とりわけ植民地人たちが身近に感じたのは、ジョン・トレンチャード、トマス・ゴードン、フランシス・ハッチンソン、ジョゼフ・プリーストリー、リチャード・プライスらホイッグ急進派と呼ばれた人々によって唱えられてきた思想であった。彼らの理念は、イギリ

「アメリカ独立宣言」 左端がジョン・アダムズ, 右より2人目がトマス・ジェファソン, 右端がベンジャミン・フランクリン(ジョン・トランブル作)。

ス政治にはほとんど影響をおよぼしてこなかったが、アメリカにおいて実現される機会が生じたのである。

トマス・ペインの著作はイギリス本国の抑圧を激しく糾弾し、植民地人の心を動かした。しかし、彼らが独立を決意するにいたった経緯をより普遍的かつ流麗なことばであらわしたのは「アメリカ独立宣言」であった。

一七七六年五月、ヴァージニア植民地協議会は、その代表をして大陸会議に一三植民地の独立を提案すべきであるとする訓令をだした。これを受け、リチャード・ヘンリー・リーが六月七日、北アメリカのイギリス植民地の独立、連合《コンフェデレーション》の計画、外国との同盟を求める決議案を提出する。結論がでなかったので採決は七月まで延期されることになり、同時に独立宣言書、連合規約、外国との条約の草案を準備する委員がそれぞれ任命された。独立宣言書の起草委員として選ばれたのは、トマス・ジェファソンら五名であった。原案作成はおもにジェファソンが担当し、彼はそれを二週間余りでなした。彼の原案はほかの起草委員から少しの修正を受けただけで、独立の決議が採択された日の七月二日に大陸会議に提出された。同会議での二日間の審議をへて七月四日に採択されたのが「アメリカ独立宣言」である。

ジェファソンは晩年、「アメリカ独立宣言」の原案を作成するにあたり、「独立の問題についての常識《コモンセンス》をできるだけわかりやすく人々に示す」ことを心がけたと述べている(一八二五年五月八日付、リチャード・ヘンリー・リー宛書簡）。いいかえれば、彼は「それまで考えられたことのないような新しい原理」ではなく、「政治についての基本的書物に表現されていた、当時の一致した意見」に基づいて原案を起草した。

「アメリカ独立宣言」は、革命の理論を述べた部分（前文）、国王の「悪行と簒奪」を列挙した部分（本文）、本国からの分離・独立は唯一残された道であるとする部分（後文）の三部からなっていた。前文には、アメリカの建国理念を示すものとしてしばしば引用される有名なことばがある。

すべて人は平等につくられ、造物主によって、一定の奪うべからざる生来の諸権利を有する、そのなかには生命、自由、幸福の追求が含まれる。……これらの諸権利を確保するために人類のあいだに政府が組織され、その正当な権力は被治者の同意に由来するものである。……〔もし政府がこの目的に反するものとなった場合には〕人民はそれを改廃し……あらたな政府を組織する権利を有する。

ジェファソンの原案には、アメリカ植民地に奴隷制がもたらされた責任は国王に帰せられるべきであるとする箇所があったが、これは奴隷制を認めていた植民地からの反対があり、最終案では削除された。

2　独立戦争の推移

戦争の進展と終結

一七七五年四月、レキシントン、コンコードで戦端が開かれて以後、一年余りのあいだ、戦力の点で格段に劣っていた植民地軍は極力正面での戦闘を避け、ワシントンの指揮のもと、長期的抗戦の戦略をとっていった。

独立宣言が発せられて一カ月後の一七七六年八月、ボストンから転戦したイギリス軍はニューヨークのロングアイランドの戦いで植民地軍を破った。このときワシントンは、イギリス軍に知られることなく植民地軍をマンハッタン（ニューヨーク）に撤退させた。しかし九月にはここも放棄し、イギリス軍が占領することになった。十一月、スターテン島で両軍のあいだで和平交渉がもたれ、イギリス軍司令官ウィリアム・ハウは独立宣言の撤回を要求したが、植民地側はその申し入れを拒んだ。

ワシントンは、ニュージャージーにおいて回避作戦をとった。フィラデルフィアはイギリス軍により占領されるが（九月）、七六年十二月および七七年一月、ワシントンは果敢にトレントンおよびプリンストンでイギリス軍に奇襲を加え、成果をおさめた。それらはいずれも小さな勝利であったが、植民地側の士気を高めた。その後七七年十月にサラトガ（ニューヨーク）の戦いで五七〇〇人のイギリス軍が降伏、さらに同年十二月から翌年六月にかけてフィラデルフィア北西のヴァレーフォージでワシントンが厳冬のなか基地を防衛したことも、植民地側の士気を高めた。

南部戦線では一七七八年十二月にサヴァナが落ち、八〇年二月から五月の攻防戦ののち、チャールストンがイギリス軍により占領され、五四〇〇人が捕虜となるなど、植民地軍は苦戦を強いられた。しかし、十月にサウスカロライナのキングス・マウンテンでイギリス軍指揮下のロイヤリスツ（王党派）を打ち破るなど有利な展開がみられたあと、八一年十月十九日、ヴァージニアのヨークタウンの戦いにおいて、コーンウォリス卿率いるイギリス軍が降伏し、七五年四月の開戦から六年有余続いた独立戦争は終わった。

植民地の勝利と講和

植民地では、住民が自らの地域社会を防衛するという考え方が一般的であり、武装した市民は「民兵《ミリシア》」と呼ばれた。一七七五年四月にレキシントンとコンコードでイギリス正規軍と戦火を交えたのは、このような武装した市民（彼らは一分で戦闘態勢にはいれるという意味合いの「ミニットマン」という名で知られた）であった。各植民地の民兵は、独立後は諸邦に引き継がれた。通常は十六歳から六十歳までの身体壮健な男子はすべて入隊する資格があった。イギリス軍が進撃するところでは、民兵隊はその数を増し、これを迎え撃った。

民兵は職を有する市民であり、通常の居住地を離れて転戦することは期待されなかった。そこで、一定期間軍務に服し、各地に転戦できる軍隊が必要とされ、兵員数を各州に割りあてる方法、すなわち正規軍たる「大陸軍」が編成されることになった。「大陸軍」も最初は経験が乏しいにわか兵士の集団であったが、やがて訓練と経験を積んで規律ある軍隊となった。

アメリカ植民地軍の努力だけでは、イギリス正規軍を打ち破ることは不可能であった。第一に、彼らは訓練不足であった。第二に、徴用期間が短期であった。第三に、慢性的に武器・弾薬、衣服、薬が不足し、第四に、海軍力において不十分であった。これらの弱点を補ったのが、外国からの援助(とくにイギリスと覇権を争っていたフランスからの援助)と、個人的に参加した外国人義勇兵の存在である。

当時ヨーロッパでは一二年間平和が続いていたために、失業中の多数の職業軍人がアメリカにきて植民地軍のために戦った。そのなかで、ラファイエット侯爵は抜きん出た存在であった。年若く、裕福な環境に育ち理想家であったラファイエットは一七七七年、自らの経費で艤装をすませた船でアメリカに渡った。大陸会議がアメリカ陸軍の少将に任命したのは、彼が二十歳の誕生日をむかえる一カ月前であった。彼は勇敢で有能な指導者であった。七九年に一時帰国し、遠征軍を派遣させるようフランス政府に働きかけた。その結果ワシントンを助けて、ヨークタウンの戦いにイギリス軍を破り、戦局を決定づけることになる。ポーランド人将校タデウシュ・コシューシコは、七六年の夏(彼も弱冠二十歳であった）アメリカに渡来し、デラウェア川防衛のための堡塁構築を担当した。

アメリカの独立のためにもっとも重要な貢献をした外国人は、プロシア貴族のフレデリック・フォン・シュトイベン男爵である。彼の専門は、ワシントンがもっとも頭をなやませていた問題、すなわち兵隊の訓練であった。彼は軍事教練操典をつくり、モデル中隊を組織し、それに基づいて訓練した。彼はまた軍の新しい編成単位（二〇〇名の兵員からなる大隊）を基準にして軍を編成し、作戦の遂行につくした。

フレデリック・フォン・シュトイベン（1786年頃）　兵隊の訓練，軍の編成，作戦の遂行に助言し，アメリカ独立のために貢献した。

愛国派の指導者たちは、フランスの力を借りて独立を達成することをねらった。一七七六年九月、そのための条約案が大陸会議において採択された。サラトガでのアメリカ軍の勝利の知らせが届いたあとの七八年二月、通商と同盟の二つの条約が締結され、大陸会議はただちに批准した。ヨークタウンでの植民地側勝利を決定づけたのは、ドゥ・グラース提督のフランス艦隊とイギリス艦隊とが出会い、後者がかなりの損傷を受け、ヴァージニアから引き上げたことである。

ジブラルタル海峡の保有をめぐってイギリスと争っていたスペインは、一七七九年六月、イギリスに宣戦布告をおこないフランスと協同作戦をとる意志を示したが、アメリカ植民地の独立を認めないばかりか、大陸会議が派遣した公使を認証せず、独立が確定するまで軍事的支援を公約することはなかった。またロシアはエカチェリーナ二世が宣言をだし、中立国としてのロシアの交易を守るために自国の海軍を用いる意志があることを明らかにした。これは海上封鎖をおこなっていたイギリスにとっては不利になるものであった。

北アメリカで戦争を続けることについては、イギリス国内では人気がなかった。海をこえて、いわば兄弟と戦う目的で入隊を志願する者は少なかったし、外国人傭兵は、イギリスの財政力からして、思うにまかせなかった。したがって戦争の終結は、本国にとっても望まれたことであった。戦闘が一七八一年十月に終了すると、翌年四月よりパリで講和の交渉が始まり、十一月に仮条約が合意され、二年後の八三年九月、パリで正式に講和条約が調印された。それにより一三植民地の独立が認められ、かつての植民地の連合は、ミシシッピ川までの領土を獲得し、カナダとの境界はオハイオ川ではなくオンタリオからスペリオルまでの四つの湖の中心線に引かれるなど有利な条件をえた。しかし、ロイヤリスツ（本国支持派）の没収財産の回復やイギリス軍の北西部領土でのひきつづいた駐屯など懸案事項が残り、以後両国間の緊張の原因となる。

3　建国の時代

連合規約

各邦《ステート》の対立点を調整し、共通の利害を探りながら、イギリス本国にたいする独立をかけた戦争を指導し、外国との交渉にあたる窓口となったのは大陸会議であった（第一回＝一七七四年五月一日〜十月二十六日、第二回＝一七七五年五月一日〜八一年三月一日）。一七七六年七月十二日、ジョン・ディキンソンなどが起草した連合規約《アーティクルズ・オヴ・コンフェデレーション》案が会議に報告された。同案は翌年十一月、批准のために一三の邦《ステーツ》にまわされ、八一年三月に批准された。

批准までにかくも長い時間がかかったのは、西部領土の領有権が絡んでいたからであった。複数の邦がその領有権を主張し、土地投機業者の思惑がうごめいていた。しかし、領土を連合全体に帰属さ

新連邦国家アメリカ合衆国が統合した領土（1789年）

せることが決まり、ヴァージニア、ニューヨーク、コネティカットの各邦がとくにオハイオ川以北の土地の領有権を移譲することを約したために（ただしコネティカットは三〇〇万エーカーの土地をひきつづき保有した〔「西部特別保留地」〕）、メリーランドが最後に批准し、連合規約は成立した。

アメリカ最初の憲法となる連合規約は、独立・自由・主権を有する諸邦からなる連合は「合衆国《ユナイテッド・ステーツ》」と称されることがうたわれた。各邦の代表によって構成される連合議会《コンチネンタル・コングレス》が宣戦と講和、外交使節の交換、条約の締結などのことがらを討議する権限をもち、議決は各邦一票とし、九票の多数をもって可決されることが決められた。しかし課税権をもたず、対外通商および諸邦間の通商を規制する権限もなく、各邦からの拠出金によって運営されたために、連合規約の時期のアメリカ合衆国の財政基盤は弱かった。輸入税が独自の歳入源として浮上したが、それを実現するための全邦の賛成はえられなかった。

しかし、連合議会は一七八五年と八七年に、将来の西部発展の礎を築くのに重要な意味をもつ二つの条例を定めることに成功した。八五年の公有地条例は、六マイル平方のタウンシップを基本に三六の各一マイル平方(六四〇エーカー、一エーカーは約三六〇〇平方メートル)のセクションに区分けし、公有地を払い下げることを決めた。また一七八七年の北西部条例は、オハイオ川以北の領土を将来三ないし五の地域に分け、人口が六万人をこえてから旧来の邦と対等の資格で連合に加入できることを定める一方、同領土の全域において奴隷制度を廃止した。

連邦憲法制定

連合規約は当初より、より強力な中央政府を求めていた人々から批判を受けた。独立戦争後の時期

建国期の西方領土

は公債の額面どおりの返済が求められるなど、財政・通貨・信用が混乱する状況が生じていた。農産物の生産過剰から生じた価格の下落により破産し土地を失う農民がでたことは、それに拍車をかけた。各邦はこのような事態の改善を期待したが、十分な成果がみられなかった。このようなときマサチューセッツ西部で一七八六年夏、独立戦争に参加したダニエル・シェイズに率いられた暴動が起こった。参加者は紙幣の増刷を求め、裁判所を襲い、邦政府派遣の兵士と衝突した。翌年二月には鎮圧されたが、全国を震撼させた。

　これらの動きに呼応して、連邦体制の全面的変更を討議する会議の開催を求める声が聞かれるようになった。その結果、一七八六年九月にメリーランドのアナポリスに、五邦（ニューヨーク、ニュージャージー、デラウェア、ペンシルヴェニア、ヴァージニア）の代表が集まった。議会は三日しか続かず、ニューハンプシャー、マサチューセッツ、ロードアイランド、ノースカロライナの四邦の代表は到着が間に合わなかった。この状況をみてニューヨークの代表アレグザンダー・ハミルトンは、翌八七年五月に全邦代表がフィラデルフィアに集まり、連合規約の改正を討議する会議の開催を提案した。連合議会は、そのような集まりが「連合規約の改正のみを討議する」という条件で開催を承認した。一七八七年五月二十五日から九月十七日まで、ロードアイランドを除く一二邦の代表が参加して、フィラデルフィア会議が開催され、議長にはワシントンが選出された。

会議のはじめに、ローカルな政府(邦)の権力行使を認めながら、最終的にはナショナル(全国的)な政府の設立を前提とした案——議員数は各邦の人口比に基づくとした——がヴァージニア代表より提出された。ニュージャージー代表より、それに対抗する案——議員数は各邦平等とした——がだされた。七月、両案の妥協としてコネティカット案がだされ、連邦議会における議席配分は下院については各邦の人口に応じて決め、上院については各邦同数とする同意がなされた。八月から九月にかけての討議で、下院議席ならびに直接税配分の基礎になる人口に五人の黒人奴隷を自由白人三人に数えて算入すること(五分の三条項)、連邦下院議員・上院議員・大統領の任期をそれぞれ二年・六年・四年とすること、奴隷の輸入を少なくとも二〇年間は禁止しないことなどについてはげしい討議がなされ、さらにいくつかの「妥協」をへて、最終案に到達した。最終案は九月十七日に採択され、連合議会に送られた。後者はそれを受理し、連邦(合衆国)憲法案は批准のために各邦に送られた。

新憲法案の採択(1787年9月17日)　議長席に立っているのがジョージ・ワシントン。彼のカリスマ性が憲法制定の作業を円滑にした。

批准と憲法修正

批准をめぐっても、はげしい論争がくり広げられた。批准を推進した人々は自らを「フェデラリスト(連邦主義者)」と呼んだが、彼らはじっさいには中央集権的政府を容認するナショナリストであった。それにたいし、批准に反対する者たちは自らを「反フェデラリスト」と呼び、主権をもつ諸邦の連合を主張し、中央集権的な要素の強い憲法案を批判した。さらに、基本的自由ならびに権利を保障した「権利の章典《ビル・オヴ・ライツ》」がともなっていないことなどを訴えた。批准賛成派のハミルトン、ジョン・ジェイ、ジェームズ・マディソンは連合規約の不備や、憲法案が共和制の伝統に従ったものであることを、新聞紙上で訴え、これに応えた。

一七八七年十二月から翌年一月にかけて、デラウェア、ニュージャージー、ジョージア、コネティカットの四邦で憲法案は圧倒的多数で承認され、ペンシルヴェニアでも強い反対の動きがあったが批准された。マサチューセッツでは二月に僅差で批准が成立した。メリーランドとサウスカロライナが続き、六月にニューハンプシャーが承認し、ここに必要な九邦の承認をえて、合衆国憲法は成立した。しかしニューヨークとヴァージニアの二つの大邦の批准なしには、新しい合衆国の発足が困難であることは衆目の一致することであった。ヴァージニアではパトリック・ヘンリーなどが批准に反対していたが、僅差で批准は成立した(六月)。またニューヨークでもジョージ・クリントン知事などが反対したが、同じく僅差で批准が成立した(七月)。ロードアイランドとノースカロライナでは批准がえられず、両邦が連邦に加入するのは新政府発足後である。

批准反対の大きな理由のひとつが憲法案に「権利の章典」がともなっていなかったことに鑑み、第一回連邦議会において、各邦での批准会議において付帯された決議(その数は二一〇を数えた)が審議されることになった。その作業は主としてジェームズ・マディソンが担当した。彼が作成し提出した一二の修正条項は九月に上下両院により採択され、批准のために各州(それまでの邦)にまわされた。そのうち一〇条が、一七九一年十二月までに成立した。この一〇条——そのなかには、政教分離の原則や思想・表現の自由を定めた第一条などが含まれていた——は、その成立の背景から、憲法の一部を構成するとみなされている。

新連邦政府発足

一七八八年九月、新憲法案の批准成立の通知を受け、連合議会は首都をニューヨーク市におくこと、大統領選挙人による投票日を翌年二月四日に、そして第一回連邦議会の招集日を同年三月四日にすることを定めた条例を採択した。四月六日開票の結果、ジョージ・ワシントンが初代合衆国大統領に、ジョン・アダムズが副大統領に選出され、四月三十日に就任式がとりおこなわれた。七月以降大統領府に属する行政組織が設立され、国務長官にトマス・ジェファソン（就任は九〇年三月）、財務長官にアレグザンダー・ハミルトン、陸軍長官にヘンリー・ノックス、郵政長官にサミュエル・オズグッドが任命された。また連邦裁判所法の制定後（八九年九月）、連邦最高裁判所主席判事（長官）にジョン・ジェイ、連邦司法長官にエドマンド・ランドルフが指名された。

ワシントン政権にとっての緊急課題は、独立戦争中に大陸会議がかかえた、対外・対内あわせて五三〇〇万ドル以上におよぶ債務の償還であった。新連邦政府にたいする国民の支持を固めるのに、そのすみやかな遂行は不可欠であり、財務長官ハミルトンにその責務が課せられた。

ハミルトンは一七九〇年一月「公信用にかんする報告」を発表し、公債類の現時点での保有者への「額面通りの償還《ファンディング》」および各州の債務の新政府による「肩代わり《アサンプション》」を提案した。ハミルトンの提案については、愛国心に満ちて公債を購入したが安く手放さなければならなかった原所有者こそ償還を受けるべきであるという批判、また肩代わりは債務額が多い州（ニューヨーク、マサチューセッツなど）にとっては有利な措置であるが、すでに償還を完了している州もしくは償還額が少ない州（ヴァージニア、メリーランドなど）にたいして不公平であるという批判がだされた。ハミルトンはさらに九〇年十二月、紙幣発行や通商規制などの権限をもつ「合衆国銀行」の創設を提案した。それにたいして、銀行設立の認可権は州にあり、連邦政府はこのような中央銀行を設立する権限を与えられていないという批判があったが、翌年二月、（第一）合衆国銀行が設立された。ハミルトンは連邦憲法の拡大解釈によりそれを正当化したのであり、ワシントンもそれを支持した。

これらの政策を実施するための財源をハミルトンは関税に求めた。彼はまた、アメリカの産業を保護・育成するためにも高い関税が必要であると考えた。「酒税《エクサイス》」を課すことも、彼の構想にあった。しかし、ペンシルヴェニア西部の農民が彼らの唯一の換金産物であったウィスキーへの課税に反対し、抗議運動を起こすにいたった（一七九四年七〜十一月）。それは小さな事件ではあったが、ハミルトンは大統領ワシントンをして鎮圧にあたる民兵隊に随行させ、連邦政府の威力を誇示した。このようなハミルトンの財政政策にたいしては、国内の一部に強い警戒感があった。一七九〇年六月ジェファソンとのあいだに、首都をニューヨークではなく暫定的に一〇年間はフィラデルフィアにおくが、そのあとはポトマック川沿いに首都を移すという妥協がなされ、議会もそれを支持した。

政党政治の始まりとワシントンの告別演説

新政府はその最初の時期はハミルトンの金融・産業政策を中心に動いたが、これに反対する勢力が、国務長官ジェファソンおよび連邦下院議員ジェームズ・マディソンを中心に台頭した。双方の対立はしだいに組織化さるにいたった。ハミルトンを支持する者は「連邦派《フェデラリスツ》」、ジェファソンを支持する者は「共和派《リパブリカン》」と呼ばれた。それぞれの勢力は政党として編成された。アメリカ合衆国における政党政治の始まりである。

一七九二年初め、ジェファソンはワシントンに国務長官の職を辞したい旨を告げた。その意図を問いただされてジェファソンは、五月二十三日付のワシントン宛書簡で、「君主制への踏み石」をしこうとしている勢力が存在していることを指摘し、その理由として二一の事実をあげた。そのうちの一〇は公債の処理法など財政問題にかかわるものであり、二つは国内に利害を異にする地域――北部と南部――が生じていることについてふれたものであった。また残りの九つでジェファソンは、行政府による立法府議員にたいする圧力や買収、さらには憲法の拡大解釈による権限の増大に示される政治的腐敗、および怠惰や奢侈などの風潮が広がっていることにみられる倫理的・道徳的腐敗という二種類の腐敗をあげた。

これにたいしハミルトンは、ジェファソンのあげた理由を逐一論駁する書簡をワシントン宛に送った(同年八月十六日付)。彼は、連邦政府は憲法には明確に記されていない「黙示的権限」を有するという立場から自らの財政政策を正当化し、古代ローマの共和制が滅びたのは、シーザー（カエサル）のような人物がでて「民衆の愚挙におもねった」からであり、「独裁者」のレッテルが貼られるとすれば、共和派にたいしてこそ貼られるべきであると論じた。ワシントンは両者のあいだの和解を期待したが、それは果たされなかった。ジェファソンは翌九三年十二月に辞任し、ハミルトンも九四年末政権を去った。その後両者は相対立する二つの党派のシンボル的存在となった。

一方、一七八九年に勃発したフランス革命は九三年一月に国王の処刑、二月にはイギリス・オランダ・スペインにたいする宣戦布告へと進展した。その影響を受けて、アメリカ合衆国内に意見の対立（連邦派は親英的、共和派は親仏的）が生じた。ワシントンはヨーロッパ諸国の紛争にアメリカ合衆国が巻き込まれないために、九三年四月中立宣言を発した。しかしイギリスがフランス領西インド諸島と交易する中立国の船舶を拿捕《だほ》する命令をだし、二五〇隻をこえるアメリカ船が拿捕された。西部フロンティアでイギリスが先住民を扇動しているとの情報も伝えられた。ワシントン政権はこの事態を打開するために、九四年十一月イギリスとジェイ条約を結んだ。それによりイギリス軍の北西部地域からの撤退、アメリカにたいする最恵国待遇、インドおよびイギリス領西インド諸島植民地との交易の自由が保証された。しかし、同条約はアメリカにとって屈辱的であるという批判があり、連邦議会上院でかろうじて承認され（九五年六月）、その施行のために必要な予算措置も、一票差で下院を通過したのであった（同年四月）。

ジェイ条約は以後イギリスとの関係を安定させた。それをみてワシントンは政界から引退する決意を固め、その旨を一七九六年九月の告別演説で公表した。そのなかでワシントンはつぎの二点を強調した。まず第一に、アメリカ合衆国を構成するすべての州および国民各層は連帯すべきであるという点である。間接的にそれは、当時顕在化しつつあった党派活動を批判したものであった。第二に、アメリカ合衆国を国際紛争に巻き込むようないかなる同盟関係も結ぶべきではないと彼は述べた。現職大統領が三選をめざさないことは、ワシントンの場合が前例となって、以後長く(一九四一年のフランクリン・D・ローズヴェルトによる三期目の就任まで)続いた。

「共和国の母」の思想

前章では、植民地時代の女性の一般的地位についてふれたが、アメリカ革命期にはそれはどう変わったのであろうか。その検討のためには、この時代を通じて広く浸透していた共和主義《リパブリカニズム》の理念にふれなければならない。

共和主義はさまざまな意味に解釈され、そのニュアンスは多義にわたる。アメリカ合衆国建国時、それは「公共の善《パブリック・グッド》」の実現のために奉仕する精神をさすものと理解されていた。公徳心のある人々による政治の指導が理想とされていた——「自然の貴族《ナチュラル・アリストクラシー》」ということばも使われることがあった——のであり、全市民が対等な諸権利を有するとする平等主義が理想とされたのではなかった。

そうしたなかで当時、女性は理想的な市民、つまり公徳心のある市民としてみなされていたのであろうか。誠実さ、勇気、質素といった美徳は男性的資質と同一視されることが多く、それらを腐敗させる悪徳(臆病、華美など)が、女性に特有な資質としてみられることが多かった。しかし、そのような差別意識の一方で、社会変革の重要な担い手として果たすべき役割を女性は保有するという発想がこのころには聞かれるようになった。そのような主張は女性からもだされることがあった。たとえば、独立活動に専念する夫ジョン・アダムズにたいし、妻アビゲイルは「女性を忘れないでください」というのちに有名となることばを送ったが、これは女性を庇護することを忘れないでほしいという受身的な発言ではなく、女性は果たすべき対等な役割をもつというポジティヴな主張の表れであったとみることができよう。

有徳な市民をつくりあげるのに家庭がその重要な部分を担い、家庭においては母親の影響力がきわめて大切である、したがって有徳な市民の育成には女性の役割が不可欠であるという意識が、アビゲイル・アダムズにはあったのである。かくして、革命を進展させ、新国家＝新しい共和国を建設する作業に女性は母親として参加すること、いいかえれば、女性は「共和国の母」であるという思想が定着することになった。しかしこのことは、女性の政治参加が認められたことを意味するものではなかった。むしろ、夫と息子(男性)が公的世界において活動できるため自己を犠牲にして奉仕するという女性像が定着し、男性と女性のそれぞれ活動する領域は分かれてあるという考え方が一般的となった。

4　アダムズ政権からジェファソン政権へ

フランスとの「宣戦なき戦争」と外国人取締り法・扇動防止法

第二代大統領ジョン・アダムズ政権が一七九七年三月の発足後最初に直面した課題は、フランス（テルミドール「反ロベスピエール派による保守的反動」後の総裁政府）との関係の修復であった。フランスは前年七月からイギリスと同様中立国の船舶を拿捕《だほ》し始め、アメリカ商船もその対象となっていた。またフランスはアメリカ公使の着任を拒否し、九六年十一月にはアメリカとの国交停止を宣言するにおよんでいった。アダムズは就任した年の十月、三人からなる代表団をフランスに派遣した。しかしフランス側は三人の代表にそれぞれ使者を送り、その際フランス外相タレランは、代表団接受の条件として、同国にたいする借款と賄賂の提供を迫った。代表団はこれを拒否し、本国に報告した。そのなかでフランス政府がさしむけた三人の使者を実名ではなくX、Y、Zと呼んだので、以後このエピソードは「XYZ事件」として知られる。

「XYZ事件」を機に、アメリカ合衆国における対仏感情は悪化し、フェデラリスト党の一部は武力行使をも辞さない態度をとった。アダムズは自分の連邦派内における人気が低下するのを承知のうえで戦争回避の政策をとった。しかし志願兵募集やフランス商船の拿捕の承認、そして海軍省を設置するなど、戦争準備はおこたりなかった。一七九八年末から翌年初めにかけてフランス艦船との小規模な海戦が起こったが、正式の宣戦布告はだされなかった。一八〇〇年九月、両国のあいだにモルフォンテーン条約が結ばれ、アメリカの中立国としての権利の主張が確認されるとともに、一七七八年のフランスとの同盟条約が破棄された。

フランスとの関係の悪化は国内政治に影響をおよぼした。一七九八年六月から七月にかけて成立した一連の外国人取締り法・扇動防止法は、外国人のアメリカ合衆国内における政治活動の規制および反政府的な活動を制限する目的でつくられたもので、連邦派の政策に批判的であったフランス人亡命者および反英的アイルランド人を対象にしたものであった。

このような法律が成立したことにたいし共和派は警戒し、同党の影響力の強かったケンタッキー州議会およびヴァージニア州議会をとおして、抗議を公にした。「ケンタッキー決議」(一七九八年十一月)および「ヴァージニア決議」(同十二月)として知られている声明がそれで、前者はジェファソン、後者はジェームズ・マディソンの起草になるものであった。このような行為自体が扇動防止法違反の恐れがあったので、この事実は厳重に隠され、後年まで知られることはなかった。

「一八〇〇年の革命」

一八〇〇年の大統領選挙において、共和派はジェファソンを候補に選んだ。一方、連邦派は現職のアダムズを推し、ジェファソンがかつて、ワシントンとアダムズは「今や妖婦イギリスによって髪を切りとられた」(一七九六年四月二十四日付、フィリップ・マッツェイ宛書簡)と書いたことを、ジェファソン攻撃の材料にした。

選挙人数においてジェファソンともう一人の共和派の候補者アーロン・バーが同数となり、一八〇一年二月十一日、連邦議会下院において州単位の決選投票がおこなわれた。しかし両者とも選出に必要な数(全一六州の過半数)をえられず、デッドロックが続いた。ようやく二月十七日の第三六回目の投票で、ジェファソンの選出が決まった。予定されていた就任式のわずか二週間前のことであった。ジェファソンは後年この結果をさして、「一八〇〇年の革命」(一八一九年九月六日付、スペンサー・ローン宛書簡)と呼んだ。

ジェファソンの就任式は、前年六月にフィラデルフィアから移されたばかりのアメリカ合衆国の新しい首都ワシントンでおこなわれた(一八〇一年三月四日)。人口は八〇〇〇人を数えていたが、フランス人の技師ピエール・C・ランファンの設計による都市計画はまだ始まったばかりで、議事堂、連邦最高裁判所、ホワイトハウスは未完成の部分が多く、これらの建物のあいだの空き地は放牧地の観を呈していた。

前大統領アダムズは就任式の早朝ワシントンを発ち、式には出席しなかった。しかしジェファソンはその就任演説においてアメリカ合衆国を「世界最善の希望《ザ・ワールズ・ベスト・ホープ》」と呼び、つぎのような和解のことばを述べたのである。

意見の相違は必ずしも原理の相違であるとは限りません。われわれは異なった名で呼び合って

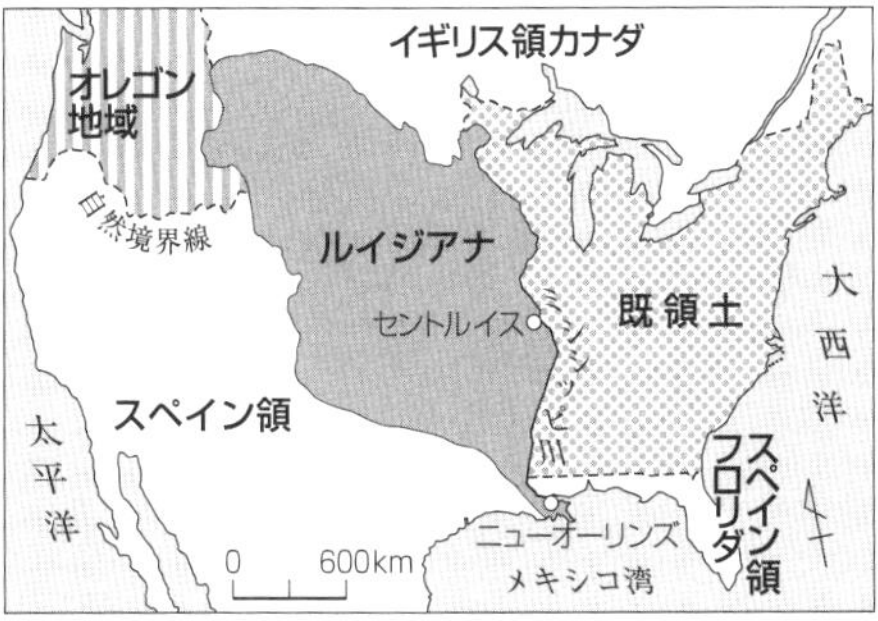

1803年購入のルイジアナ

ニューオーリンズにアメリカ合衆国国旗が掲げられる(1804年)　おろされているのはフランス国旗。ルイジアナ購入により，ニューオーリンズはアメリカ合衆国に編入された。

きましたが、みな同じ原理を奉ずる同胞であります。われわれは全員リパブリカンであり、われわれはすべてフェデラリスツであります。

このようなことばは巧妙な修辞句《レトリック》以外のなにものでもないとみなすことができよう。しかしそれ以上に、アメリカ合衆国国民が、共和主義に起源をもつ政治的信条と新国家の特別な歴史的使命について共通した理解を有していたことを示すものである。自国の将来の発展にたいするジェファソンの楽観主義は、就任式後まもないころ、一知人宛の書簡のなかでも雄弁に示された。

陽のあたるところ新しいものはなにもないと、もはやいうことはできません。人類の歴史における「今始まったばかりの」この章全体が新しいのです。

（一八〇一年三月二十一日付、ジョゼフ・プリーストリー宛）

ルイジアナ購入

外国人取締り法・扇動防止法の廃止、軍備の縮小を除き、ジェファソン政権は前政権の政策を大きく転換することはなかった。合衆国銀行は存続され、公債の返還は忠実に履行され、製造業ならびに対外貿易の振興がはかられた。しかし、ジェファソン固有の建国のヴィジョンを示す政策もとられたのも事実である。アメリカ合衆国史上最大の領土膨張となったルイジアナ購入はそのもっとも顕著な事例である。

西方に「自由の帝国」が拡大していくというのが、ジェファソンが描いたヴィジョンであった。そして、ミシシッピ川以西の地域の発展は彼の建国のヴィジョンの実現に大きく寄与すると期待した。

当時ミシシッピ川水域からその西は、名目的にスペインの支配下にあった。その統治はゆるやかで、アメリカ合衆国への航行権は保障されていた。ニューオーリンズにおける貨物集積権も認められていた。しかしフランスがそこを占有するならば、強固な植民地を築くことが予想され、アメリカ合衆国にとって望ましいことではなかった。その懸念は、一八〇一年、ミシシッピ西方地域(ルイジアナ領土)がフランスへ譲渡されることにより現実のものとなった。このため、それから二年後、ナポレオンが一転してルイジアナ領土をアメリカ合衆国に割譲する意向をみせたとき、ジェファソン政権はすぐさま反応したのである。

一八〇三年十月に召集されたアメリカ合衆国議会において、フランスからルイジアナ領土の購入・割譲を定めた条約(同年四月三十日調印)が批准され、翌年三月までに合衆国の領土を一挙に倍増することになる新しい地域の統治に必要な細目が決定された。

その間、あらたな領土の併合は連邦政府に認められた権限内にあるか否かについての憲法上の疑問が提示された。ジェファソンはしばらく逡巡したが、最終的には、憲法が連邦政府に認めた諸権限(たとえば条約締結権)の集合から、あるいは「国民一般の福祉の増進」を定めた条項を適用することにより、それは正当化されるという立場をとった。

ジェファソンは、ルイジアナ領土の実情を調査するために探検隊を派遣する案を推し進め、自ら指令書を記した。そのなかで彼は同領土の「土壌、動植物、化石、鉱物、火山活動、気候」について詳細な記録をとることが、その主要な任務であるとうたった。しかし、ひそかに彼は「通行可能な連水陸路」すなわち太平洋にいたる道《ルート》の発見を期待したのだった。メリウェザー・ルイスとウィリアム・クラークの二人の隊長に率いられた探検隊は、一八〇四年から〇六年にかけて、セントルイスからコロンビア川の河口まで往復八〇〇〇マイル(一万二八〇〇キロ)の道を踏破し、ジェファソンの指令書にそって多くの貴重な情報を収集し、持ち帰った。北西部地方《ノースウエスト》にたいするアメリカ合衆国の領有権が確立し、西部への国民の関心が高まったのは同探検隊の成果である。同探検隊がたどった範囲内においては、太平洋に通ずる連水陸路が存在しないことも判明した。

出港禁止法とバー裁判

フランス革命に続くナポレオン時代に英仏両国は交戦状態にはいった。そのころアメリカ商船は、西インド諸島海域にある両国植民地からの産物をまず合衆国のどこかの港に陸揚げし、そのあと合衆国からの輸出品として英仏本国に運ぶというやり方を用い、「中立」の装いをとっていた。しかし両国がこのようなやり方は中立的とはみなされないこと、ならびに従事する船舶は拿捕の対象となると発表して以来、アメリカ船舶は多大の損害をこうむることになった。とくにイギリスが、海軍を脱走してアメリカ船の乗組員になっている者を捜査するという名目で公海上でアメリカ船を臨検し、容疑者を徴用するということがしばしばあった。徴用された者のなかにはアメリカ合衆国市民も含まれていた。このような捜査への抗議とアメリカ船舶を守るためにジェファソン政権がとったのが、出港禁止法(一八〇七年十二月〜〇九年三月)であった。「アメリカ合衆国内の港にある、外国向けのすべての船舶の就航」は禁止され、「合衆国内のほかの港に向かう船舶は、確実に合衆国内に荷揚げされるための保証として、船体および積み荷の二倍の保証金を積む」ことが義務づけられた。

しかし、同法の施行は交易に従事する船舶に大きな影響を与えたことから、ニューイングランド諸州を中心に、憲法違反の声が上がった。産物の輸出を阻まれた西部の農民も、不満を表明した。このため一八〇九年三月に、三月四日をもって同法を廃止する案(イギリスとフランスを除く諸外国との通商を再開するもの)が、一人の反対者もなく連邦議会を通過し、ジェファソンもそれに署名した。出港禁止法はたんに自国の利益を守るためでなく、長期的な国際紛争の平和的解決の方法として策定されたものであったが、実際には十分な成果をあげることはなく、国内から湧きおこった批判と不満のうちに廃棄されたのである。

同じころ、ジェファソンはアメリカ合衆国にとってより大きな脅威に対処しなければならなかった。彼の前副大統領アーロン・バーが反逆にかかわったとされる事件である。

バーはジェファソンが大統領であった第一期には副大統領であった。そのころ彼はアレグザンダー・ハミルトンと決闘し、後者を死にいたらしめていた(一八〇四年七月)。彼にたいする訴追はなされず、翌年三月までの任期をまっとうした。副大統領退任後、バーが自身の政治生命についてどのような計画を有していたかは明らかではない。西部にいき、そこから選ばれて中央政界に返り咲くことも可能であった。しかし彼はより大胆な構想、すなわちレッド河畔(現在アーカンソー州の一部)に開拓地を起こすか、当時はスペイン領であったフロリダあるいはメキシコに独立国を建てることを描いていたとも思われる。

バーは一八〇五年四月から十一月にかけて、ピッツバーグからナッシュヴィルをへてニューオーリンズまでを往復する西部旅行にでかけた。彼の告発はそのあとであった。直接の容疑は、一八〇六年十二月彼がオハイオ川上のブレナーハセット島(ピッツバーグ下流)に三〇人以上の武装した市民からなる部隊を集結させ、ニューオーリンズ占領およびスペイン領メキシコへの軍事的遠征を企てたというものであった。このような計画をバーがいだいていたことは、上ルイジアナ準州総督・軍総司令官ジェームズ・ウィルキンソンにより、ジェファソンに伝えられた。バーへの探索がなされ、彼は現在のアラバマ州モビールに近いところで身柄を拘束された。そして、一八〇七年三月、裁判のためにヴァージニア州リッチモンドに移された。

国家にたいする反逆罪で起訴されたバーにたいする公判は、同年八月に始まった。反逆的行為を示す証拠が不十分であったこと、ならびに、そこにいたとされた時期にバーがブレナーハセット島にいなかったことから「無罪」の評決がだされた。しかしジェファソンはバーの夢想的計画のなかに「自由の帝国」建設のヴィジョンにたいする大きな脅威をみ、バーにたいする訴追の手をゆるめなかった。しかしバーがこれよりまもなくヨーロッパに逃げたことにより、バー裁判は実質的に終了した。

新しい社会の台頭

ジェファソンの国家的ヴィジョンならびに彼の政治スタイルは、時代の要請に応えたものであり、アメリカ合衆国の将来にたいする彼の数多くの楽観主義的発言は、アメリカ国民のそれを代弁したものであった。彼は二期目の大統領職を退くにあたり、アメリカ合衆国が「自由と自治の神聖な火のただひとつの供託所」であり、新生の共和国として世界の模範となるべきであることを重ねて強調した（一八〇九年三月四日付、ワシントン市民宛書簡）。

問題はジェファソンの視点は多分に古典的共和主義に基づいたものであり、私的利益の追求を認める風潮や先に述べた平等主義の思想が台頭し、農本主義的価値観にかわる新しい産業主義的価値観が優勢になったときに、彼の諸理念がどのような関連性《レレヴァンシー》をもちえたかというところにあった。ジェファソンは、十九世紀の第二・四半期において顕著になったアメリカ社会における新しい動き、すなわち一八一二年戦争、「交通革命《トランスポテーション・レヴォリューション》」、第二次政党政治、西漸運動、第二次大覚醒、社会改革運動（禁酒、女性の権利拡大、反奴隷制）、地域間抗争の激化などにたいして、古い基準に基づいて判断する傾向にあった。それによってしか、彼は判断できなかったとするのが正解かもしれない。ここに彼のヴィジョンの限界があった。彼の有名な修辞的言説には時代の変化を先取りする含意をもつものがあったが、彼自身は新しい時代の到来に自分の思想をあわせることはできなかった。建国から四半世紀をへて、アメリカは新しい時代にはいりつつあったのである。

第三章

共和国の成長と民主制の登場　一八〇九〜四〇年

1　西漸運動の展開と三大セクションの形成

一八一二年戦争

一八〇八年十二月、大統領選挙で当選したのは、ジェファソンの後継者としてリパブリカン党が推したジェームズ・マディソンであった。

ナポレオン戦争中の英仏の抗争に際して、アメリカは中立維持の立場をとって紛糾した国際情勢をきりぬけようとした。しかし、一八〇九年から始まったマディソンの政権期(在任一七年まで)に、アメリカの世論はしだいに反英感情を強めていった。アメリカの商船にはイギリス軍艦から逃亡した脱走兵がまじっていることがあったため、イギリス海軍はしばしばアメリカ商船を公海上で停止させて臨検し、アメリカ人船員を強制徴用することがあった。こうした強硬なやり方は国民を憤慨させた。

また連邦議会で台頭してきたヘンリー・クレイやジョン・C・カルフーンなどの西部・南部出身のいわゆる「好戦派《ウォー・ホークス》」と呼ばれる政治家たちは、イギリス領カナダとスペイン領フロリダにたいして領土的野心をもっていた。

こうした世論を反映して、一八一二年六月一日、マディソンは連邦議会に宣戦布告をうながす教書を送った。大統領の要請は上下両院で承認され、六月十九日、イギリスにたいして宣戦布告がなされた。一八一二年戦争の勃発である。戦争は「好戦派」の思惑どおりには進まず、カナダへの侵攻は成功しなかった。また一四年八月には首都ワシントンがイギリス海軍に攻略され、大統領官邸や連邦議会の建物が焼討ちにあうなどした。結局、英米両国はその年の十二月、クリスマス・イヴに、ベルギーのガンで講和条約に調印し、戦争終結の運びとなった。この報せがアメリカに届く直前の一五年一月八日、アンドルー・ジャクソン将軍はニューオーリンズの戦いでイギリス軍を撃破して、アメリカに大勝利をもたらした。そして、この戦功によってジャクソンは一躍国民的な英雄にまつりあげられることになった。

一八一二年戦争は、ナショナリズムの機運をおおいに盛り上げた。またこの戦争はイギリス工業製品の流入を遮断したことによって、国内の製造業をはぐくむことにもなった。さらには、この戦争を機に先住民の勢力が弱体化し、白人住民の西方への移住、いわゆる西漸運動《ウェストワード・ムーヴメント》に拍車をかけることになった。以下、順次概観しておこう。

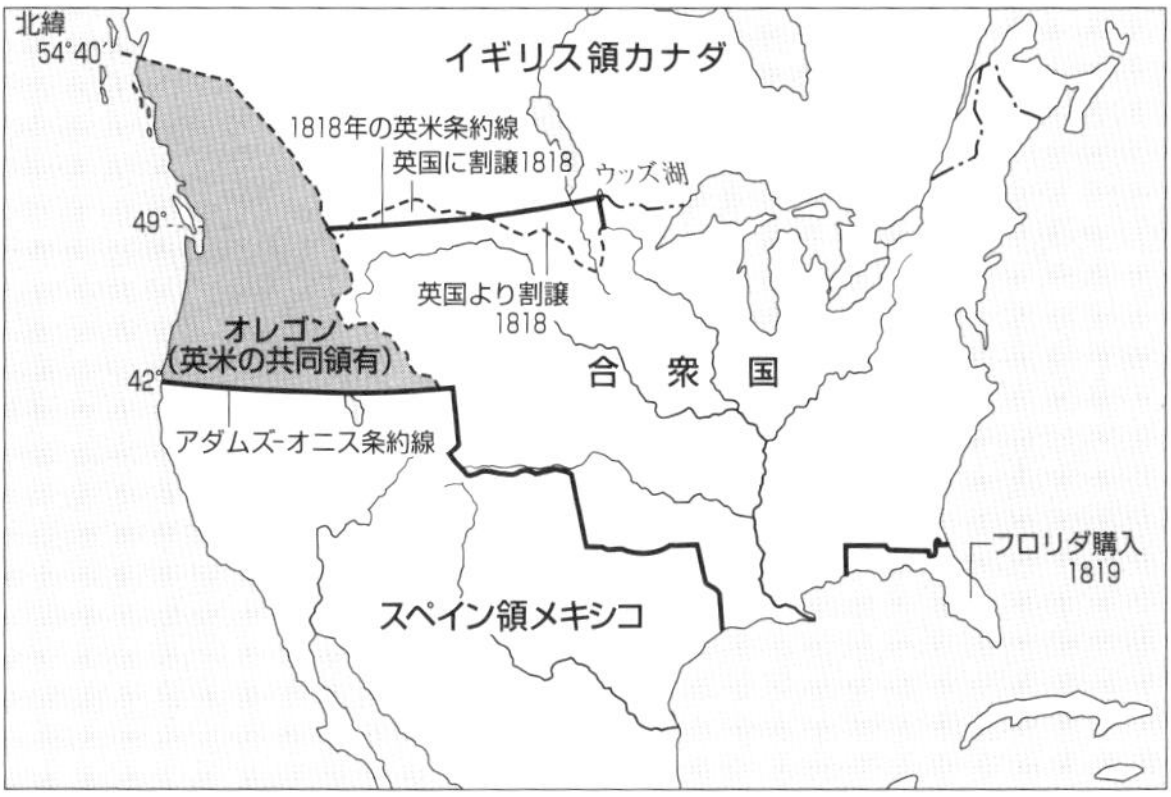

国境線の画定(1818〜19年)

戦後、合衆国政府はそれまで未確定であったいくつかの国境線の画定作業に取り組んでいった。北西方面では一八一八年にイギリスと条約を結んでウッズ湖から西に向けて北緯四九度線沿いに境界線を引き、これをイギリス領カナダとの境界線とした。またロッキー山脈以西のオレゴンと呼ばれる地域にかんしては、英米両国の共同領有地とすることで合意をみた。一八一九年にはスペインとアダムズ-オニス条約を結んでフロリダを五〇〇万ドルで買収し、それと同時にジェファソン大統領のときに購入したルイジアナ領の南西方面の境界線を明確にした。その境界線はメキシコ湾に注ぐセーバイン川の河口から階段状に北上し、北緯四二度線にそって太平洋岸に西進するというもので、これによってスペイン領メキシコとの国境が明確になった。

交通革命

一八一七年にイギリス人の旅行者モリス・バーベックが、

「古いアメリカが解体して、西方へ移動しつつあるように思える」と記したように、一八一二年戦争のあと、大規模な西漸運動が起こった。そしてこれに応えるかたちで、いわゆる交通革命が進展していった。この革命は有料道路建設の時代(一八一〇年代)、運河建設の時代(二〇〜三〇年代)、鉄道建設の時代(四〇年代以後)という三つの段階をへて進展していくことになる。合衆国東部の地形は、アパラチア山脈が大西洋岸にそって南北方向に走っているため、東西交通が遮断されるかたちになっている。したがって、交通革命の課題は東西方向にはしる交通路を建設して、アパラチア山脈の両側によこたわる大西洋岸地域と西部(アパラチア山脈以西)とを結びつけることにあった。

有料道路《ターンパイク》は主として路面に砕石をしきつめて固める石塊舗装道路と、厚い板材をしきつめる板敷道路の二とおりの方法でつくられた。大西洋岸の東部諸都市はこうした有料道路によって結びつけられ、その沿線には多数の牛馬や馬車を使って、人や貨物の輸送にたずさわる駅馬車業者や運搬業者が登場することになった。東西方向を結ぶものとして特筆すべきは、連邦政府が建設したカンバーランド国道で、この道路はポトマック河畔のカンバーランドとオハイオ河畔のホイーリングというアパラチア山脈の両側によこたわる二つの町を結びつけるものであった。この国道はやがてオハイオ、インディアナ、イリノイの西部三州を横断するかたちで、イリノイ州のヴァンダリアまで延長されることになる。

有料道路はしかし、穀物のようなかさばる重量貨物を運ぶのには適していなかった。したがって西

ワゴンと家畜の群でにぎわうカンバーランド国道

部産(とりわけオハイオ川流域の北西部産)の農畜産物は有料道路を使ってアパラチア山脈以東の大西洋岸に運ばれるよりも、むしろ筏《いかだ》や平底船に載せられ、オハイオ・ミシシッピ水系を使って、ミシシッピ河口のニューオーリンズに運ばれることのほうが多かった。南北方向を結ぶこの河川輸送(いわゆる「下航商業《ダウン・リヴァー・トレード》」)は、蒸気船の登場によって黄金時代をむかえることになる。ちなみに一八二〇年には六九隻もの蒸気船が西部の河川を航行していた。

有料道路のつぎにやってきたのは運河建設の時代である。そして、運河時代の到来によってアパラチア以西の農畜産物は東部諸都市にも送られることになった。一八二五年にニューヨーク州が完成させたエリー運河は、大西洋に注ぐハドソン川の中流の町オルバニーと、エリー湖畔のバッファローを結ぶ全長五八〇キロの巨大運河であった。エリー運河の開通以後、五大湖周辺の西部の農畜産物は湖上輸送によって、まずバッファローに集められ、バッファローからエリー運河とハドソン川を経由してニューヨーク市へと運ばれるようになった。ニューヨーク市がライバル関係にあったフィラデルフィア、ボストン、ボルティモアなどの東部諸都市をおしのけて、一挙に合衆国の商業中心地へとのしあがったのは、じつにエリー運河開通以後のことである。合衆国の運河総距離数は三〇年には二〇四三キロ、四〇年には五三二一キロと大幅に記録を伸ばすことになる。

三大セクションの登場

一八一二年戦争以前には、アメリカ白人の居住地域はニューイングランド、中部大西洋岸諸州および南部大西洋岸諸州という大西洋に面した三つの地域に限られていた。しかし交通革命と西漸運動の進展によってアパラチア山脈の西方にも人々が住みつくようになり、いわゆる地域《セクション》は北部、南部、西部という新しい三つの地域に再編成されるにいたった。

西部は狭義には北西部とも呼ばれる地域で、東はアパラチア山脈から西はミシシッピ川にいたる地域、北は五大湖周辺から南はオハイオ川にかけての地域をさす。具体的にはオハイオ、インディアナ、イリノイの三州である。公有地政策の改善は、西部への移住をうながすうえでおおいに貢献した。ちなみに一七九六年の公有地法では最小分譲単位は六四〇エーカーであったが、一八〇〇年には三二〇エーカー、〇四年には一六〇エーカー、二〇年には八〇エーカーへと修正され、また一エーカー当たりの競売最低価格も二ドル(一七九〇年)から一ドル二五セント(一八二〇年)へと引き下げられている。

こうした改善によって、少額の資本しかもたない開拓農民でも容易に土地が入手できるようになった。西部はニューイングランドや中部大西洋岸からの移住者によって開拓されたので、自営農民を中心とする社会が形成された。これらの農民は自給自足の生活に閉じこもることなく、早くから市場向けの小麦やトウモロコシ栽培を手がけていた。そしてオハイオ・ミシシッピ水系を利用する河川交通の隆盛とエリー運河に代表される運河建設の進展は、西部農業の商業化を一層推し進めることになった。

南部は南部大西洋岸諸州と、アパラチア以西・オハイオ川以南のいわゆる南西部をあわせた地域をさす。この地域では一八一二年戦争以後、プランテーション奴隷制に立脚した綿花栽培が定着していった。

一八〇七年に連邦議会が奴隷貿易禁止法を制定したとき、多くのアメリカ人は黒人奴隷制はいずれ自然消滅するであろうと考えていた。しかしイギリス産業革命の進展は、アメリカ南部の綿花にたいする需要を急激に高めた。また、一七九三年にイーライ・ホイットニーが発明した綿繰り機《コットン・ジン》は、綿花の繊維から種子を取り除く煩瑣な作業を一挙に効率化することになった。一八一二年戦争以後、南部の綿作地はサウスカロライナ、ジョージアなどの大西洋岸諸州から、アラバマ、ミシシッピなどのメキシコ湾岸諸州にまで広まり、黒人奴隷制は息を吹き返した。そしてプランター（黒人奴隷二〇人以上を所有している奴隷主）が南部産業の担い手として登場し、かつてのタバコにかわって綿花が南部の主力商品として脚光をあびるにいたった。

北部はニューイングランドと中部大西洋岸諸州をあわせた地域をさす。この地域では、一八一二年戦争以後、木綿工業を中心に産業革命が本格的に始動するにいたった。合衆国に木綿工業を導入したのは、イギリスから渡ってきたサミュエル・スレイターという熟練工である。彼は徒弟時代にイギリスで習熟したアークライト式の木綿紡績機を、渡米後記憶を頼りに製作した。そして一七九〇年にロードアイランド州のポウタケットに、商人モーゼス・ブラウンの資金援助をえて、木綿工場を建設した。一八一二年戦争の終結時には、このアークライト式水力紡績機を備えた小規模な木綿工場がロードアイランド州のプロヴィデンス近郊に百数十もつくられていた。これらの工場はロードアイランド型と呼ばれるもので、農民や小商人の少額出資に依存し、工場では子どもを働かせて紡績をおこない、大人には工場で紡がれた綿糸を与えて自宅で織布をおこなわせるという方式をとった。

木綿工業にはこれとならんで、ウォルサム型と呼ばれるもうひとつのタイプがあった。一八一二年戦争中、北部諸港市の貿易商人たちのなかには、資本の投下先を海外貿易から製造業へときりかえるものがあらわれた。その典型はボストン・アソシエイツと呼ばれる富裕なボストン商人たちのグループで、彼らはマサチューセッツ州ウォルサムにボストン工業会社(一八一三年創設)をつくり、以後メリマック工業会社、ローウェル工業会社など一連の木綿工場を設立した。これらの工場は巨額の資本で運営されていて、ひとつの工場内に紡績機と織機を備えていた。

地域利害の形成

　あらたに形成された三つのセクションはおたがいに依存関係にあったが、それと同時に相対立する利害をもかかえていた。たとえば、北部の木綿工場は原料の綿花を南部のプランテーションに依存しており、南部人は綿花という商品を海外市場にだす仲介業務を、北部商人に頼っていた。しかし関税政策についていえば、イギリスの工業製品との競争にさらされていた北部の製造業者たちは保護関税を望んでおり、工業製品のほとんどを外部世界にあおいでいた南部人は自由貿易を望んでいた。一方、西部の開拓農民は公有地が安い価格で払い下げられることを要望しており、農畜産物がもっと容易にほかの地域の市場に送れるようにとの考慮から、連邦政府が内陸開発《インターナル・インプルーヴメント》（国内交通網の整備拡大）に積極的に乗り出すことを要望していた。しかし働き手が西部に流出することを恐れる北部の製造業者たちは公有地価格の引下げには反対であったし、綿花の積出しに便利な河川沿いに農園をもつ南部の奴隷主たちは内陸開発の必要性を痛感してはいなかった。

　利害対立は、北部内部にもあった。交通革命と産業革命の進展は市場経済を活気づけて、銀行業の発達をうながした。連邦議会は第一合衆国銀行の特許期限が切れたのを受けて、一八一二年戦争直後、あらたに第二合衆国銀行をフィラデルフィアに設立した。他方、各州には州議会から特許状をえて設立された州法銀行《ステーツ・バンク》と呼ばれるものがあったが、その数は戦争終結時の一八一五年には二〇八行、三五年には七〇四行を数えるまでになっていた。しかもこれらの州法銀行は、一八一二年戦争以後あらわれた道路・運河の建設業者、運搬業者をはじめとする新興企業家や中小製造業者たちの要望に応えて、金銀貨の裏付けなしに紙幣を乱発する政策をとっていた。これにたいして、建国期以来の大商人たちと深く結びついていた第二合衆国銀行は、州法銀行のこうした無謀な信用膨張路線を抑制する傾向にあった。したがって、州法銀行と新興企業家は中央銀行である第二合衆国銀行にたいして大きな反感をいだいていた。

そうした利害対立は一八二〇年代を通じてしだいに顕在化していく。そして三〇年代のジャクソン期の政争は関税、公有地、内陸開発、銀行問題をめぐって展開することになる。

2　ナショナリズムの高揚と陰り

リパブリカン党の経済政策

一八一二年戦争はナショナリズムの機運をおおいに盛り上げた。リパブリカン党政権が戦後打ち出した経済政策、黒人奴隷制にたいする対処策、外交政策は、いずれもナショナリズムの色彩に濃く彩られたものであった。

マディソン大統領は一八一五年十二月に連邦議会に送った年次教書のなかで、道路・運河網の整備拡大、製造業を保護するための高率関税の設定、中央銀行の設立など、かつて政敵フェデラリストが声高に叫んでいた一連の政策の実施を呼びかけた。そしてリパブリカンの支配する連邦議会は、大統領の要請にただちに応えた。道路建設にかんしては、すでに一一年以来カンバーランド国道の建設が着々と進んでいた。一六年四月には、連邦議会は綿製品などに平均税率二〇%を課すアメリカ史上最初の保護関税法を制定し、またそれと同時に第二合衆国銀行の設立を認可する措置を打ち出した。

ヘンリー・クレイは一八二四年三月末に連邦下院でおこなった演説のなかで、いわゆる「アメリカ体制」論を唱えたが、彼の提言はかつてマディソン大統領が年次教書のなかで表明した経済的ナショナリズムの思想を継承するものであり、それを総括するものであった。この「アメリカ体制」論の骨子は、つぎのように要約することができる。⑴高率の保護関税を設定することによって製造業の育成をはかる。⑵関税収入を国内交通網の整備拡充(いわゆる「内陸開発」事業)にあてて、農産物と工業製品との相互交流をうながす。⑶健全な信用を供給する中央銀行を維持して、国内商取引の円滑化をはかる、というものである。これは北部の製造業と西部の農業を育成してアメリカ国内に分業体制を確立し、ヨーロッパにたいする依存をたちきって国民経済の自立をはかろうとするものであった。

マディソン大統領の後継者を選ぶ一八一六年十二月の選挙では、リパブリカン党のジェームズ・モンローが一八三票対三四票という圧倒的な大差でもって、第五代大統領(在任一八一七〜二五)に選出された。これ以後一八二四年にいたるまで、リパブリカン党の一党支配が続くことになる。大統領就任式を終えたモンローはかつての敵地ニューイングランドを旅行して、熱い歓迎を受けた。フェデラリストの牙城ボストンでも、『コロンビア・センティネル』紙はモンロー政権の発足は政党抗争の終わりを告げる「好感情の時代《イラ・オヴ・グッド・フィーリングス》」の幕開けであると呼んで、新政権のゆく末を祝福した。

アメリカ植民協会

黒人奴隷制にかんしても、ナショナリズムを反映した対処策が講じられた。一八一六年十二月に創設されたアメリカ植民協会はそれを象徴するものである。この協会は南北両地域が相協力して、自由黒人(解放奴隷)を国外の地に移住させ、合衆国を白人共和国にしようとするものであった。

一八二一年にモンロー大統領は海軍大尉のストックトンをアフリカ西海岸に派遣して、植民地を獲得させた。その土地はラテン語の自由人(liber)にちなんでリベリアと命名され、モンロー大統領にちなんでモンロヴィアという町が建設された。

黒人移住の候補地としてはカナダや中南米など、当初いくつかの土地が検討されていた。最終的にアフリカへと落ち着くことになった背景には、アメリカ黒人をアフリカに送還し、暗黒大陸を啓蒙・文明化することによって、アフリカにたいする積年の道徳的な借り《モラル・デット》を返すことができるという白人本位の博愛主義の考え方があった。また南北両アメリカ大陸は白人のものであり、いずれ合衆国の支配下におかれるべきであるから、この大陸に黒人をおいておくのはよろしくないとする領土膨張主義の考え方も影響していた。ちなみにジェファソン大統領は一八〇一年に書いたある手紙のなかで、「たとえ現時点でのわれわれの利害関心がわれわれを現在の境界内にひきとめておくことがあろうとも、われわれの急速な人口増加がやがてその境界線を突き破って膨張し、南米大陸はともかくとして、北米大陸全土を同じことばを話し、同じ政治制度や法律で統治された人々でもって覆いつくすであろうような遠い将来を想定しないわけにはいきません」と述べて、黒人移住地を北米大陸に建設することに反対している。

ジェファソンは『ヴァージニア覚書』(一七八五年)のなかで、黒人奴隷は解放されたあかつきには、混血の生じない場所に除去されるべきであると述べている。また第四代大統領を務めたジェームズ・マディソンは後年アメリカ植民協会の第三代会長に就任することになる。そして前述したように、リベリアの獲得はモンロー大統領の支援におうところ大であった。黒人移住の政策は、いわゆるヴァージニア王朝の大統領の肩入れによって推進されたものであったといってよい。

発足時のリベリア植民地は、多くの難題をかかえていた。アメリカ黒人はアフリカの風土病にたいする免疫性と抵抗力をもっていなかったので、初期の入植者は上陸早々、マラリアと黄熱病の犠牲者となって命を落とした。リベリアは周辺諸部族からのたえざる襲撃にさらされただけでなく、仲間うちでも土地の割当てや食糧の配分をめぐって争いを繰り返した。また、植民地総督の施政にたいする不満は時に反乱となって爆発し、内部崩壊の危機にさらされたことも一再ならずあった。しかしリベリア植民地はどうにかもちこたえ、一八四七年には合衆国から独立してリベリア共和国となる。これはハイチにつぐ世界史上、第二番目の黒人共和国の誕生を告げるものであった。

モンロー主義の宣言

ナショナリズムの高まりは、外交面ではいわゆるモンロー主義の宣言となってあらわれた。一八〇八年から二二年にかけて、ラテンアメリカではラプラタ諸州連合、チリ、グランコロンビア、メキシコ、ペルーの旧スペイン植民地があいついで独立を達成した。そしてモンロー大統領は、一八二二年の三月八日、ラテンアメリカ諸国の独立を承認すべきであるという旨の教書を連邦議会に送った。しかし、ヨーロッパではフランス革命前の旧体制を復活しようとする反動的な機運が強く、ラテンアメリカの独立を歓迎しない雰囲気が強かった。またこのころ帝政ロシアはアラスカから太平洋岸にそって北米大陸を南下してくる気配をみせており、皇帝アレキサンドル一世は一八二一年には布告を発して、北緯五一度線までの北米太平洋岸の領有権を主張した。ラテンアメリカと北米太平洋岸が、ともにヨーロッパ諸列強の脅威にさらされていたといえる。

こうしたさなか、イギリス外相のジョージ・カニングは一八二三年八月にアメリカにたいして重要な提案をしてきた。それは、ラテンアメリカにたいする神聖同盟諸国の干渉にたいして、英米共同で反対声明をだそうというものであった。しかしこのイギリスの提案にかんして、国務長官のジョン・

Q・アダムズは、イギリスは海軍力にひいでた国であるから、もしほかのヨーロッパ諸国がラテンアメリカに干渉するのを阻止しようと思えば、イギリス一国で十分できるはずである。イギリスの真意はむしろ別のところにある。すなわち合衆国がラテンアメリカに進出するのを阻むことにある、と推測した。アダムズは閣議の席で、イギリスとの共同宣言案に反対し、「イギリス軍艦のうしろにつき従う小舟のように振舞うよりは、ロシアとフランスにわれわれの原則をはっきり公言するほうが体面上もよいし率直でもあろう」と主張して、単独宣言案を唱えた。モンロー大統領が年次教書のなかに最終的に取り入れたのは、このアダムズの主張であった。

一八二三年十二月二日、モンローは連邦議会にあてた第七次年次教書のなかで、合衆国の伝統的な外交方針として踏襲されていくことになるモンロー主義の原則を表明した。そこには、つぎのような主張が盛り込まれていた。第一は非植民主義の思想、すなわち西半球はもはやヨーロッパ諸列強の植民の対象とみなされるべきではないという主張である。これはラテンアメリカにたいするヨーロッパの干渉だけではなく、北米太平洋岸におけるロシアの南下牽制をも意図したものであった。第二は相互不干渉の思想、すなわちヨーロッパの政治体制(君主制)は西半球のそれ(共和制)とは根本的にあいいれないものであり、ヨーロッパの政治制度を西半球に拡大しようとする試みは認めがたい。合衆国はヨーロッパの問題に干渉することはしないから、ヨーロッパも西半球の問題に介入するべきではないという主張である。

モンロー主義の理念は、ある意味では初代大統領のワシントンや第三代大統領ジェファソンの外交方針を踏襲したものであった。ヨーロッパ諸国の対立抗争に巻き込まれることを懸念するワシントンはすでに告別演説のなかで、国際的に中立の立場をとることの必要性を訴えていたし、ジェファソンも就任演説のなかでヨーロッパ諸国と錯綜した同盟を結ぶべきではないと表明していた。しかしながらモンロー主義はたんにこうした建国期以来の孤立主義外交を踏襲しただけのものではなく、それはより積極的に西半球からヨーロッパ勢力を排除し、将来、合衆国が西半球に勢力拡大していくための余地を残しておこうとする姿勢を示したものでもあった。モンロー主義が単独で表明されなくてはならなかった理由はここにある。

ミズーリ論争

「好感情の時代」は、ナショナリズム一色に彩られた時代ではなかった。セクション間の協調ムードと並行して、じつはこれを陰らせるような事態が進行していた。ちなみに一八一九年に起こった恐慌は、セクション間の基底によこたわる地域利害の対立《セクショナリズム》を表面化させるものであり、この恐慌を機に北部は製造業の保護を求めて保護関税を声高に叫ぶようになり、逆に南部は自由貿易を唱えるようになった。

　一八一九年のミズーリ論争は、さらに奴隷制をめぐる南北の対立を露呈させることになった。この年の二月にミズーリ準州を州へと昇格させる問題が連邦議会で取り上げられた際、ミズーリを奴隷州にするか自由州にするかをめぐって、南部と北部はたがいにゆずらなかった。ミズーリ問題は、連邦議会(上院)における南北の議席数に直接関係してくるという点で、重要な意味をもっていた。連邦上院へは、各州から一律に二人の議員が送り込まれることになっており、一八一九年には南部の奴隷州と北部の自由州はともに一一州であったので、南北の上院議員はともに二二人であり、地域的な均衡が保たれていた。したがってミズーリが州に昇格する場合、これが奴隷州になるにせよ自由州になるにせよ、連邦上院における南北議員数のバランスがくずれることと必定であった。

しかし一八二〇年三月になって南北間につぎのような妥協が成立し、ミズーリ論争に決着がつけられることになった。(1)北部のマサチューセッツ州からメインを分離し、このメインを自由州として連邦に加入させる。(2)ミズーリは奴隷州として、連邦に加入させる。(3)ミズーリの南の境界線をはしる北緯三六度三〇分の線をルイジアナ購入地における南北の境界線とし、この線より北側では(ミズーリ州のみは例外として)今後、奴隷制の導入は認めない、とするものであった。これ以後、新州を連邦に加入させる場合、自由州と奴隷州の数を同じにして、連邦議会(上院)における南北のバランスをとろうとする努力が続けられることになる。

一八二四年の大統領選挙はリパブリカン党の一党支配が終わり、「好感情の時代」に終止符が打たれたことを告げるものとなった。この選挙には四人の候補者が乱立した。すなわちマサチューセッツ州出身のジョン・Q・アダムズ国務長官、ジョージア州出身のウィリアム・H・クローフォード財務長官、ケンタッキー州出身のヘンリー・クレイ連邦下院議長、テネシー州出身の軍人で、「ニューオーリンズの英雄」として一躍脚光をあびるにいたったアンドルー・ジャクソン将軍の四人である。

選挙において最多得票者となったのはジャクソンであり、彼は九九票(全体の三八％)の大統領選挙人票を獲得したが、過半数を制するにはいたらなかった。そこで最終決定は憲法修正第一二条の規程に従って連邦下院に持ち込まれることになった。そしてアダムズがクレイの支持をえて、第六代大統領に選出された。

アダムズ大統領の任期中、連邦主義的な政策をかかげるアダムズとクレイの支持者たちは合流して、ナショナル・リパブリカン党(のちのホイッグ党)を発足させた。他方、州権論をかかげるジャクソンの支持者たちはデモクラティック・リパブリカン党(のちの民主党)を結成し、一八二八年の大統領選挙では、ジャクソンを民主党の大統領候補に擁立した。そして一八二八年大統領選挙において、ジャクソンはアダムズの八三票にたいして、一七八票の大統領選挙人票を獲得して圧勝し、第七代大統領に選出された。

3　ジャクソン時代の政争

政治的民主化の達成

アメリカ史のうえで、第七代大統領ジャクソン(在任一八二九～三七)と、彼の後継者である第八代大統領マーティン・ヴァンビューレン(在任一八三七～四一)の執政期は、「ジャクソニアン・デモクラシー」の時代と呼ばれており、政治的経済的な民主化の達成された時代であった。

ジャクソンはニューオーリンズの戦勝によって一躍有名になった人物で、北米大陸で一番堅くて強いヒッコリーの木にちなんで、オールド・ヒッコリーというあだ名で呼ばれていた。教養や学識のある人物としてではなく、タフな男というイメージでみられていたわけであり、事実、ジェファソンやマディソンのような歴代大統領とはまったく毛色の違う粗野な男であった。このような人物が大統領に選出されたということは、白人男子普通選挙制の実施によって、いわゆる「コモン・マン(庶民)」が政治のうえで大きな発言権をもつようになったことを示すものであった。

一八一二年戦争以後、多くの州では一定の年齢(おおむね二十一歳)に達しさえすれば、白人男子には選挙権が与えられるようになった。そして知事や州議会議員はもちろん、裁判官から地方官吏にいたるまで、人民の選挙によって選ばれるようになった。この時期を境に、候補者たちは選挙戦において素性よりもむしろ独立独行の叩き上げの人間すなわちセルフメイド・マンであることを強調するようになった。そして豊かな教養や資産を売りものにするのではなく、むしろ貧しい丸太小屋の生まれであるとか、教養はないけれどもタフであるといった点を前面に押し出して選挙運動をするようになった。

また従来は大統領選挙で候補者自身が遊説してまわるのははしたないこととされていたが、ジャクソンは一八三二年の大統領選挙では一般大衆のなかに飛び込み、選挙民に直接訴えかける戦術をとった。これを目の当たりにした対立陣営の人々は、「われわれは、合衆国の大統領が自ら党争のアリーナに降り立つなど、かつて耳にしたことがない」と語ったという。ヨーロッパの保守的な人々にとっては、デモクラシーということばは一八三〇年代になってもなお過激な響きをおびており、これを混乱、無秩序、略奪、殺人と同義語のようにみなす傾向があったが、ジャクソン時代のアメリカではデモクラシー(あるいはデモクラティック)ということばはプラスの価値をもつようになっていった。一八三二年、デモクラティック・リパブリカン党は民主党に改名した。

民主的な風潮と政治への関心の高まりは、投票率を押し上げることになり、保守政党の変容をもうながすことになった。これを端的に示すのが一八三四年ごろからナショナル・リパブリカン党という名称にかえてホイッグ党を名乗るにいたった人々の四〇年大統領選挙における動きである。それまで苦杯をなめつづけてきたホイッグ党はこの年、一転して民衆の好みに訴えかける戦術をとった。ホイッグ党員はジャクソンの後継者ヴァンビューレンをフランス製の香水を頬ひげに振りかけ、シャンペンを好む貴族主義者として描くかたわら、自分たちの候補者ウィリアム・ヘンリー・ハリソンは質素な丸太小屋の住人であり、開拓者の好むリンゴ酒を飲む庶民的な人物であるとして、大々的な丸太小屋選挙戦《ロッグ・キャビン・キャンペーン》を展開した。選挙結果は大統領選挙人票でヴァンビューレン六〇票（一般投票一〇二万八〇〇〇票）、ハリソン二三四票（一般投票一二七万五〇〇〇票）となり、ホイッグ党が大差で勝利した。

大統領選挙に投じられた票の総数は、一八二四年にはわずか三六万票（投票率二六・五％）でしかなかったが、ジャクソンの選出された二八年には一一〇万票（投票率五六・三％）となり、四〇年にはじつに二四〇万票（投票率七八％）という驚異的な数字へとはねあがった。この一八四〇年の大統領選挙では、じつに有権者五人のうち四人までが投票所にでかけたわけである。

国王アンドルー１世　政敵はジャクソンを，左手に拒否権をもち，憲法を足下に踏みにじる専制君主として描いた。

　大統領権限が強化されたことも、ジャクソン時代の特徴といってよい。大統領選挙人は従来は州議会によって選ばれていたが、この時代には一般選挙民によって直接選ばれるようになった。したがってジャクソンは、「大統領はアメリカ人民の直接の代表である」と実感することができた最初の大統領であった。八年にわたる大統領在職中、ジャクソンは連邦議会にたいして拒否権を一二回も行使したが、これは彼に先立つ六人の歴代大統領が行使した合計九回を一人で上回るものであった。合衆国はイギリス国王の専制を非難して独立したいきさつからして、建国期以来、立法府こそが人民を代表する機関であり、行政府よりも立法府にこそ大きな権限が与えられるべきであるとする観念が強かった。ジャクソンはこの伝統的な観念を修正し、行政府の権限を強化したといえる。対立政党の政治家たちがホイッグ党を名乗るようになったのも、このことと関連している。反対派はジャクソンを「国王アンドルー一世」と呼んで、たび重なる拒否権の行使を非難し、自らは立法府の権限を守るという意味合いをこめてホイッグと名乗ったわけである。

ジャクソンは猟官制《スポイルズ・システム》を連邦政治の分野に導入した大統領でもあった。猟官制は、選挙で勝った政党が政府の官職を一人占めにし、これらの官職を票集めに奔走した党員たちに分け与えるというもので、いわゆる名望家による世襲的な官職独占に終止符を打つものであった。一八二九年の第一次年次教書のなかでジャクソンは、官職の仕事というものは「きわめて単純明瞭なものであり、知能のある人間なら誰でもただちにそれをなしうる資格がある」と表明した。そして大統領在職中、連邦官吏の約五分の一の首のすげかえをおこなった。

「唾棄すべき関税」

一八二八年の大統領選挙でジャクソンを擁立した民主党は、おもに三つの派閥で構成されていた。すなわちアパラチア山脈以西の西部農民の立場を代表する西部派、南部の農業利益を代弁するカルフーン派、北部実業界の利益を代弁するヴァンビューレン派である。ジョン・C・カルフーンの率いるカルフーン派は、黒人奴隷を使役して綿花栽培をおこなう南部のプランター利益を代弁していたが、マーティン・ヴァンビューレンの率いるヴァンビューレン派は北部実業界の新興勢力、すなわち道路・運河・橋の建設業者、運搬業者、中小製造業者、州法銀行家などの利益を代弁していた。相対立する南北の派閥が呉越同舟のかたちで民主党内に同居していたといえる。

ヴァンビューレン派とカルフーン派は、ともにジェファソンの州権論の思想を奉じていた。州権論の思想は連邦権力の強大化に反対し、自由放任《レッセフェール》を唱えるものであり、具体的には官民提携の否定と自由貿易(低率関税)の要請を骨子としていた。ところで、ヴァンビューレン派が州権論にくみしたのはもっぱら官民提携の否定、すなわち連邦政府と旧来の大資本家との結託反対という観点からであり、自由貿易は望んではいなかった。これにたいして、カルフーン派の州権論は自由貿易(低率関税)のほうにアクセントがおかれていた。したがってヴァンビューレン派とカルフーン派は関税設定をめぐって、早晩敵対する運命にあったといえる。この対立が最初に表面化したのは、ジャクソンの大統領選出の年に成立した関税法においてである。

一八二八年の関税法は、平均税率が四〇%という、建国期以来最高の税率を課すもので、南部人から「唾棄すべき関税」と呼ばれて非難された保護関税法であった。法案を作成したのは、ヴァンビューレン子飼の政治家サイラス・ライトであった。この関税法の成立直後、カルフーンは「サウスカロライナの解釈と抗議」と題する文書を執筆し、一八二八年関税法は「違憲、不平等かつ抑圧的」なものであるとして、手厳しく批判した。そして、もしもある州が連邦議会の制定した法律によって憲法上の権限を侵害されたと考える場合には、その州はその連邦法の無効を宣言して、自州内での実施を拒むことができるとする無効宣言の理論を展開した。ただしかし、この時点ではカルフーンは副大統領としてジャクソン新政権を支えることになっていたので、この抗議文書の起草者名は伏せられ、カルフーン派はすぐさま事を起こすことは差しひかえた。

ジャクソン政権の発足後、カルフーン派は税率引下げのために、いくつかの方策を試みた。しかし、彼らの努力は失敗し、やがて一八三二年の関税法成立の運びとなった。この関税法の平均税率は三七%で、「唾棄すべき関税」よりは引き下げられていたが、それは茶、コーヒーなど国内で生産されないものを低率としたからで、綿製品、毛織物、鉄などの工業製品には相変わらず高い税率を課すものであった。

カルフーン派はついに高率関税への反対を直接行動へと訴えかけた。一八三二年十一月、カルフーンの地元サウスカロライナ州は特別会議を招集して、無効宣言条例を可決し、二八年と三二年の関税

フィラデルフィアの第二合衆国銀行本店　古代アテネのパルテノン神殿を想わせる古典古代の様式をとっている。

法の施行を断固拒否した。これにたいして、ジャクソン大統領は「サウスカロライナ人民への布告」を発して、「あるひとつの州が合衆国の法律に無効を宣言することができるという主張は連邦の存在とあいいれないし、憲法の字句とも明らかに矛盾し、憲法精神の是認するところではない」、「各州が随意に連邦から脱退しうると主張するのは、合衆国は国家にあらずと主張するに等しい」と述べて、無効宣言の理論を頭から否定した。大統領とサウスカロライナ州のあいだには緊迫した空気が流れたが、連邦議会が税率を漸次引き下げていく関税法を制定したので、武力衝突の危機はかろうじて回避された。

銀行戦《バンク・ウォー》

　関税設定をめぐる争いはいわば民主党内部の抗争であったが、ジャクソン政権は野党ナショナル・リパブリカン党(一八三四年よりホイッグ党)とのあいだにも抗争の火種をかかえていた。官民提携をめぐる問題、より具体的には第二合衆国銀行の存廃をめぐる問題であった。

第二合衆国銀行は一八一六年四月に連邦議会によって設立が認可され、二〇年間の特許を与えられていた。資本金は三五〇〇万ドルで、ハミルトンのつくった第一合衆国銀行の三倍半の規模を誇るものであった。資本金の五分の一は政府出資で、銀行総裁のもとには二五人の取締役がいたが、そのうちの五人は大統領によって任命された。この銀行は連邦政府の預金をあずかる保管所にもなっており、その巨額の公金を無利息で使うことができた。

第二合衆国銀行は一八一二年戦争以前から全国を股にかけて商業活動していた旧来の大商人や国債引受人たちと連邦政府とを結びつけるものであり、すでに述べた官民提携の象徴的な存在であった。交通革命・産業革命の進展するなかで、北部の新興企業家や中小製造業者たちは事業の拡大をはかるべく潤沢な信用とインフレを望んでおり、州法銀行はこれに応えて紙幣を乱発する傾向があったが、第二合衆国銀行は信用引締め策を打ち出して、こうした放漫経営を抑圧する政策をとった。したがって、州法銀行や新興企業家たちは、特権の象徴であるこの中央銀行に敵意と反感をいだいていた。

ナショナル・リパブリカン党の指導者ヘンリー・クレイは、第二合衆国銀行の存廃問題を一八三二年の大統領選挙の争点にすえるつもりであった。この銀行の特許満了は一八三六年であったので、まだ四年も歳月があったが、クレイはニコラス・ビドル総裁に特許更新の申請をするようながした。そして特許更新法案は、三二年の六月三十日、連邦議会の上下両院を首尾よく通過した。しかしジャクソン大統領は拒否教書をそえて、七月十日、この法案を議会に突き返した。拒否教書のなかでジャクソンは平等主義の理念をかかげ、庶民たちの共感を誘うような語調でもって、官民提携をつぎのように否定した。

金持ちと権力者とがあまりにもしばしば、自分たちの利己的目的へと政府の活動をそらしてしまうのは残念なことである。……人間はすべて法律の保護を平等に受ける資格をもっている。……しかしその法律がこれらの自然で正当な恩恵に人為的な差別をつけ加え……金持ちを一層富ませ、権力者を一層強力にしようとするときには、同じような恩恵を自ら確保するだけの時間も手段ももたない農民・職人・労働者などの社会の下層階級は、政府の不正にたいして苦情をいう権利をもっている。

一八三二年の大統領選挙はジャクソン二一九票、クレイ四九票という類例のない大差でもって幕を閉じた。再選されたジャクソンは翌三三年十月には、第二合衆国銀行に追打ちをかけるかのように、政府預金を引き上げ、「ペット・バンク」と呼ばれる七つの民主党系の州法銀行に分預する措置を表明した。預金移管は、第二合衆国銀行にとどめをさした。あるニューヨーク人が「われわれの銀行にたいする政府預金の移管は、わが市民の富を著しく増加させ、企業家や投機業者に銀行融資の便を与えることになろう」と述べたように、潤沢な信用を熱望する新興企業家たちは、この預金移管の措置に手放しで狂喜した。中央銀行の統制力が失われた結果、大信用ブームとインフレーションが起こり、紙幣の流通量は一八二九年の四八〇〇万ドルから、三七年の一億五〇〇〇万ドルへとふくれあがり、三七年には経済恐慌を引き起こした。

反メーソン党の台頭

　ヴァンビューレン派の民主党員たちは連邦政治の舞台では官民提携を批判し第二合衆国銀行を攻撃したが、地元のニューヨーク州では逆に官民提携を意欲的に実践していた。彼らの政治的基盤は、ニューヨーク州の州都オルバニーに設けたオルバニー・リージェンシーと呼ばれる強力な政治組織にあった。当時、州法銀行を設立するには、州政府から設立特許状を入手しなくてはならなかったが、オルバニー・リージェンシーはこれを民主党系の経営者のみに与えていた。また民主党員はオルバニーの職人農民銀行《メカニックス・アンド・ファーマーズ・バンク》と深く結託し、この銀行を通じてニューヨーク州の金融界に支配力をふるっていた。ニューヨーク州政府はヴァンビューレン派の指導のもとに特定の民間企業と結託して有料道路や運河建設を推し進め、しばしば州民の要望を無視した運河・道路網の建設をおこない、使用料金の一方的な値上げをおこなうようになっていた。

　こうした州レヴェルでのヴァンビューレン派の官民提携施政は、ニューヨーク州の内部に不満をつのらせ、やがて反メーソン党という政党を誕生させるにいたった。反メーソン党は一八二七年には一五人、三一年には三〇人の下院議員をニューヨーク州議会に送り込み、民主党の対立政党へと成長した。そしてヴァンビューレン派が首都の政界で第二合衆国銀行を「怪物」呼ばわりして攻撃していたころ、ニューヨーク州の反メーソン党員たちはオルバニーの職人農民銀行を「小怪物」と呼んで、州レヴェルでの独占体制を攻撃した。要するに、ヴァンビューレン派は中央政界では第二合衆国銀行と特権的な大商人たちとの結びつきを攻撃したのであったが、州政治のレヴェルでは逆に、彼ら自身が官民提携の権化として、批判にさらされていたわけである。一八三六年の特許満了とともに、第二合衆国銀行という巨大な特権体は姿を消した。それから二年後にニューヨーク州では、反メーソン党員たちの努力が実って「自由銀行法」が制定され、州の要求する資格要件を満たしさえすれば、誰でも自由に銀行業を手がけることが可能になった。自由銀行法はその後ほとんどの州で採用され、これによって特定の党派による銀行業の独占に終止符が打たれ、民主化が推し進められることになった。

先住民の強制移住

ジャクソン政権は関税、銀行問題とならんで、先住民政策にも意欲的に取り組んだ。連邦政府の本来の先住民政策は狩猟をおこなう先住民に農業を教えて、その生活圏を縮小させ、あまった土地を白人にゆずらせようというものであった。ちなみにトマス・ジェファソンはある先住民の指導者にたいして、「穀物栽培と家畜飼育にいそしむなら、鹿やバッファローを追う土地の一〇〇分の一の土地で十分うまくやっていけるでしょう」と語っている。しかし一八〇三年に合衆国がフランスからルイジ

先住民の強制移住　「涙の道」をたどって現在のオクラホマへと追い立てられた１万5000人のチェロキー族は，116日間の長旅で4000人の死者をだした。

アナを購入すると、この考えには修正が加えられることになり、先住民を現在の居住地で定着農耕させるのではなく、ミシシッピ川以西のルイジアナに駆逐しようとする発想がとられるようになる。この排除の論理を鋭意実践したのがジャクソン大統領であった。

ジャクソンは一八二九年十二月の第一次年次教書のなかで、ジョージア州とアラバマ州の先住民をミシシッピ川以西の土地に移住させる意向のあることを表明した。そしてこれを受けて連邦議会は一八三〇年五月、先住民強制移住法を制定し、以後、南部のいわゆる開化五部族(チェロキー、クリーク、チョクトー、チカソー、セミノール)に代表される先住民諸部族は、ミシシッピ川以西の土地(現在のオクラホマ)へと駆り立てられることになった。

この強引な政策に反抗して、北西部ではサック族とフォックス族の連合軍がブラック・ホークを指導者として武装蜂起(一八三二年のブラック・ホーク戦争)し、南西部ではセミノール族がオセオーラを指導者として第二次セミノール戦争(一八三五~四二年)を起こしたが、いずれも鎮圧されるにいたった。

先住民の強制移住は南部の黒土地帯《ブラック・ベルト》(アラバマ州からミシシッピ州にかけて広がる三日月形の地域)から先住民を駆逐して、南部の綿作地を大幅に拡大することになった。ジャクソン政権は関税政策と銀行政策によって北部の新興企業家利益を伸張させたのであったが、同時にまた先住民政策によって南部のプランター利益を増進させ、南北地域利害《セクショナリズム》の対立を一層先鋭化させることに貢献したといえる。

4 改革運動の展開

禁酒運動

ジャクソン時代は交通革命と産業革命の進展によって、人々のあいだの伝統的な絆が工業化の波に洗われてゆるみ始め、古い時代の美風や秩序がくずれていった時代でもあった。交通革命はそれまで閉鎖的だった農村社会に、多数のよそ者を流入させた。産業革命は旧来の徒弟制度を弛緩させ、職人たちの日常生活にも注がれていた親方の監視の目をゆきとどかなくしてしまった。安息日や法律は守られなくなり、飲酒の風潮がはびこるなか、節度のない職人や労働者が数多くあらわれ始めた。宗教家のライマン・ビーチャーは、「われわれはじつに破滅の淵に立っている。大衆は変わりつつある。われわれは別個の国民になりつつある」と嘆息している。

こうした社会の変化に危機感をいだいた人々は改革運動へと乗り出し、安息日の遵守、教育改革(公教育制度の整備)、平和運動、禁酒運動、女権運動、ユートピア共同体の建設、奴隷制即時廃止運動、決闘の禁止、刑務所の改善、精神病者の待遇改善、負債者の投獄廃止など、さまざまな改革運動に取り組むにいたった。以下、おもだったものを具体的に取り上げておこう。

改革の鉾先のひとつは、飲酒へと向けられた。当時、西部の奥地に住む農民たちは余剰穀物をそのままのかたちで運ぶと輸送費がかさんだので、これを蒸留酒に加工して市場にだすのをつねとした。その結果、大量の蒸留酒が国中に出回ることになり、過度な飲酒が社会に不節制と怠惰をはびこらせることになった。アメリカ人の飲酒癖は、当時のヨーロッパ人の目からみても異常と映ったようで、一八一九年にアメリカを旅行したイギリスの改革者ウィリアム・コベットは、「どの家に足を踏み入れても、ただちに朝っぱらから、ワインかウイスキーでも飲むかとたずねられる」と驚いて記している。

こうした風潮のなか、一八三〇年代には禁酒運動が全国的な規模で展開されるようになった。そして一八三三年五月には合衆国禁酒同盟(のちにアメリカ禁酒同盟と改称)がつくられた。禁酒運動は飲酒の常習者にも自覚をうながすようになり、四〇年にはかつての過剰飲酒者たちが改心し、ワシントン禁酒協会をつくっている。ティモシー・シェイ・アーサーの『酒場の十夜とそこでの光景』(一八五四年)は当時ベストセラーとなったもので、この小説はハリエット・B・ストウ夫人の『アンクル・トムズ・ケビン』(一八五二年、一八三ページ参照)が奴隷制反対運動において果たしたのと同じような役割を禁酒運動において果たした。

飲酒を法律によって規制しようとする動きもでてきた。ちなみに、ニューイングランドのメイン州は一八五一年六月に州内でのアルコールの製造・販売を禁止する法律(いわゆるメイン法)を制定しているが、これにならうかたちで、ほかの州もつぎつぎと禁酒法を採用していった。

女権運動

ジャクソン時代は、女性の社会的政治的権利の拡大を求める運動、いわゆる女権運動の展開された時代でもあった。従来の農業社会では男女はともに野良仕事にたずさわり、両者のあいだに仕事のうえでの本質的な区別はなかった。また職人は自分の仕事場を自宅にもっており、家庭と仕事場は分離していなかった。しかし工場制機械工業が普及するようになると、男女の仕事には明確な違いがあらわれ、仕事場と家庭は分離するにいたった。男性は工場や事務所に働きにでかけて賃金をかせぎ、女性は家のなかで育児、料理、掃除、裁縫などにたずさわるという性別役割分業が発生した。そしてこの分業の発生とともに、政治やビジネスは「男の領域」であり、女性は敬虔、純潔、従順を旨とし、家事、育児などの「女の領域」に専念するべきであるという男女観が形成されるにいたった。

ジャクソン時代の女性たちは、このように「真の女らしさ」を要求される一方、多くの点では無権利状態におかれていた。女性は選挙権を与えられていなかったし、大学教育を受けることもできなかった。妻は夫の許可なしに遺言を残したり、契約書に署名したり、訴訟を起こしたりすることはできなかった。また、妻には財産権がなかったし、自分のかせいだ賃金にたいする権利すらなかった。職業面では医者、弁護士、牧師などの専門職に就くことはできなかった。「服従することによって支配しなさい」ということばが当時よく口にされたが、要するに女性の従属は自明とされていたわけである。

こうしたなかで一八四八年、女性活動家のエリザベス・ケイディ・スタントンとルクレシア・モットの提唱によって、ニューヨーク州北部の田舎町セネカフォールズで、女性の権利を要求する大会が開かれるにいたった。このときスタントンの起草した「所信の宣言」はジェファソンの独立宣言の語調をまねて、「われわれはつぎの真理は自明であると考える。すなわちすべての男女は平等につくられており、造物主によって一定の譲り渡すことのできない権利を授けられている。これらの権利のなかには生命、自由、幸福の追求が含まれている」と宣言した。セネカフォールズの大会は男女の権利のうえでの平等を公然と打ち出した最初のものであり、ウーマンリブの出発点を画するものであったといえる。

ユートピア共同体

一八三〇年代から四〇年代のアメリカはユートピア共同体建設の黄金時代でもあった。一八四〇年にラルフ・ウォルドー・エマソンは、イギリスのトマス・カーライルにあてた手紙のなかで、「当地では人はみな無数の社会改革のプロジェクトに熱狂しております。新しい共同体の草案をポケットにいれていないような知識人は一人もいません」と書いている。当時つくられた社会改革的共同体は、工業化の生み落とした競争、搾取、利己主義の原理を斥けて、平等と協同に立脚した理想社会を建設しようとする一大実験であった。そうした実験のなかでも、シェーカー派、モルモン教徒、完全主義者たちの建設した宗教的志向の強い共同体はとりわけ成功した。

シェーカー派の呼び名は、この派の信者が祈りに熱中した際、体を激しくゆするところからきている。シェーカー派は一八二六年には八つの州に一八の共同体を建設し、最盛期の四〇年から六〇年には六〇〇〇人ものメンバーを擁するまでになっていた。シェーカー派は性を罪悪視し、性的なものがもろもろの悪の根源であると考えていたので、家族を否定し、独身主義を実践した。また身につけるべき知識は読み書きだけでよいとし、財産は共有として、タバコやアルコールを斥けた。自給自足の生活が旨とされたが、共同体の外の市場に向けて薬草、農具、家具、革製品などもつくっている。

シェーカー家具は、簡素なデザインと耐久性でとりわけ有名である。

一八三〇年には、ニューヨーク州西部の町パルミラに住むジョゼフ・スミスという宗教家が『モルモン書《ブック・オヴ・モルモン》』を著し、モルモン教会（末日聖徒イエス・キリスト教会）を発足させている。西部の荒野にシオン（地上の王国）をつくり、先住民の改宗をめざそうとするモルモン教徒は、一八三九年には当時フロンティアの最前線に位置していたイリノイ州のノーヴーに移住して、ここに巨大な神殿をはじめ、煉瓦づくりの家、学校、製粉所などを建設してイリノイ州屈指の町をつくりあげた。

モルモン教徒はしかし、一八四三年に教祖のスミスが一夫多妻制を正式に打ち出したため、周辺の人々の反感をかい、翌年スミスは暴徒の手で殺害されるにいたった。このあとモルモン教徒は新しい指導者ブリガム・ヤングに率いられて合衆国外への脱出を企て、後年「モルモン・トレール」と呼ばれることになる道を切り拓きつつ大平原を西進して、一八四七年に現在のユタ州グレートソルト湖畔（当時メキシコ領）に約束の地をみいだした。彼らは規律のとれた共同作業によって多数の水路網を建設し、ユタの荒野を緑野と化して、ここに自分たちの楽園をつくりあげた。

一八四七年には、完全主義を唱えるジョン・ハンフリー・ノイズという宗教家が二百数十人の信者を引き連れて、ニューヨーク州の北部にオナイダ共同体を建設している。伝統的なカルヴィニズムの教えでは、ある人間が救われるかどうかは永遠の昔から予定されているとしていたが、これにたいしてノイズは、人間は誰でも努力しだいで罪から解放され、道徳的な完全の域に到達することができるという完全主義の教えを説いた。ノイズはまたフーリエなどの著作を読んで社会主義者の理論を研究し、宗教的な心情を欠いた社会主義はだめであるが、社会科学の方向づけを欠いた宗教的熱狂もまた等しく無力であると考えるにいたった。そして私有財産制と一夫一婦制は人間を所有欲の奴隷にしてしまうと考えて、オナイダでは財産の共同所有を実施した。また結婚相手を定期的にかえていく「複合結婚」の制度も実践され、子どもたちはすべて共同体の託児所で育てられた。オナイダ共同体の試みは伝統的な道徳にたいするきわめてラディカルな挑戦であったといえる。

奴隷制即時廃止運動

ジャクソン時代の改革者たちは、奴隷制即時廃止運動《アボリショニズム》にも取り組んだ。ウィリアム・ロイド・ガリソンを指導者とするその一八三〇年代の運動は即時主義の標語を掲げるものであり、従来の運動が掲げてきた漸進主義を斥けるものであった。従来の漸進主義は⑴奴隷の漸進的な解放、⑵奴隷主への経済的な補償、⑶解放奴隷のリベリアへの植民を唱える穏健な性格のものであった。これにたいしてガリソンが『リベレイター』紙(一八三一年創刊)で打ち出した即時主義は奴隷の即時・無償・全面解放を唱え、リベリアへの黒人送還事業を否定するきわめてラディカルなものであった。

一八二〇年代までは、奴隷制は遠い父祖の世代から受け継がれてきた制度であり、現世代の奴隷主の責任をこえた道徳外的な制度、「自然災害《フィジカル・イーヴル》」のようなものであるとされてきた。これにたいして一八三〇年代の奴隷制即時廃止論者《アボリショニスト》たちは、奴隷制は歴然とした「道徳的な悪《モラル・イーヴル》」であり、奴隷主は「即時悔改め」によって奴隷の即時解放を実践しなければならないと主張した。一八三〇年代におけるこの即時主義の登場と符節をあわせるかたちで、南部では後述するように奴隷制を「必要悪」としてではなく「積極的な善」として正面から擁護する思想が台頭してくることになる。

　ところで北部のアボリショニストたちは運動方針をめぐる対立を内部にかかえていた。ガリソンを指導者とあおぐ一派は神のみが唯一の統治者であり、「われわれはこの世のものならざる王国の理法に縛られているのである」という彼岸的な立場に立って人間のつくり設けたこの世の制度や法律を否定した。そして合衆国憲法も「死との誓約、地獄との協定」であるとして排撃し、無政府主義的な色彩を強めていった。これにたいして、反ガリソン派の運動家たちはしだいに政治活動に重点を移すようになり、一八三九年には最初の奴隷制反対政党である自由党を結成するにいたった。自由党は一八四八年には自由土地党(共和党の前身)へと成長をとげることになる。

　一八四〇年代になると、北部の自由黒人のアボリショニストたちも活発な動きを示すようになった。彼らは二とおりの方向に黒人ナショナリズムを発展させていった。ひとつはフレデリック・ダグラスを指導者とするもので、白人アボリショニストと協力し、白人の支援を受けいれつつ、合衆国内での黒人の地位向上をはかろうとする路線である。これにたいして、マーティン・デレイニは白人の協力を拒み、黒人の組織に白人は加えないとする逆差別の思想を表明して、白人にたいする武力闘争を肯定する立場を打ち出した。デレイニはアメリカ国内の人種差別の根深さに絶望していたので、黒人を率いて合衆国外の土地に移住し、自分たちだけの黒人国家を建設しようとする移住主義の理念を掲げた。

第四章　「明白な運命」と南北対立の激化　一八四〇〜六〇年

1　南部奴隷制社会

「綿花王国」

南北戦争前のいわゆる旧南部《オールド・サウス》は、奴隷制の敷かれた一五の州からなっていた。この地域の主要商品作物は綿花であったが、このほか砂糖(ルイジアナ州)、米(サウスカロライナ州、ジョージア州)、タバコ(ケンタッキー州、テネシー州)なども栽培されていた。綿花の輸出額は一八〇〇年には合衆国の総輸出額の一割にも満たないものであったが、南北戦争直前の六〇年には約六割を占めるにいたった。サウスカロライナ州選出のジェームズ・H・ハモンド議員は一八五八年に連邦上院でおこなった演説のなかで、もしも綿花の供給がとまれば、イギリスは倒壊し、ほかの文明世界もその巻添えをくうことになろう、南部の綿花に向かって戦争をしかけることのできるようなものは誰もいない、と豪語した。

綿花はまさに王であり、南部は「綿花王国《コットン・キングダム》」であった。

旧南部の一五州は、二つの地域に大別することができる。北部よりに位置する高南部《アッパー・サウス》の七州(デラウェア、メリーランド、ヴァージニア、ノースカロライナ、ケンタッキー、テネシー、ミズーリ)と、南方に位置する低南部《ロアー・サウス》の八州(サウスカロライナ、ジョージア、アラバマ、ミシシッピ、ルイジアナ、アーカンソー、フロリダ、テキサス)である。数多くの黒人奴隷をかかえていて、奴隷制が繁栄していたのは低南部であった。ちなみに低南部では奴隷人口が全人口の四〇%以上を占めていたが、これはじつに高南部の二倍以上の割合である。

低南部をさらに限定するならば、その中心は深南部《ディープ・サウス》と呼ばれる地域、すなわち、サウスカロライナ、ジョージア、アラバマ、ミシシッピ、ルイジアナの五州であった。この帯状に連なる地域は綿花栽培の中心地をなしていたので、「コットン・ベルト」とも呼ばれている。南北戦争の勃発に際して、南部全体を戦争に向かって引っぱっていく牽引力となったのは、この深南部出身の政治家たちであった。

深南部自体、さらに二つの地域に分けてとらえることができる。ひとつは大西洋岸に面しているサウスカロライナ、ジョージアの二州、もうひとつはメキシコ湾に面しているアラバマ、ミシシッピ、ルイジアナの三州である。この両者の綿花の生産量を比較すると、一八二一年には大西洋岸の二州がメキシコ湾岸の三州を上回っていたが、三四年になると、これが完全に逆転するにいたる。深南部のなかでも綿花栽培の中心地は大西洋岸からメキシコ湾岸へ、つまり内陸部へと移動していったといえる。

綿花栽培地の内陸部への拡大につれて、奴隷はミシシッピ・オハイオ水系をくだって、奴隷需要の高い深南部へと売られる(すなわち「川下に売られる《ソールド・ダウン・ザ・リヴァー》」)ことになった。ちなみにミシシッピ州は年間一万人もの奴隷を吸収し、一八三〇年の時点で黒人人口が白人人口を凌駕するにいたっている。この国内奴隷取引の活発化は、やがて奴隷飼育をうながすことになった。三二年にヴァージニア州の奴隷制擁護論者トマス・デューは、「毎年六〇〇〇人以上もの奴隷が他州に移出されているのであって、ヴァージニア州は事実上、他州のための黒人飼育州になっている」と述べている。ビッグ・ビジネスへと成長をとげた奴隷取引は奴隷家族の離散を引き起こし、南部にたいする北部人の道徳的な反対感情を強めることになった。ルイジアナとアラバマは五二年になって、十歳未満の子どもを母親から切り離して売却することを禁止する法律を制定したが、夫と妻の分離を禁止した州は一州もなかった。

旧南部の白人社会

南北戦争前の北部にデモクラシー社会が出現したのにたいして、南部には奴隷主寡頭制支配《スレーヴ・オリガーキー》と呼びうるようなピラミッド型の社会が形成された。その頂点に位置したのは黒人奴隷の大所有者たちであった。一八五〇年を例にとっていえば、南部の白人住民は六一八万人であったが、このうち奴隷の所有者(戸主)はわずか三五万人、すなわち白人全体の五・六%を占めるにすぎなかった。しかもこの三五万人の過半数は、五人未満の奴隷しかもっていない零細奴隷主であり、奴隷二〇人以上を所有するいわゆるプランターと呼びうる者は三万八〇〇〇人にすぎなかった。マグノリアの花咲く庭とギリシア風の円柱をもつ広壮な邸宅に暮すプランター貴族のイメージはごく少数の南部白人にあてはまるにすぎず、大多数の奴隷主はむしろ奴隷と肩をならべて野良仕事に従事する農夫たちであったといってよい。

南部の政治・経済を牛耳る少数のプランターたちは農場経営と奴隷の管理に忙しく、余暇を楽しむ時間などあまりなかった。しかし彼らはウォルター・スコットの騎士道小説に自分の生活の理想をみいだし、「カヴァリア(騎士道精神の持ち主)」を自任していた。サウスカロライナ州のジョン・L・ウィルソン知事が一八三八年に決闘にかんする書物を著していることにも示されるように、プランターたちは体面を守るために好んで決闘をし、商取引よりも法律や軍事を好んだ。

南部白人の過半数をなしていたのは奴隷を所有していない白人たち、すなわち自営農民と貧乏白人《プアー・ホワイト》であった。自営農民はその多くが高南部に住んでいた。低南部では肥沃で交通の便のよい平野部はプランターによって占有されていたので、自営農民はアパラチア山脈の山麓地帯へと追いやられていた。白人社会の最下層を形成していたのは、貧乏白人あるいは「白人の屑」「没落者」などという蔑称で呼ばれていた人々で、彼らは不毛な砂丘や痩せ地にしがみついて細々と生計を立てていた。

南部白人のなかでも、奴隷の所有者と非所有者のあいだには、利害の対立があった。たとえば、そのひとつは内陸開発をめぐるもので、自営農民は交通の便の悪い奥地に住んでいたので、道路や運河建設を要望していたが、大プランターたちは綿花の積出しに便利な河川沿いの土地に農園をもっていたので、自営農民たちの要望に耳を傾けようとはしなかった。また州議会の議員数は一般に住民人口に比例して割りあてられることになっており、その際奴隷は五分の三人として人口に算入されることになっていたが、自営農民は白人人口のみを基準として議員の割当をおこなうべきであると主張して、プランター階層と対立していた。自営農民はまたプランターに課せられる奴隷課税が低すぎることに不満をいだいていた。

少数派擁護論

合衆国憲法の規定によれば連邦議会における上院議員の数は州人口の多寡《たか》とは関係なく、各州一律に二人割りあてられることになっている。他方、連邦下院議員は州人口に比例して各州に配分されることになっている。したがって連邦議会における北部(自由州)と南部(奴隷州)の力関係は、上院にかんしていえば、州の数がどちらが多いかによって決まる一方、下院にかんしていえば人口の多寡によって決まることになる。ところが建国期以降、南部の人口増加ははかばかしくなく、一七九〇年に最初の国勢調査がおこなわれて以後、南北の人口差は開く一方であった。そして、この南部の数的劣勢はそのまま連邦下院議員数の配分にも反映し、下院における南部の発言権を低下させた。そこで南部の政治理論家たちは、少数派南部の利益を防衛する理論を編み出す必要に迫られた。この仕事にたずさわった代表的な論客が、サウスカロライナ州のジョン・C・カルフーンである。

カルフーンは一八五〇年三月四日に連邦上院でおこなった彼の最後の議会演説のなかで、つぎのように論じている。一八四〇年の国勢調査によれば、合衆国の総人口は一七〇六万三三五七人で、このうち北部は九七二万八九二〇人、南部は七三三万四四三七人であり、南北の人口差は約二四〇万である。また合衆国の州の数は、合計二六州であるが、このうちデラウェア州は奴隷州とも自由州ともいいがたいような状態にあるので、これを中立とみなすと、北部は一三州、南部は一二州ということになる。この州の数の差は、連邦上院で北部を二人分有利にしている。また四〇年の国勢調査に基づく

ジョン・C・カルフーン

議員配分では、連邦下院議員の総数二二三人のうち、北部議員は一三五人、南部議員は八七人となっているから、北部は南部を四八人も上回っている。したがって「全体の結果は、政治のどの分野でも北部に優越性を与えることになっており、連邦政治を構成する二つの要素、すなわち州の過半数と人口の過半数をともに北部に集中させているということになる」と。

「唾棄すべき関税」が成立した際、カルフーンがこれを非難して「サウスカロライナの解釈と抗議」(一八二八年)を起草し、その後サウスカロライナ州が無効宣言条例(三二年)を可決して、無効宣言の理論を実践したことは前述したとおりである。カルフーンはこの理論とは別に、競合的多数の理論と称するものを考えていた。それは北部と南部でそれぞれ別個に多数決をとり、南北両地域の多数派がともに合意に達した政策のみを連邦政府が実施するというものである。少数派南部の利益を防衛しようとするこうした政治理論面での模索の道は、カルフーンの死によってやがて閉ざされ、南部と北部は武力衝突への道をたどっていくことになる。

奴隷制擁護論

少数派擁護論とならんで、南部の思想家たちは黒人奴隷制を「積極的な善《ポジティヴ・グッド》」として正当化する理論、いわゆる奴隷制擁護論を発展させた。その理論は大別して三つのタイプに分けることができる。ひとつは聖書の字句を引用するもので、いわば宗教的見地からする擁護論である。南部の牧師たちはしばしばしば説教壇で「あなたがもつ奴隷は男女ともにあなたの周囲の異邦人のうちから買わなければならない。……また、あなた方のうちにやどっている旅人の子どものうちからも買うことができる。……あなた方は彼らをえて、あなた方のあとの子孫に所有として継がせることができる」(旧約聖書、レビ記第二五章四四〜四六節)といったことばを引いて、奴隷の所有、売買、遺贈を正当化した。また「各自は、召されたままの状態にとどまっているべきである」(新約聖書、コリント人への第一の手紙第七章二〇節)、「僕《しもべ》たる者よ。心からの恐れをもって主人に仕えなさい。善良で寛容な主人だけでなく、気むずかしい主人にも、そうしなさい」(新約聖書、ペテロの第一の手紙第二章一八節)といったことばを引いて、南部における主従関係を正当化した。

第二のものは奴隷制下の温情主義的な主従の人間関係を美化して描くもので、ジョージ・フィッツヒューが『南部のための社会学』(一八五四年)と『人みな食人種』(五七年)の二著において完成させた議論である。フィッツヒューは、アリストテレスが『政治学』のなかで述べた「生来の主人」と「生来の奴隷」という概念を援用して、南部社会をつぎのように美化する。「自然、動物および人間界にみられる秩序と服従は、ある者はより高い地位に就くべく、またある者はより低い地位に就くべくつくられている。人間は肉体的、道徳的、知的にいって、けっして平等につくられてはいない。「賢明、有徳、勇敢で、心身両面で強壮な者は、本性上、人を支配し保護するようにできている」。他方、「心身両面で劣っている者は、導きと扶養と保護を必要としており、彼らは自分を保護し導いてくれる者に従い、その者のために働くべきである」。主人と奴隷は、自由と保護をめぐって、相互補完的な位置を占めている。奴隷は自由をもたないが、そのかわり主人から親身な保護を加えられ、日々の生活を思いわずらう必要がない。他方、主人は自由は享受するが、奴隷の保護・監視など、種々の義務に心をくだかねばならない。奴隷制下におけるこの主従の温情主義的な結びつきは北部自由社会を貫く冷酷で打算的な人間関係とは、およそ無縁のものである云々、と。

奴隷制擁護論の第三のタイプは人種学的見地からする擁護論である。その典型はアメリカ人種学派と呼ばれる学者のグループが発展させた理論に示されている。アメリカ人種学派の領袖サミュエル・G・モートンはさまざまな人種の頭蓋骨を収集し、その容量を測定した。そして諸人種のなかでも白人の頭蓋容量がもっとも大きく、黒人のそれがもっとも小さいことを測定値でもって示した。モートンの研究は黒人の生物学的な劣等性を示すもの、黒人が奴隷にふさわしい人種であることを実証するものとして、人々に受けとめられた。モートンの測定値と人種研究は今日では似非《えせ》科学として一蹴されているが、アメリカ人種学派の著作は南北戦争後も版を重ね、人種差別を正当化する理論として二十世紀初頭にいたるまで広く読まれることになる。

黒人奴隷

南部の黒人は、奴隷と自由黒人からなっていた。自由黒人は主人の遺言やなんらかの功績によって解放された黒人（あるいはその子孫）であるが、彼らはフランス人のトクヴィルが観察したように、奴隷という「不幸な同胞の心を漠然と掻き乱し、奴隷たちに権利の観念を意識させることになる」がゆえに、奴隷制南部に不協和音を生み出すものとして白人たちから有害視されていた。

黒人奴隷の大部分は、「夜明けから日没まで」野良仕事に従事する耕作奴隷であった。彼らのほかに召使い、乳母などの家内奴隷や大工、鍛冶屋などの職人奴隷もいた。新しい共和国が発足して最初の国勢調査がおこなわれた一七九〇年から、南北戦争直前の一八六〇年までのあいだに、黒人奴隷の人口は約七〇万人から四〇〇万人へと増加しているが、これは主として自然増加によるものであり、この増加率は白人のそれに近いものであった。奴隷一人当たりの値段は一七九〇年代には三〇〇ドルから四〇〇ドルであったが、一八三〇年代には一〇〇〇ドルから一三〇〇ドルとなり、五〇年代には一五〇〇ドルから二〇〇〇ドルへと上昇している。奴隷をある程度優遇して、その人口増加に意を用いたほうが奴隷主にとっても有益だったわけであり、その処遇は奴隷を使い捨ての消耗品として酷使した中南米の奴隷制ほどには過酷でなかったといえよう。また奴隷にたいする体罰も、烙印、手足の切断、耳のそぎ落としなど、身体を傷つけるやり方は奴隷価格をさげるので、ひかえられる傾向にあったし、牛皮鞭なども奴隷の肌を傷つけるので、それほど頻繁に使用されたわけではなかった。

奴隷たちは怠業、盗み、逃亡などさまざまなかたちで主人に反抗したが、彼らの反抗は暴力的なものにはならなかった。じっさいに勃発した大規模な奴隷反乱といえば、六〇人近い白人を惨殺したナット・ターナーの乱（一八三一年）があげられるくらいで、ゲブリエル・プロッサーとデンマーク・ヴィシーがそれぞれ一八〇〇年と二二年に画策した反乱計画は、いずれも未然に発覚して弾圧されている。ただ注目すべきは、これらの反乱がすべて黒人の呪術師や説教師によって計画されていることである。プロッサーは蹄鉄をつくる職人奴隷であったが、彼はまた祈禱集会を取り仕切る説教師でもあった。ヴィシーは腹心として、ピーター・ポイヤスという説教師と、ガラー・ジャックという呪術師を従えていた。またナット・ターナーも、彼自身が説教師であり、ネルソンという呪術師を片腕としていた。要するに、アフリカ的な思想や文化要素が、白人文化に対抗するうえでの重要なよりどころとなっていたことがわかる。

　プランターたちは奴隷をキリスト教に改宗させ、宗教的に教化することによって、奴隷を従順にしようとした。また奴隷取締法《スレーヴ・コード》がつくられて、さまざまな禁止令がだされるなどした。奴隷は武器の所有を禁止され、定期的に奴隷小屋が調べられて、武器の有無が検閲された。逃亡を阻止するために、主人の外出許可証をもたずに屋敷外にでることが禁止され、許可証なしに馬にのっている場合には、とりわけ厳しく罰せられた。逃亡奴隷には首輪や足枷がはめられたり、鎖のついた鉄球がつけられるなどした。

アフリカ文化の存続　仕事の合間に娯楽に興じる奴隷たちを描いた18世紀末の絵。踊りのスタイルといい，右端の奴隷がたたいているドラムといい，いずれもアフリカのヨルバ族伝来のものである。

奴隷文化

一八〇八年に奴隷の輸入がとだえて以後、アメリカ生まれの黒人人口は着実に増加していった。それとともに古いアフリカ伝来の文化はしだいに色あせていったが、消滅してしまうことはなかった。そして歳月をへるうちに、さまざまな部族の文化がとけあって、新しいアフロ・アメリカ文化が創出されることになった。この文化の形成と伝達においてとりわけ大きな役割を果たしたのは、宗教と家族である。宗教は奴隷たちの結束力と自尊心をつちかい、人間性を破壊しようとする奴隷制の抑圧にたいして抵抗力を与える源泉になった。アフリカ伝来の呪術にたけた呪術師や説教師は奴隷たちのあいだで畏敬の念を集めていた。奴隷たちは「夜明けから日没まで」は主人のために働いたが、「日没から夜明けまで」は自分たちの時間であった。彼らは黒人説教師の開く真夜中の祈禱集会に参加し、祈りや歌や叫びをとおして、しばしば宗教的な陶酔状態に陥った。先述した奴隷反乱はしばしばこの祈禱集会において画策されたのであり、祈禱集会における全身全霊の集いは奴隷たちの一体感と団結心を高めるうえで重要な役割を果たした。

奴隷たちの家族的な結びつきも、アフリカ系アメリカ人文化を維持、伝達するうえで大きく貢献した。奴隷は法律のうえでは結婚を認められていなかったが、事実上は家族単位で生活しており、両親や子どもだけでなく伯父・叔母、いとこなどの親族関係も意識されていた。年老いた奴隷は子どもや孫たちに、自分たちの祖先がまだ奴隷でなかったころの古いアフリカの物語や伝承を語り伝えた。奴隷の子どもはしばしば祖父母にちなんで名前をつけられたが、こうしたことも家系の意識をつちかうのに役立った。また奴隷はアフリカの弦楽器を思わせる楽器をつくったし、彼らの踊りやリズムもアフリカ伝来のものであった。女奴隷はしばしば髪をひも状に編み、西アフリカの流儀にしたがって頭をカラフルなスカーフで覆った。身繕いや音楽や踊りにおけるこうしたアフリカ文化の残存は、自分たちには独自の過去があるのだということを奴隷たちに自覚させるよすがとなった。

黒人人口の多い地域では、アフリカ起源の文化がとりわけ根強く残っていた。ちなみにサウスカロライナ州やジョージア州のガラー(アンゴラ)黒人のあいだでは一九四〇年代になっても、二一のアフリカ部族のことばが四〇〇〇以上も残っていた。奴隷は白人文化に完全に同化してしまったわけではなかったし、奴隷制の全面的な犠牲者になりはてていたわけでもなかった。

2 「明白な運命」と領土膨張

テキサスおよびオレゴン問題

一八〇三年のルイジアナ購入によって国土を一挙に倍加させたトマス・ジェファソンは、「わが連邦は巣のようなもの、つまりそこから南北両アメリカに植民していく巣のようなものとみなされねばならない」と述べたことがあるが、四〇年代はルイジアナ購入につぐ第二の領土膨張の時代であった。ニューヨーク市のジャーナリスト、ジョン・L・オサリヴァンは『デモクラティック・レヴュー』誌（一八四五年七・八月合併号）に掲載した「併合」と題する論説のなかで、「年々増加していく何百万ものわが国民の自由な発展のために、神によって割りあてられたこの大陸に伸び広がっていくというわれわれの明白な運命《マニフェスト・デスティニー》」を賛美し、領土膨張の機運を正当化した。事実、この時代に合衆国は太平洋岸にまで領土を拡大し、大陸国家としての輪郭を整えるにいたった。

膨張の鉾先がまず向けられたのは、南西方面のメキシコ領テキサスであった。一八二一年にスペインから独立したメキシコは国の北方領土の開拓を推し進めるために、入植者に広大な土地を与える移住奨励策を打ち出した。この政策はアメリカ人入植者をテキサスに殺到させることになり、三〇年には二万人のアメリカ白人と二〇〇〇人の黒人奴隷がテキサスに居住するようになっていた。この予想外の流入に怖れをなしたメキシコ政府は、三〇年四月になってアメリカ人の移住を禁止し、奴隷制の廃止を定める法律を制定したが、効果はなかった。

テキサス人(アメリカ人)は一八三六年三月二日には、メキシコからの独立を宣言した。同年三月六日に、サンアントニオのアラモ砦にたてこもる一八七人のテキサス人はサンタ・アナの率いる四〇〇〇人のメキシコ軍の攻撃を受けて全滅したが、四月二十一日のサンハシント川の戦いではサム・ヒューストン麾下のテキサス軍は「アラモを忘れるな」を合いことばに、メキシコ軍に大勝した。そして三六年十月にはヒューストンを大統領に選んでテキサス共和国を発足させ、奴隷州のひとつとして併合してほしい旨、合衆国に打診してきた。

テキサス側の働きかけを受けて、南部奴隷州の利益を代弁する国務長官のジョン・C・カルフーンは一八四四年四月、テキサス併合条約の調印へとこぎつけた。ただテキサス共和国は外国領土であるから、これを正式に連邦に編入するには、併合条約は連邦上院で三分の二以上の多数をとりつける必要があった。しかし四四年六月、連邦上院に上程されたテキサス併合条約は、賛成一六票、反対三五票で否決されることになった。

南部人がテキサスに移住していた時期に、西部人の目は、極西部、すなわちロッキー山脈のかなたのオレゴンとカリフォルニアに向けられていた。メキシコ領カリフォルニアとロシア領アラスカのあいだの、北緯四二度から五四度四〇分にかけての地域はオレゴンと呼ばれており、ここは一八一八年以来、英米の共同領有地となっていた。アメリカ人のオレゴンへの移住が本格化したのは、四一年のいわゆる「オレゴン熱《オレゴン・フィーヴァー》」以後のことである。移住者はミズーリ州のインディペンデンスを起点として、全行程三二〇〇キロのオレゴン・トレールを半年がかりで踏破し、コロンビア川の南に広がるウィラメット川の流域にたどりついた。四五年にはこのあたりに約五〇〇〇人のアメリカ人が住んでいた。

英米の共同領有地オレゴンにどのようなかたちで国境線を引くかという問題は、英米間の長年の懸案であった。ジョン・Q・アダムズ大統領のとき以来、自然の良港に富むピュージェット湾をえて、そこに海軍基地と中国貿易の拠点をつくろうと考えていたアメリカは、北緯四九度線を主張した。他方、コロンビア川までを獲得したいと考えていたイギリスは、この要求に応じなかった。しかしアメリカの要求は時がたつにつれて増大し、一八四三年には北緯五四度四〇分までのオレゴン全域を要求する声すらでてきた。そして「五四度四〇分か戦争か」というスローガンが、アメリカの膨張主義者たちのあいだで声高に唱えられるようになった。

太平洋岸にはアメリカ人が関心を注ぐもうひとつの魅力的な土地があった。オレゴンの南にひろがるメキシコ領カリフォルニアである。この土地は靴とローソクの原材料となる牛革・牛脂を産出したので、これを求めて一八二〇年代以降ボストン、ニューヨークなどの東部諸港市から船によって人々がおとずれるようになっていた。また一八四三年にはジョン・A・サッターが、のちにカリフォルニア・トレールの終点の町として発展することになるサクラメント（現在のカリフォルニア州の州都）にサッター砦を建設している。

ポーク大統領

一八四四年は大統領選挙の年であったが、この年の春にはまだ領土膨張問題は大統領選挙に大きな影響をおよぼすように思われてはいなかった。二大政党の指導者ヘンリー・クレイとマーティン・ヴァンビューレンは、ともにテキサス併合反対の立場を打ち出していた。ホイッグ党は四四年五月一日、ボルティモアで全国党大会を開いて、クレイを満場一致で大統領候補に指名した。同党の選挙綱領は、テキサス問題を取り上げようとはしなかった。しかし、五月末に同じボルティモアで全国党大会を開いた民主党は、その直前まで本命視されていたヴァンビューレンをしりぞけて、「ダークホース」ジェームズ・K・ポークを大統領候補に指名した。そして、五四度四〇分までのオレゴン全域の領有とテキサス併合を選挙スローガンに掲げた。秋の選挙では、ポークが大統領選挙人票で一七〇票(一般投票では一三三万七〇〇〇票)、クレイが一〇五票(一般投票では一二九万九〇〇〇票)をえて、勝利は民主党の手に帰した。

ポークの当選を受けて、世論の動向に変化を読み取った連邦議会は懸案となっていたテキサス併合を正規の手続き(すなわち上院の三分の二以上の多数による承認)ではなく、上下両院の共同決議(単純多数)によって承認した。一八四五年十二月、テキサスの連邦加入が実現した。

領土拡大の過程(1783～1853年)

ポークは大統領(在任一八四五～四九)に就任すると、彼がテキサス併合とならんで公約に掲げていたもうひとつの課題、オレゴン問題にただちに取り組んだ。一八四五年三月四日の大統領就任演説のなかでポークは、「オレゴンにたいするわれわれの領有権は明白で疑問の余地がない」と述べて、五四度四〇分線までのオレゴン全域を要求した。しかしテキサス併合によってメキシコとのあいだに戦争勃発の可能性が高まると、オレゴン問題でイギリスと事を構えるわけにはいかなくなり、五四度四〇分線の要求にかえて四九度線を提案するにいたった。しかしこれがイギリスに拒否されると、四五年十二月二日、ポークは連邦議会に送った年次教書のなかでモンロー主義の原則をもちだして、「アメリカの政治体制は、ヨーロッパのそれとはまったく異なっている。……この大陸の住民のみが、彼ら自身の運命を決定する権利をもっている。……南北両アメリカ大陸は……今後ヨーロッパ諸列強の植民の対象とみなされるべきではない」と宣言し、再度強硬な姿勢へと逆戻りした。しかしその後の折衝で英米両国は北緯四九度線を境界線とすることで最終的な合意に達し、四六年六月十五日、オレゴン条約締結の運びとなった。この条約によって、合衆国ははじめて太平洋岸に領土を獲得することになった。

膨張主義者のポーク大統領は、テキサスとオレゴンだけで満足してはいなかった。彼はテキサス領の南西の境界線はメキシコが主張するヌエセス川ではなく、もっと南のリオグランデ川であると考えていた。また、メキシコからカリフォルニアとニューメキシコを買収することをも考えていた。しかしメキシコからの平和裡の土地獲得は結局は失敗に終わり、一八四六年四月のリオグランデ川での戦闘を機に、合衆国は五月十三日、メキシコに宣戦布告するにいたった。アメリカ・メキシコ戦争の勃発である。ウィンフィールド・スコット将軍の率いる合衆国軍は四七年九月にメキシコシティを制圧し、翌年二月のグアダルーペ゠イダルゴ条約の締結によって、対メキシコ戦争は終結をむかえた。この条約によって合衆国はメキシコにリオグランデ川以北をテキサス(合衆国)領として認めさせ、カリフォルニアとニューメキシコを一五〇〇万ドルで譲渡させることに成功した。

グアダルーペ゠イダルゴ条約が調印される直前の一八四八年一月、カリフォルニアのアメリカ川沿岸で金鉱石が発見された。その後、噂は噂を呼んで、四九年には一攫千金を夢見る人々、いわゆる「フォーティーナイナーズ」がカリフォルニアへと殺到し、空前のゴールド・ラッシュが現出した。

奴隷制問題の浮上

一八四〇年代にいたって合衆国は大西洋岸から太平洋岸へとまたがる大陸国家の建設をなしとげた。しかもこの領土獲得は南部、西部の農業利益の要望を満たすものであっただけでなく、太平洋岸の土地入手がピュージェット湾とサンディエゴという良港の確保に主眼をおいてなされたことにも示されるように、アジアへの進出をもくろむ北部商工業利益の要望を満たすものでもあった。

しかしその一方で、一八四〇年代の領土膨張は、新しく入手した土地に奴隷制の導入を認めるか否かをめぐって一大論争を生み出すことになった。この問題にかんしては、三つの意見が提起された。第一は自由土地《フリーソイル》理念と称すべきもので、自由な白人労働者のための土地を確保するために、奴隷制の西方への拡大を阻止するべきであるという立場であった。この見解を最初に表明したのは、ペンシルヴェニア州選出の民主党下院議員デイヴィッド・ウィルモットで、彼は一八四六年八月にメキシコからの割譲地は自由な土地としてとっておかれるべきであり、奴隷制の導入は一切禁止されるべきであるとするいわゆるウィルモット条項を連邦下院で提議した。自由土地の理念は一八四〇年代の終わりには、北部と西部の政治家たちを糾合するスローガンとして一気に力をもつようになり、以前から奴隷制反対を唱えていた政治的アボリショニスト(自由党員)に、民主党員の一部とホイッグ党員の一部が合流するかたちで、自由土地党という新しい政党が誕生することになった。

一方、南部利益を代弁するジョン・C・カルフーンは一八四七年二月に、新しく獲得した領土は諸州の共同財産であるから、奴隷主は自分の奴隷をつれて自由にそこに移住する権利があるとする決議案を連邦上院に提出した。新領土への奴隷制導入を全面的に肯定するこの決議案は、新領土からの奴隷制の全面排除を唱えるウィルモット条項に正面から異議を唱えるものであり、ウィルモット条項とは対照的に、連邦議会には奴隷制の拡大を阻止する権限はないとするものであった。

他方、第三の立場としては一八四八年の大統領選挙で民主党の候補者ルイス・キャスが唱えた住民主権《ポピュラー・ソヴランティ》の考え方があった。これは新しい領土における奴隷制の採否は、連邦議会が決めるべきことがらではなく、現地住民の決定に委ねるべきであるとするものであった。

一八四〇年代の西方への領土膨張と、これに付随して起こった奴隷制問題の浮上によって、二大政党は関税、公有地、銀行というジャクソン時代の争点とは別の次元の争点、南北経済体制の根幹にかかわる問題に直面することになった。そして奴隷制問題の浮上は既存の二大政党の内部に亀裂を生み出し、やがて政党再編をうながすことになった。

3　北部と西部の経済提携

移民の大量流入

西に向かっての領土膨張の時代は、ヨーロッパから大量の移民が流入して北部製造業の発展をうながした時代でもあった。一八三〇年代の移民の流入は合計五三万八〇〇〇人にすぎなかったが、四〇年代になると一挙に一四二万七〇〇〇人へと急増し、四五年から五四年の一〇年間には約三〇〇万人を記録するにいたった。

これらの移民は主として二十歳代、三十歳代の若者であったので、アメリカ国民の平均年齢は大幅に押し下げられた。ちなみに一八五〇年のアメリカ国民のうち、三十歳以下の年齢層は七〇%余りを占めたが、この年齢層はイギリスでは六三%、フランスでは五二%であった。南北戦争前夜のアメリカは、若者の国であったといえる。

一八四〇年代から五〇年代の移民は主としてアイルランド系とドイツ系であり、彼らはボストン、ニューヨークなどの諸都市に定住して、北部の工場に労働力を提供した。従来は男性の働き手といえば、徒弟制度のもとで親方について修業を積んだ職人たちであり、工場労働者は女性や子どもたちであった。しかし一八四〇年代以降になると男性の工場労働者、とりわけ外国生まれである移民の工場労働者が大量に誕生するにいたる。しかもこれらの移民はアメリカ生まれの市民よりも安い賃金で働き、異なった宗教やことばを持ち込んできたので、経済摩擦と文化摩擦を生み出した。移民にたいする反感は外国人排斥《ネイティヴィズム》運動を誕生させ、この運動は一八五〇年代の前半には反カトリック、反移民を掲げるノーナッシング党を躍進させることになった。

「アメリカ的製造方式」の確立

他方で、南北戦争前夜の時期は、技術革新が北部製造業と西部農業の発展をうながした時代でもあった。一八二〇年代にアメリカを旅行したあるドイツ人は、「ここでは新しいものはすべてただちに導入される。古いやり方に固執する気風はまったくない。アメリカ人は『発明』ということばを聞くと耳をそばだてる」と、驚きの念をこめて記している。新しい技術にたいするアメリカ人の異常な関心は、特許件数の急増にも示されている。ちなみに一七九〇年の特許局の創設から一八一二年戦争直前の一八一一年までのあいだの特許件数は年平均わずか七七件でしかなかったが、二〇年から三〇年には年平均五三五件、四〇年代には六四六件となり、五〇年代にはじつに二五二五件を記録している。そしてこの全期間（一七九〇～一八六〇年）の特許件数は、同じ時期の英仏のそれを合計したものよりも多かった。

テクノロジーということばの普及に貢献したジェイコブ・ビジロウの『テクノロジーの初歩』（一八

マコーミックの刈取り機　マコーミックのシカゴ工場は，1850年代には年間２万台以上もの刈取り機を製造した。

二九年）と題する書物は、生産諸領域に機械を適用するという点で、「われわれは人知の寺院の敷居をまたいだばかりのところにいるにすぎない」と記しているが、アメリカ人がとくに大きな関心を注いだのは労働節約的な機械の発明であった。ミシンと刈取り機はその代表例で、エリアス・ハウが一八四六年に発明したミシンはボストンのクインジー・ホール衣服工場で実演された際、熟練を積んだ裁縫婦の七倍の速さで仕事をこなし、なみいる観衆を驚嘆させた。ミシンは既製服産業を誕生させただけでなく、製靴業にも革命を引き起こし、靴の工場生産に拍車をかけるものとなった。

技術上の発明だけでなく、製造方法の分野でもこの時期、互換性部品を組み立てて製品を大量に生産する方法、すなわちヨーロッパ人が「アメリカ的製造方式」と呼んだ方法が確立した。ちなみに、ヨーロッパでは銃は一丁ずつ熟練職人によって手作りされるのが普通であり、そうしてつくられた銃はたとえ機種は同じであっても、個々の銃のサイズは微妙に違い、ある銃の部品と他の銃の部品を交換することはできなかった。しかし、歴史の浅いアメリカでは精巧な技術を身につけた熟練職人が少なかったので、銃の製造は素人でもできるいくつかの単純作業へとまず分解され、数人の働き手が工作機械を使って、各自の部品を製造し、これらの部品を組み合わせて完成品を製造するという方法が考案された。これによって同じ規格の製品、すなわち互換性部品で組み立てられた製品を大量生産する製造方法が確立することになった。

一八五一年に世界最初の万国博覧会がロンドンの水晶宮で開かれたとき、アメリカはコルト連発銃、刈取り機、錠などを出品した。ヨーロッパ人がアメリカの工業製品には互換性があるということに注目するようになったのは、これらの展示品がきっかけだった。この万国博覧会のあとイギリス議会は調査官を派遣して、アメリカの工場を視察させた。そして調査官の報告を機に、イギリスのエンフィールド兵器工場はアメリカの工作機械を輸入し、アメリカ的製造方式への転換をはかるにいたった。

新しい技術の発明は、西部農業の機械化をうながし、大規模な草原農法を可能にした。ちなみに、サイラス・H・マコーミックが一八三一年に発明した馬に引かせる刈取り機は、それまで鎌を使って二〇人の働き手が一日がかりでしていた仕事を、二人の働き手と一頭の馬があればできるようにした。刈取り機が西部農業に与えた影響は、ちょうど綿繰り機が南部の綿花栽培におよぼした影響に匹敵するものであったといってよい。南北戦争中、多くの西部農民が軍隊に徴集されたにもかかわらず、合衆国の小麦の輸出高は一七〇〇万ブッシェル(一八六〇年、一ブッシェルは三五・二四リットル)から五八〇〇万ブッシェル(六三年)へと大幅に増加しているが、それはこうした機械の発明に負うところ大であったといえる。

鉄道建設の本格化

一八四〇年代は、鉄道建設が本格化した時代でもあった。合衆国最初の鉄道であるボルティモア－オハイオ鉄道の鍬入れがなされたのは一八二八年のことであり、その最初の区間であるボルティモア－エリコッツミルズ間の二一キロが開通して、蒸気機関車トム・サム号が走ったのは三〇年のことであった。合衆国の鉄道総距離数はその年の末でもわずか一一七キロであったが、四〇年には全ヨーロッパの鉄道総距離数のほぼ二倍にあたる五三〇〇キロを記録し、南北戦争直前の六〇年にはじつに四万九〇〇〇キロに達している。

運河は旱魃《かんばつ》、洪水、凍結などのために使えなくなることがあったが、鉄道は季節を問わず財貨を輸送することができたので、北部の工場は冬季も操業できるようになった。鉄道のレールは最初は木製のレールのうえに鉄の帯を貼りつけたものが使用されていたが、一八五〇年代には鉄製のT型レールが普及するようになり、鉄製レールの普及は鉄工業の発展にも大きな刺激を与えることになった。

北部と西部のあいだにはアパラチア山脈という自然の障害物がよこたわっており、両者の接触は長いあいだ妨げられていた。西部の農産物はオハイオ・ミシシッピ水系を利用して南部へと運ばれるのがつねであった。いわゆる「下航商業《ダウン・リヴァー・トレード》」と呼ばれるものである。しかし交通革命が進展して、東西方向を結ぶ道路、運河、鉄道が建設されると、北部・西部間の交流は大幅に促進されることになった。

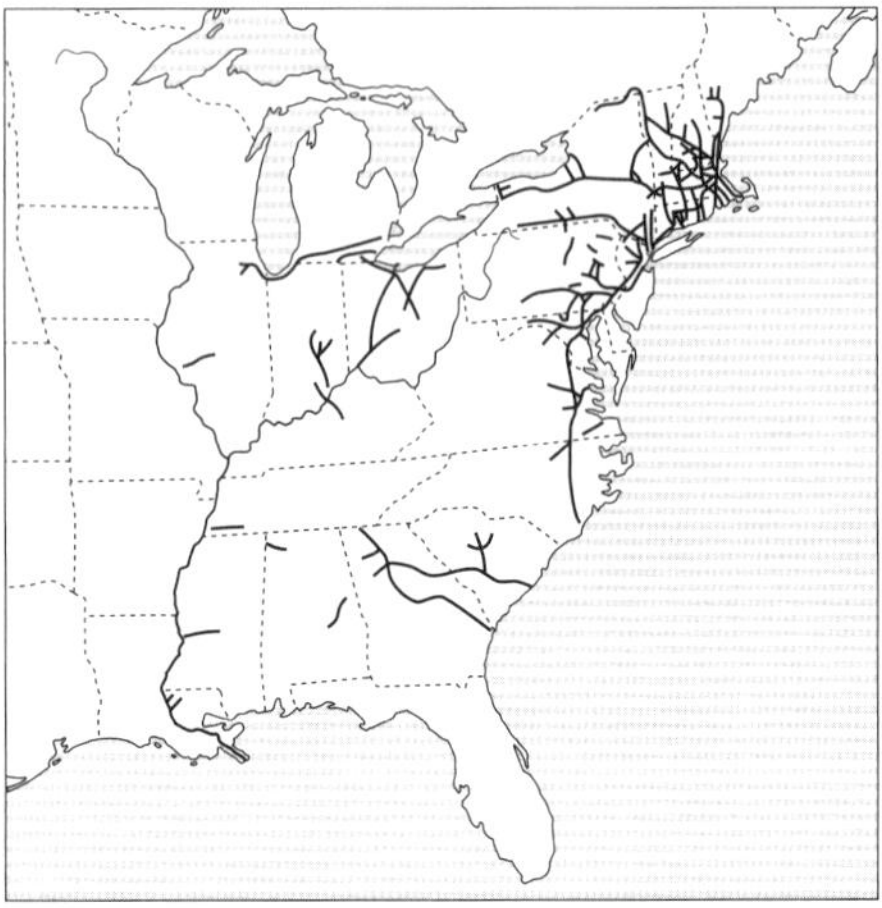
1850年の鉄道網

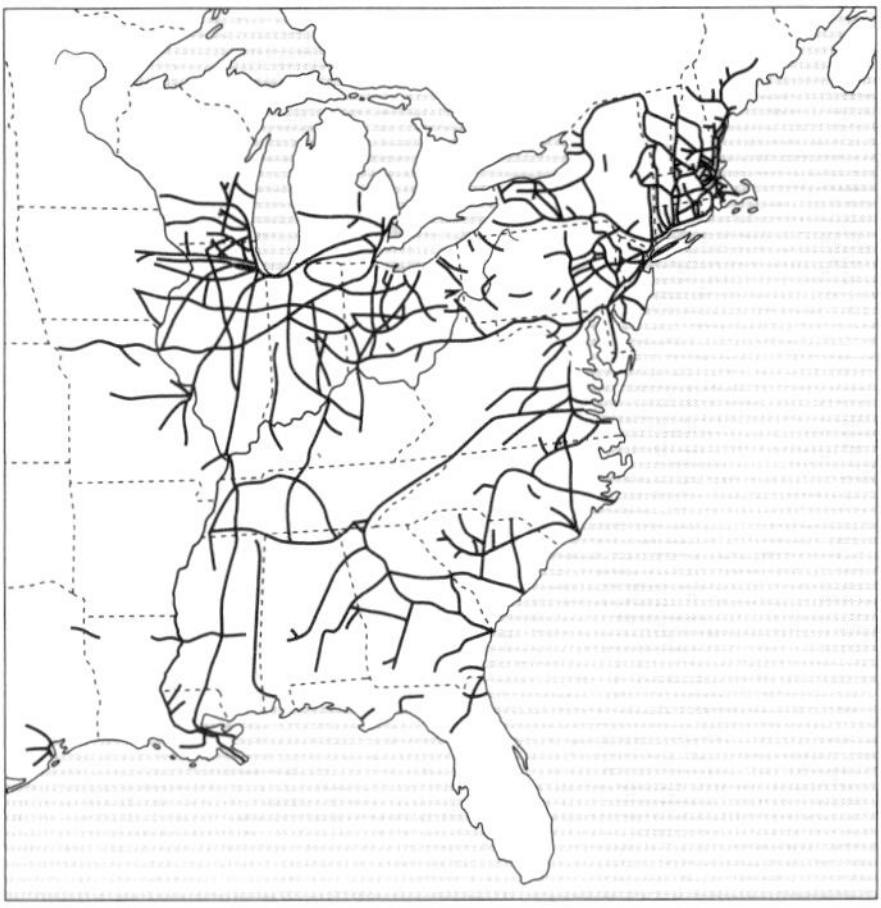
1860年の鉄道網

一八五三年には、鉄道が北部の商業中心地であるニューヨークと西部穀倉地帯の中心地シカゴを結びつけた。交通革命の進展は西部農産物の流れを南部から北部へときりかえることになり、北部・西部の経済的な一体化を促進した。

奴隷制問題が大々的なかたちで浮上した一八四〇年代に、自由土地の理念を掲げ奴隷制に反対した自由土地党が躍進をとげたのは、交通革命によって結びつけられたこの北部・西部においてであった。自由土地党は一八四八年の大統領選挙で、選挙綱領に奴隷制の拡大反対のほか、保護関税の設定、西部農民への公有地の無償交付、内陸開発の推進を掲げたが、これらの経済的な要望は、交通革命が提携を深化させた北部産業と西部農業利益の要望をそのまま反映したものであった。

4 南北戦争への道

一八五〇年の妥協

一八二〇年にミズーリ協定が成立して、メイン(自由州)とミズーリ(奴隷州)が連邦に加入したとき、自由州と奴隷州の数はそれぞれ一二州ずつであった。その後アーカンソー、フロリダ、テキサスの三州が奴隷州として加わり、ミシガン、アイオワ、ウィスコンシンの三州が自由州として加入したので、一八四〇年代の終わりには合衆国の州は全部で三〇州、自由州と奴隷州はそれぞれ一五州ずつとなり、連邦上院における南北の議員数はなお均衡状態にあった。

しかしながら、この均衡状態は長くは続かなかった。一八四九年、ゴールド・ラッシュによって一挙に多数の移住者を引きつけ、その年末には人口一〇万をこえるにいたったカリフォルニアが、第三一番目の州として連邦に編入してほしい旨申請してきた。これによって、連邦議会は困難な課題に直面することになった。カリフォルニアを自由州、奴隷州いずれにするにせよ、連邦議会における南北の上院議員数のバランスがくずれること必定となったからである。しかもこのあとミネソタとオレゴンがいずれも自由州として連邦に編入を求めてくることが予想されていたので、南部の危機感はおおいにあおられ、南北間の敵対感情はミズーリ論争のときよりも遥かに険悪なものになった。南北間の対立は以後、年々悪化していくことになる。

カリフォルニアの連邦編入をめぐって、連邦議会では白熱の論議が交わされた。そして、一八五〇年の妥協が成立した。これは天性の妥協家ヘンリー・クレイの提案によるもので、つぎのような内容が盛り込まれていた。(1)カリフォルニアは自由州として連邦に編入する。(2)メキシコからの割譲地(ユタとニューメキシコ)には住民主権の原則を適用して奴隷制問題の解決をはかることにする。(3)首都のコロンビア特別区における奴隷売買は禁止する。(4)逃亡奴隷法を強化する。

これらの条項のなかで、その後の政治展開にとりわけ重要な影響をおよぼすことになるのは、メキシコからの割譲地に住民主権の原則を適用することをうたった条項であった。従来は奴隷制をどこまで認めるか、奴隷制の導入にかんしてどのように線引きをするかは、連邦議会の判断に委ねられてきた。ところが住民主権の原則は、奴隷制の導入問題を現地住民の投票に委ねるというもので、これは一見民主的なやり方に思えるが、じつは連邦議会が責任をもって奴隷制問題に取り組むことをやめてしまったことを意味していた。これ以後、奴隷制問題は連邦議会の手を離れ、現地住民の泥試合のなかに投ぜられて、紛糾の度合いを増していくことになる。

『アンクル・トムズ・ケビン』

一八五〇年の妥協のあと、北部には奴隷制反対世論を喚起するベストセラー小説があらわれた。ハリエット・B・ストウ夫人の『アンクル・トムズ・ケビン』(一八五二年)である。この小説のなかで、ストウ夫人は黒人を温和で謙虚で忍耐強く愛情に富んだ人種として、きわめて好意的に描き出した。この黒人賛歌の極みをなすのが主人公アンクル・トムであり、彼は自尊と品位ある態度、謙虚さと純朴さ、堅実な良識と親切で情け深い心を備えた高邁なキリスト者として描かれている。あらゆる悪意と冷酷な仕打ちを許すこのトムの寛容さは、彼の主人である白人レグリーの獣的残忍さと好対照をなしているといえる。奴隷制の犠牲者がトムのように罪のない善良な人種であればあるほど、これを抑圧し、虐げる奴隷制の非人道性、残忍性が浮彫りにされてくることになるわけで、ストウ夫人は奴隷

ストウ夫人

制のもとで呻吟する犠牲者を徹底的に美化して描くことによって、奴隷制にたいする北部・西部の反対感情を喚起することに成功したといえる。

『アンクル・トムズ・ケビン』にはトムとならんで、ジョージとイライザというもう一組の黒人主人公がいる。そして、このカップルは奴隷制南部を逃れてカナダへと逃亡し、さらにそこから輝かしいバラ色の未来に思いをはせてリベリアに旅立つという筋書きになっている。黒人は合衆国にとどまるかぎり、トムのような悲惨な運命をたどらざるをえないのであって、黒人の輝かしい未来はリベリアにこそあるというのがこの小説にこめられたもうひとつのメッセージであったといってよい。黒人のリベリア植民を手放しで賛美するこの小説は、いわばアメリカ植民協会のプロパガンダ小説でもあった。

このようにストウ夫人は一方では黒人の人種資質を極度に美化して描き、そうすることによって奴隷制への反対感情をあおりつつも、他方では、これと少なからず矛盾することに、ジョージとイライザに人種のるつぼアメリカにまじる権利を自主的に放棄させ、黒人をリベリアに追い出そうとしているわけであって、イギリスの『ロンドン・タイムズ』が「読者は二組のヒーローの運命に興味をそそられるが、彼らの冒険の物語は全然かみあっていない」と述べて、ストウ夫人の小説の構成上の欠陥を衝いたのは当然であった。しかし、ストウ夫人は北部・西部世論の基底によこたわる二つの要素、すなわち、(1)奴隷制反対と、(2)黒人反対(混血反対、黒人植民の提唱)の要素を、その小説の筋書にみごとに定着させて描いたわけで、『アンクル・トムズ・ケビン』はたとえ構成上の欠陥はあったにせよ、この小説が現実の微妙な世論の基線を的確にとらえていたことは確かである。

カンザス・ネブラスカ法の成立と共和党の誕生

交通革命の進展と西漸運動の展開は、一八五〇年代のなかば近くになってあらたな政治的展開をうながすことになった。一八五四年に鉄道がミシシッピ川に到達すると、この川の西側の地域(ルイジアナ購入地)へと多数の移住者が送り込まれることになった。そしてミシシッピ川以西の地域と、ロッキー山脈のかなたの太平洋岸地域とを結びつける大陸横断鉄道の構想が浮上することになり、ルイジアナ購入地のうち、未組織であった地域を準州に組織しようとする動きがでてきた。

一八五四年五月に連邦議会で制定されたカンザス・ネブラスカ法は、こうした背景のもとに登場したものであった。この法律は北部の民主党指導者スティーヴン・A・ダグラスの提案によるもので、ルイジアナ購入地にカンザス、ネブラスカ二つの準州を組織しようとするものであったが、その際こ

「南部の騎士道——議論対棍棒」と題する当時の風刺画　上院議場内でステッキを振りかざし，サムナーを殴打するブルックスを描いたもの。

れらの土地に奴隷制を導入すべきかどうかの判断は現地住民の意向に委ねるべきであるとする住民主権の原則を盛り込んでいた。カンザス・ネブラスカ法はメキシコからの割譲地に適用するべく考案された住民主権の原則をルイジアナ購入地に、すなわちミズーリ協定によってすでに北緯三六度三〇分の線が引かれているルイジアナ購入地に適用しようとするものであり、ミズーリ協定を暗黙のうちに無視するものであった。カンザスとネブラスカはいずれも北緯三六度三〇分線よりも北側に位置しているので、ミズーリ協定の原則に従うかぎり、奴隷制をこれらの準州に持ち込むことはできないはずであった。しかし、カンザス・ネブラスカ法の制定によって、北緯三六度三〇分以北にも奴隷制が拡大する可能性がでてきたわけで、この法律が北部社会に与えた衝撃は大きかった。これ以後、ホイッグ党は消滅への道をたどり、一八五四年七月には北部にのみ支持基盤をもつ新しい奴隷制反対の政党、共和党が結成されるにいたった。

カンザス・ネブラスカ法は、住民主権の原則が現地においていかに大きな混乱を引き起こすものであるかを示すことにもなった。奴隷制導入の是非を現地住民の選挙に委ねたため、北部と南部はそれぞれ奴隷制反対派と奴隷制支持派の頭数をふやそうとして、移住促進協会をつくり、カンザスに移住者を送り込む競争を始めた。しかもこの競争はたんなる移住合戦に終わることなく、現地の奴隷制支持派と反対派のあいだではやがて武力衝突が繰り広げられ、「流血のカンザス」と呼ばれる深刻な事態が発生した。一八五六年五月には、熱烈な奴隷制廃止論者ジョン・ブラウンが奴隷制支持派の五人を殺害したポタワトミーの虐殺が起こっている。

現地での流血に対応するかたちで、連邦議会でも一八五六年五月二十二日、カンザス問題を取り上げて南部を誹謗した上院議員チャールズ・サムナーが、プレストン・ブルックスという南部選出の下院議員によってステッキで殴打され、三年間ものあいだ療養生活をよぎなくされるという前代未聞の暴力沙汰が起こった。連邦議会では五〇年の妥協以後、ヘンリー・クレイやジョン・C・カルフーンのような連邦維持を念頭において行動するタイプの政治家たちがあいついで世を去り、サディアス・スティーヴンズやジェファソン・デイヴィスのような非妥協的な政治家たちが台頭するにいたった。現地でも連邦議会でも、南北間の妥協は絶望的なものになりつつあった。

ドレッド・スコット判決

一八五七年に連邦最高裁判所がくだした判決は、南北の対話と妥協を決定的に不可能なものにするうえでさらに一役買った。ミズーリ州の黒人奴隷ドレッド・スコットは、かつて主人につれられてイリノイ州(一七八七年の北西部条例によって奴隷制は禁止)およびウィスコンシン準州(ルイジアナ購入地の一部で、一八二〇年のミズーリ協定によって奴隷制は禁止)に居住したことがあった。スコットはこのことを理由にして、自分は自由身分を獲得したとみなされるべきであると主張して、訴訟を起こした。スコットの言い分をめぐる裁判は、ミズーリ協定の合憲性を問いなおす性格のものであったので、人々の関心を引いた。

注目を集めたこの裁判において、ロジャー・B・トーニーを主席判事とする連邦最高裁判所は、きわめて南部寄りの判決をくだした。すなわち、合衆国憲法は黒人(奴隷・自由黒人を問わない)を市民と認めていないのであるから、スコットには提訴権自体がない。合衆国憲法は、奴隷主が自分の財産(奴隷)をつれて、どこにでも自由に移住する権利を保障していると解釈されるべきであり、連邦議会も準州議会も、奴隷制の持込みを禁止する権限などもってはいない。したがって、ルイジアナ購入地の北緯三六度三〇分以北における奴隷制を禁止したミズーリ協定は、奴隷主から財産権を奪うものであり、憲法違反である、云々。

ドレッド・スコット判決は、カンザス・ネブラスカ法が暗黙のうちに否定していたミズーリ協定の原則を正面きって否定し、ミズーリ協定に違憲の宣告をくだすものであっただけでなく、カンザス・ネブラスカ法に盛り込まれていた住民主権の原則をも否定するものであった。この判決によって、議会における地道な議論と話合いの余地はなくなってしまったといえる。

リンカーンの黒人奴隷制論

連邦政治が混迷の度合いを深めていくなか、一八六〇年の大統領選挙で第十六代大統領に選出されることになるエイブラハム・リンカーンは黒人奴隷制にかんする世論の動向を追い、政治家としてのとるべき態度を固めつつあった。

一八五四年十月にイリノイ州ペオリアでおこなった演説のなかでリンカーンは、「人々の大多数は、奴隷制が巨大な道徳的悪であると考えています。彼らの奴隷制反対感情は一時的なものではなく、永遠のものであります。この感情は彼らの正義感の根底によこたわっているものであり、粗略に扱うことのできるものではありません」と述べて、北部・西部の世論が奴隷制に断固反対の立場であることを指摘した。と同時にリンカーンは、黒人の処遇にかんしては、つぎのように主張して、人種差別を肯定する立場を打ち出した。「黒人たちを解放し、彼らを政治的社会的にわれわれの同等者にするべきでしょうか。私自身の感情はこれを認めないでありましょうし、たとえ私の感情が認めるにしましても、白人の大多数が認めないでありましょう。この感情が正義と健全な判断に合致しているかどうかは、問題であるにしましても、これだけが唯一の問題であるわけではありません。人々一般の感情というものは、正当な理由があろうがなかろうが、無視すべきものではありません」。このペオリア演説にうかがわれるようにリンカーンは、北部・西部の多数派が奴隷制反対であると同時に黒人反対（すなわち人種差別肯定）でもあるという点を的確に把握しており、世論の基線を正確におさえていたといえる。

リンカーンはまた一八五七年六月にイリノイ州スプリングフィールドでおこなった演説では、奴隷制反対と黒人反対という二つの主張を無媒介にならべるのではなく、意味的に関連づけるかたちで論じている。この演説のなかでリンカーンは混血の問題をとりあげて、「白人と黒人のあいだの見境のない混血にかんしては、ほとんどすべての白人の心のなかに生まれながらの嫌悪感がやどっていま す」と述べている。そして国勢調査の数字をもちだして、北部白人と自由黒人のあいだで混血が生じるのはむしろ珍しいことであり、混血はもっぱら白人・黒人両者のあいだに明確な身分上の区別が存在する南部奴隷制下の主人と奴隷のあいだの現象であることを指摘して、奴隷制反対の立場と、混血反対（黒人反対）の立場とを意味的にリンクしてみせた。また同じこの演説のなかでリンカーンは、人種の分離こそが混血をふせぐ唯一の完璧な方法であり、この人種分離を効率的におこなうには、黒人植民しかないと結論づけたのであった。リンカーンが一体化させて打ち出した奴隷制反対、黒人反対（混血反対、黒人植民の肯定）の立場は、北部・西部世論を代弁するものであったといってよい。

一八五八年、イリノイ州で連邦上院議員選挙がおこなわれた際、共和党はリンカーンを候補者として立て、民主党はカンザス・ネブラスカ法の提案者スティーヴン・ダグラスを擁立して、いわゆるリンカーン＝ダグラス論争が交わされることになった。

この論争においてリンカーンは、すべての地域における奴隷制の合法性を唱えるドレッド・スコット判決と、奴隷制導入の可否はそのつど準州住民の判断に委ねられるべきであるとする住民主権の原則とのあいだには大きな矛盾があることを指摘して、民主党員のあいだの見解の不一致を衝いた。そしてリンカーン自身は奴隷制の拡大には反対であるが、既存の南部奴隷制に干渉する意図はないという見解を示す一方、人種問題にかんしては、白人と黒人の社会的・政治的平等には反対である旨表明した。この上院議員選挙で勝利を手にしたのはダグラスであったが、リンカーンは民主党の大物政治家を相手に巧みな論戦を展開したことによって、一躍全国的な注目をあびることになった。

リンカーン＝ダグラス論争の翌年、人々を震撼させる出来事が起こった。ジョン・ブラウンの襲撃事件である。大規模な奴隷反乱を引き起こすことによって南部の奴隷解放を実現しようと考えていたジョン・ブラウンは、一八五九年十月十六日、二一人の武装した一団を引き連れてヴァージニア州ハーパーズフェリーの連邦武器庫を襲撃し、これを占拠するという挙にでた。しかしブラウンが期待していた奴隷の決起は起こらず、ブラウンはロバート・E・リーの指揮する軍隊に捕えられて、十二月二日絞首刑に処せられた。南部にたいして敵愾心をいだく北部人はブラウンを高貴な殉教者として賛美したが、この襲撃事件を機に南部では過激な連邦離脱主義者の発言権が高まってくることになる。ジョン・ブラウンの襲撃は、南北間の武力衝突が目前に迫っていることを告げるものであった。

一八六〇年の大統領選挙

ジョン・ブラウンの引き起こした興奮がさめやらぬまま、人々は大統領選挙の年である一八六〇年をむかえた。この年の五月中旬、共和党はシカゴで開いた全国党大会においてリンカーンを大統領候補に指名した。そして選挙綱領のなかで、奴隷制問題にかんしては、奴隷制の準州への拡大反対を唱えて、封じ込め政策を打ち出した。また経済的な論点としては、交通革命が提携をうながした北部の産業資本家および労働者と西部農民の要望を盛り込んで、高率関税の設定、自営農地法の制定（すなわち西部開拓農民への公有地の無償交付）、内陸開発の推進とりわけ大陸横断鉄道の建設を掲げた。

他方、民主党は一八六〇年には全国政党としての機能を失い、北部民主党（住民主権派）と南部民主党（ドレッド・スコット判決派）の二派に分裂した。そして前者はスティーヴン・ダグラスを大統領候補に指名し、後者はジョン・ブレッキンリッジを指名した。連邦からの南部脱退に反対し、あくまで連邦維持をはかろうとする境界諸州の政治家たちは立憲統一党を結成して、ジョン・ベルを大統領候補に立てた。

一八六〇年十一月の選挙は、リンカーンの勝利に帰した。これを機に南部ではサウスカロライナを筆頭に、ミシシッピなど低南部の七州があいついで連邦から脱退し、これらの州は翌六一年二月八日、アメリカ連合国(通称南部連合)を結成した。三月四日にリンカーンが第十六代大統領に就任したときには、合衆国はすでに相分かれた状態になっていた。

第五章　南北戦争と再建の時代　一八六〇〜七七年

1　開戦から奴隷解放宣言へ

開戦への道

一八六〇年大統領選挙を機に翌年初めにかけて、南部諸州は連邦離脱という決定的行動に、なぜ踏み出したのか。まずその理由から議論を始めよう。

リンカーンの当選は、南部に大きな衝撃を与える事件であった。民主党を通じて大統領と連邦議会上院を握り、さらにドレッド・スコット判決にみられるように、いまや連邦最高裁判所にまでその影響力をおよぼした南部にとって、大統領選挙での敗北は国家の三権のうちのひとつを失うことを意味した。しかし、それでもなお南部は連邦にとどまりながら、残る二権によって復権をはかる道もあったのではないか。歴史家を含めてこの間の事態を観察する人々の胸に去来する疑問である。

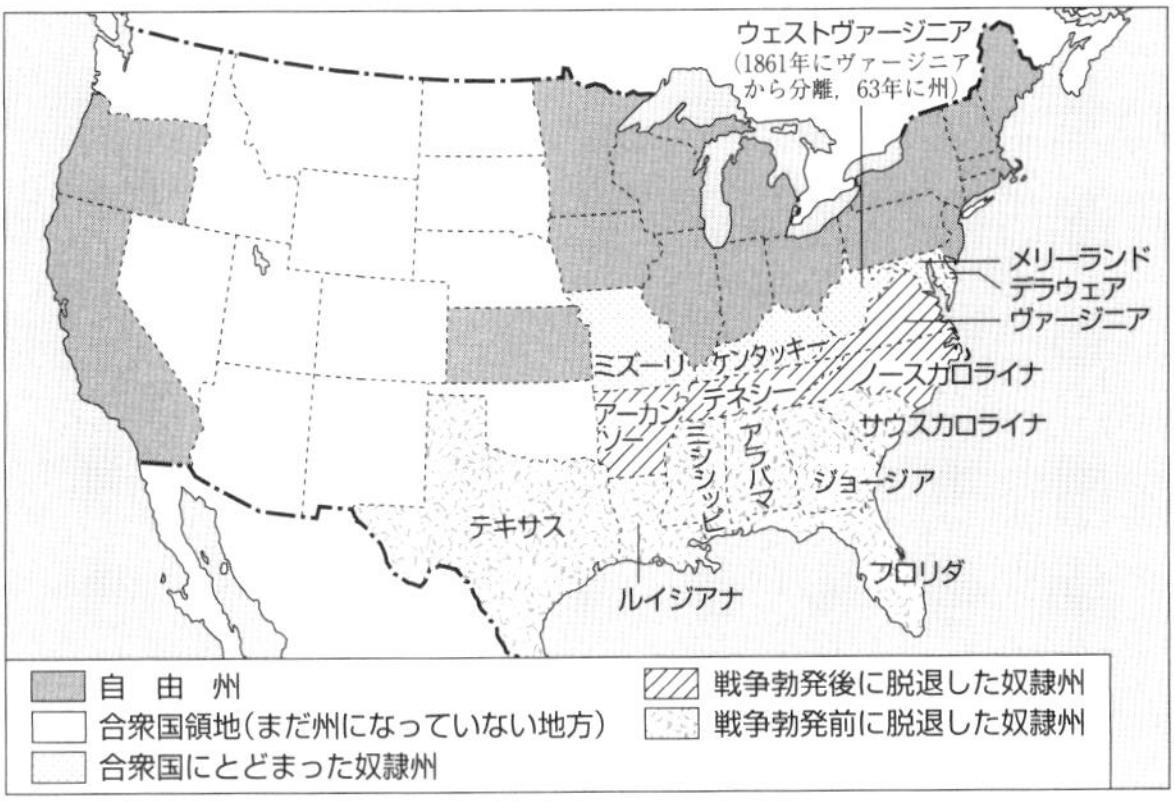

南北戦争勃発時の奴隷州と自由州

しかし、じつは離脱という選択は、南部の立場からすればきわめて論理的な行動であった。南部が守りたかったものをせんじつめれば、奴隷制度とそのうえに築かれた南部社会であった。一方、新大統領リンカーンは「北部」の大統領であり、なおかつ彼のよって立つ共和党は奴隷制拡大反対を党是とする政党であった。しかも、その奴隷制拡大反対論には、奴隷制度を封じ込めておけばいつかは奴隷制は自然消滅するとの見通しがこめられていた。つまり、共和党の大統領リンカーンのもとでは、奴隷制と南部社会の未来はありえなかったのである。

一八六〇年十二月、南部の最過激派であるサウスカロライナ州が、つぎのような論理で連邦からの離脱を宣言した。アメリカ合衆国は主権国家ではなく、主権をもつ各州のあいだの契約によって成り立っているにすぎず、諸州はいつでもこの契約を解消し連邦を離脱しうる、と。サウスカロライナに続いてミシシッピ、フロリダ、アラバマ、ジョージア、ルイジアナ、テキサスの低南部六州がつぎつぎに連邦を離脱し、それらの州は一八六一年二月、独立国家「アメリカ連合国」（以下「南部連合」と略記）を結成した。結成会議では、州権と奴隷制の正当性をうたった憲法が制定され、大統領にジェファソン・デイヴィス、副大統領にアレグザンダー・スティーヴンズが選出された。また南北戦争開戦後この年の四月から五月にかけて、連邦離脱に躊躇していたヴァージニア、ノースカロライナ、テネシー、アーカンソーの高南部四州があらたに南部連合に加わり、首都はヴァージニアのリッチモンドにおかれた。ただ、南北のあいだに位置するいわゆる「境界州」と呼ばれるミズーリ、ケンタッキー、メリーランド、デラウェアの四州は、奴隷州でありながら、南部連合には加わらず、連邦にとどまった。

一八六一年三月四日の大統領就任演説においてリンカーンは、「奴隷制度が現存している諸州の奴隷制には直接的にも間接的にも介入しない」としながらも、いかなる州も勝手に連邦を離脱することはできないとして断固連邦を維持する決意を示した。じっさい、南部諸州の連邦離脱という事態を前にして、リンカーンを含む共和党の大方は、連邦を維持するためには武力行使もやむなしとする立場を固めつつあった。この局面にも後世の人々は疑問をいだく。独立を求めるものにはそれを許し、南北は別個の道を歩みえたのではないか、と。しかし、リンカーンにとっては、合衆国憲法にのっとって正当に選出された自らの権威が、このようなかたちで否定されることはたえがたいことであった。それ以上に、リンカーンのみならず共和党全体、さらには北部世論一般にとっても、過去幾多の瓦解の危機を乗りこえてきた連邦体制はすでに一種の神聖さをおびた理念であり、かつ実体でもあった。それを、こともあろうに長年連邦政治を支配してきた南部「奴隷主権力」が、権力の座の一部から滑り落ちたからといって、乱暴に破壊するのを目の当たりにして、北部の人々の多くは憤激した。

南部連合結成後も、サウスカロライナの中心都市チャールストンの港の入り口に連邦のサムター砦が残され、そこに連邦軍がたてこもっていた。その糧食がつきてきたため、補給船の派遣が問題になった。リンカーンは、連邦の権威が今なおアメリカ全土におよんでいることを示すために、補給船の派遣を決意した。一方、独立国家を名乗る南部連合にとっては、自国のまっただなかに他国の砦があることでさえ屈辱的であるのに、そこに公然と補給船がやってくることは許しがたかった。こうして、南部連合は一八六一年四月十二日、対岸から砲撃を開始し翌日砦を陥落させた。先に戦端を開いたのは南部連合であった。ここに、四月十五日、リンカーンは「反乱」の存在を公式に宣言し、南部連合に与《くみ》する人々に「反徒」のレッテルを貼ることに成功した。まる四年を要し、両軍あわせて死者六二万人をこえる惨禍をもたらした近代史上最悪の内戦が、こうして始まった。

戦争目的と戦局

内戦の結果、奴隷がすべて解放されたこと（一八六五年十二月、合衆国憲法修正第一三条で確定）から、北部にとっての南北戦争の戦争目的が、はじめから奴隷解放におかれていたように思われるかもしれないが、これは誤解である。先のリンカーンの就任演説は、奴隷州の奴隷制度には介入しないことを公言していたし、開戦後開かれた連邦議会の特別会期でも、ジョン・J・クリッテンデンの提出した決議によって、「離脱諸州の奴隷制は軍事行動の対象にならない」ことが確認された。

南北戦争前の北部においては、奴隷制は道徳的に悪であるとする考え方は強かったが、それをどのようにしてなくすのかについては、多くの人々ははっきりした見通しをもっていなかった。また、奴隷制というより、それに依拠して連邦政治を壟断《ろうだん》する「奴隷主権力」への警戒や、自由な労働者でない奴隷そのものへの嫌悪感も強かった。さらには、当時、北部にはごく一握りの自由黒人が存在していたが、彼らは選挙権をはじめ市民生活にかかわるさまざまな分野で、厳しい差別を受けていた。つまり奴隷や黒人への蔑視と嫌悪は、一部の例外を除けば、北部でもごく一般的な感情であった。

したがって北部の大方にとって、黒人奴隷を解放するために自らが血を流して戦うことなど、およそ考えられないことであった。当時、北部においてこの戦争と奴隷の解放を結びつけて考えていた例外的な人々は、奴隷制の即時無条件廃止を唱える白人・黒人のアボリショニスト（奴隷制廃止論者）、共和党急進派などにすぎなかった。南部「反徒」による連邦軍にたいする砲撃という事態に直面して、北部では南部の横暴さにたいする憤激と、連邦護持にかける使命感が高まり、そのような思いのなかで多くの人々が自ら進んで戦場に赴いたのであった。

開戦当初、南北双方とも、戦争は、自らの勝利のうちに短期間で終了するという楽観的な見通しをもっていた。とくに、北部・連邦の側は、戦争を支える基本的な力において彼らが圧倒的な優位にあることから、楽勝を信じて疑わなかった。じっさい、北部と南部のあいだには、人口において二・五対一、工業生産価額において一〇対一、農場面積において三対一の開きがあった。しかし、一八六一年七月、ワシントン西郊のブルランの戦いでの連邦軍の敗走を目の当たりにして、北部の人々は、楽観論にはなんの根拠もなく、戦争は容易に決着のつく性質のものではないことを痛感した。

そもそもこの戦争は、南部にとっては郷土防衛戦争であり、地勢や事情を知りつくした場所で戦う有利さがあったのにたいして、北部にとっては東は大西洋岸、南はメキシコ湾岸、西はミシシッピ川流域までの広大な地域を対象にした征服戦争であった。また、双方とも当初は志願兵制をとっていたため、十分な訓練や統制のないままに戦わざるをえなかったが、南軍の場合、連邦軍を辞して帰郷した多くの優秀な将校が指揮をとるという強みもあった。また、双方とも戦争を支える工業や農業の戦時体制への切替えがスムーズに進まず、混乱状態をしばらく経験しなければならなかった。このことは、本来圧倒的に優位にあるはずの北部にとって不利に働いた。

こうして、北部連邦軍は、西部戦線ではミシシッピ川の支配権とニューオーリンズ占領を勝ちえたものの、ヴァージニアやペンシルヴェニアなどを舞台にした東部戦線では、むしろ不利な戦局のまま最初の一年が終わった。

内外の動向

南部連合が一見無謀とも思える独立に踏み切ったのには、それなりの成算があってのことであった。南部は、とりわけヨーロッパ諸国とくにイギリスとフランスが南部連合を承認し、支援することに強い期待感をもっていた。その鍵はこれら諸国との経済的つながりの強さであった。戦前より南部は、アメリカのもつ唯一の国際商品ともいうべき綿花をこれら諸国に輸出し、工業製品を輸入していた。イギリスやフランスにとって、南部からの綿花は綿工業の原料として不可欠のものとなっていた。

それにたいし、連邦軍は開戦早々から南部の主要な港を封鎖し、南部とヨーロッパとの貿易を遮断し、いわば南部を「兵糧攻め」にする作戦にでた。この作戦は南部はもちろんのこと、南部綿花に依存していたイギリスやフランスをおおいにいらだたせた。こうしてフランスはイギリスをかたらって干渉の機会をうかがい、じっさいに一八六一年、六二年の二度にわたって干渉寸前にまでいたった。また、ナポレオン三世治下のフランスがメキシコに侵入して打ち立てた傀儡《かいらい》政権が、南部連合を承認する可能性もあった。

一方、イギリスにとっては、アメリカが二つの国家に分裂し弱体化することは世界のバランス・オヴ・パワーの観点から望ましいことでもあった。こうしてイギリスは、早くも開戦一カ月後に中立宣言をだし、フランスも続いた。中立宣言は当事国双方に交戦国としての資格を認めたことを意味しており、かぎりなく南部独立の承認に近いものであった。これにたいして、リンカーン政府の国務長官ウィリアム・シュワードは激しく抗議した。このため、リンカーン政府とイギリスのあいだの緊張は高まっていった。じっさい、この間イギリスは事態を注意深く見守りながら、戦場で北部が苦況に陥る機会をとらえて調停に乗り出し、北部に南部連合を承認させるべく機をうかがっていた。

他方、国内の動向の鍵を握っていたのは黒人たちであった。開戦が伝えられると、自由州の黒人たちは、われ先にと募兵事務所に殺到し、入隊を願いでた。しかし、陸軍長官のサイモン・キャメロンは黒人兵をつのる意志はないと、にべもなくこの申し出を拒絶した。ここには、北部の根深い人種差別意識が反映されていただけでなく、それ以上に、黒人兵の編入が奴隷州でありながら連邦にとどまっている境界四州を刺激することを恐れた、リンカーン政府の配慮が強く働いていた。

戦場でもリンカーン政府に揺さぶりをかけるような事態がつぎつぎに生じていた。一八六一年八月、連邦軍西部方面軍司令官ジョン・C・フリーモント将軍はミズーリ州に戒厳令を発し、南部連合支持者の奴隷を解放すると宣言した。これに怒った境界州の奴隷主たちは、リンカーンに圧力をかけフリーモントの宣言を撤回させたが、事態はそれだけではすまなかった。

戦争の知らせは黒人奴隷コミュニティ独特の口コミ情報網を通じて遠く深南部の奴隷にまで伝えられた。その結果、奴隷たちは北軍が進軍してくることを聞き知ると、プランテーションを脱出し大挙して北軍のキャンプに押し寄せた。このような奴隷たちをどう扱うのか。保護すべきか追い返すべきか。保護した場合、兵士や軍役労働者として雇うべきかどうか。そのような判断を前線の司令官とリンカーン政府は迫られた。

一八六一年五月、ヴァージニアのモンロー砦にあった連邦軍司令官ベンジャミン・バトラー将軍は、逃れてきた奴隷たちは反乱軍からの「戦利品」と考えるとして、彼らを保護した。これは公式に奴隷を解放して境界州を刺激することなく、南部社会・経済の土台である奴隷制をほりくずすことのできる妙案であり、リンカーンは正当な戦争戦術として承認した。こうして、戦場では事態は実質的な奴隷解放へと徐々に近づきつつあった。

奴隷解放宣言の公布

大統領リンカーンの戦争目的はあくまで「連邦の維持」であった。そのため、彼は「反乱」しているのは地域としての南部や南部諸州ではなく、特定の個人であるとの見解に固執した。南部諸州の連邦復帰への門戸をできるだけ広く開いておこうとしたのであり、南部の現存の奴隷制には手をつけぬことを誓ったのも、その理由からであった。しかし、これまで述べてきたように、リンカーン政府と奴隷制を取り巻く情勢は戦争の開始とともに大きく動いていた。

では、リンカーンはそもそも、奴隷制と奴隷解放そのものについてはどのように考えていたのか。彼は、奴隷制は道徳的に悪であり、奴隷はいずれは解放されるべきと考えていた。解放の方法については、漸進的な有償解放を進め、解放された奴隷たちを中央アメリカのどこか適当な場所に入植させる構想をいだいていた。しかし、情勢は、長い年月を要する漸進的有償解放などを問題にする段階ではなくなっていた。

一八六二年にはいってなによりリンカーンの脳裏を去来したのは、いかに軍事情勢を好転させるかということだった。そのまま戦局が推移すればイギリスやフランスの干渉を招き、南部連合の独立の承認というたえがたい条件をのまされることになる。こうして彼にとっての至上命令である「連邦の維持」はもろくもくずれさることになる。戦局を好転させるためにありうる唯一の戦略は、じつは奴隷の解放であった。

これをすれば、奴隷解放を求める内外の声に応え、「南北戦争＝人道のための戦争」として世界の世論を味方につけることができる。とりわけ、ヨーロッパでは世論の力によって、イギリスやフランスの干渉の手を縛ることができるであろう。しかし、おそらくそのことと同様に重要であったのは、南部の黒人奴隷の動向であった。解放宣言をだせば、奴隷たちは奔流となってプランテーションを脱出し、北軍のもとに押しよせるであろう。奴隷の大脱出は南部社会・経済の根幹を破壊し、南軍の戦争遂行能力に決定的打撃を与える。それだけではない、これら脱走奴隷を北軍の兵士や労働者として使役すれば、戦力は飛躍的に高まる。いずれにせよ、奴隷解放は連邦を守るための、自他ともに認める「軍事的措置」であった。

こうして、リンカーンは、戦争目的の転換＝奴隷解放の意志を告げるタイミングをやがてはかり始めた。北部が弱い立場にあるときではなく、逆に強い立場にあるとき、つまり戦場での勝利が必要であった。待望のニュースは、一八六二年九月、メリーランド州アンティータムでの勝利によってもたらされた。時を移さずリンカーンは九月二十二日「奴隷解放予備宣言」を発した。ここには六三年一月一日の時点で反乱状態にある州や地域の奴隷を解放することが予告されていた。一方で、連邦軍がすでに支配していた地域や境界州の奴隷は、解放の対象外におかれていた。境界州の奴隷主たちを刺激しないための配慮であった。

一八六三年一月一日、黒人はじめ多くの人々がかたずをのんで待ち受けるなかで、ついに正式な「奴隷解放宣言」が発せられた。宣言は前年九月に約束したような奴隷の解放を告げただけでなく、黒人たちを連邦の軍隊にむかえいれることも明記していた。黒人たちは競って連邦軍のもとに馳せ参じ、最終的には一八万六〇〇〇人が陸軍へ、三万人が海軍へ、二五万人が軍役労務について連邦の勝利に貢献した。

2 戦争下の社会

戦時下の北部——「国家」と社会

南北戦争は、双方の当初の楽観的な見通しを大きく裏切り、人的・物的資源のすべて、体制のすべてをかけた、文字どおり総力戦であることがまもなく明らかになっていった。開戦当初、北部・連邦の側も戦争を戦う体制は整っていなかった。しかし、リンカーン政府と、いまや南部議員不在となった連邦議会は、戦争を乗りきるための財政的措置や法整備だけでなく、アメリカ社会と経済のその後の発展をもにらんだ施策をやつぎばやに遂行していった。

まず、一八六一年、早くも開戦前の三月に、高率の保護関税を規定したモリル関税法が制定された。また、連邦歳入を確保するため、一八六一年八月には、連邦課税法が制定された。従来、徴税権は州の権限に属するものとみなされていたことからすれば、広範な連邦課税権をうたったこれらの法律は画期的意義をもっていた。

一八六二年二月には、法貨法が成立した。これは、戦費調達のために、連邦財務省にグリーンバックと呼ばれる不換紙幣を発行する権限を与えたものであった。従来、通貨の発行権も州の手に握られていたが、ここに、はじめて連邦政府の手で統一通貨が発行されることになった。これを受けて、一八六三年二月には、民間銀行ではあったが、国債引き受けを義務として「国法銀行券」を発行する国法銀行の認可を定めた国法銀行法が可決された。不十分とはいえ、連邦政府による一定の通貨管理体制が導入されたことの意義も、課税法のそれに劣らず大きかった。

一八六二年五月には、ホームステッド法(自営農地法)が成立した。これは、一六〇エーカーの連邦公有地を無償で入植者に与えるというもので、まさに「北部の夢」が実現したものであった。また、同年七月には、大陸横断鉄道に連邦公有地を無償供与するかたちで、莫大な援助を与える大陸横断鉄道法も可決された。同じ年、農学、工学、軍事技術などの公教育を促進するために大学を設立する目的で、連邦公有地を各州に無償で供与することを定めたモリル土地供与法も成立した。一方、リンカーンは、行政府の長としてだけではなく、憲法の規定によって連邦軍最高司令官としても大きな権限をふるった。こうして、皮肉なことに、連邦の分裂という危機のさなかにおいて、北部という限定された地域のなかにおいてではあるが、アメリカ史上はじめてといってもよい強力な中央集権国家が出現した。それはひとつの「革命」を意味していた。

開戦直後、北部経済は、南部市場を失ったことや、南部綿花の供給がとだえたことなどから一時不況に陥った。しかし、リンカーン政府によって戦時経済体制が整えられるにつれ、戦時需要の刺激を受けて立ち直り、一八六三年あたりからはむしろブームといってよいほどの活況を呈するようになった。石炭、鉄などの重工業はいうまでもなく、農業機械製造業や兵士の軍服・軍靴の生産にかかわる

戦場へ向かう兵士たち　1861年4月19日，ニューヨークの通りを行進する兵士と熱狂的に見送る市民。

繊維、縫製、製靴などの業種は、とくに好調だった。農業でも、戦争にともなう労働力不足に対処するために、一層機械化がはかられたことと、鉄道の発達に支えられて、生産の増強がみられた。

そのような生産の増強を支える労働力は絶対的に不足していた。このため「銃後の戦い」の一環として、女性の労働力が大量に動員された。彼女らは、武器・弾薬製造工場、縫製工場、病院などで重要な役割を果たした。戦争の勃発によって一時移民の流入はとだえたが、労働力不足に対処するため、リンカーン政府は、国務長官シュワードを先頭にヨーロッパからの移民の勧誘につとめた。そのかいあって、一八六三年には六〇年の水準を回復するまでになった。

戦時経済ブームは、一面では北部の人々の結束と戦争遂行能力の充実を反映するものだったが、他方では、北部社会に明らかな亀裂をもたらしつつあった。ブームはグリーンバックの発行もあって、激しいインフレを引き起こした。一八六〇年から六四年にかけて、消費者物価は七六%上昇したが、この間、賃金の上昇は四二%でしかなかった。これに加えて、資本家たちがコストを切り下げるべく機械や移民の導入をはかったため、労働者たちは組合を結成し、賃上げを求めてストライキに訴えて反撃した。労働者たちは、本来自由な労働者の守り手であるはずのリンカーン共和党政府からの支援を期待したが、政府は連邦軍を投入して、これらストライキの弾圧に手を貸すありさまであった。

北部では、一八六三年三月から徴兵法が実施された。しかし、この法律には身代わりを立てたり、三〇〇ドルを支払うと徴兵をまぬがれるという抜け道があり、明らかに貧しい労働者や新来の移民には不公平な規定だった。不満をつのらせる人々に、北部民主党は、戦争反対、リンカーン政府の強権的戦時措置反対、反黒人などを訴えかけた。彼らは、とくに、奴隷解放宣言によって戦争の目的が奴隷解放に向けられたことにたいする都市貧民の怒りをあおった。こうして一八六三年春から夏にかけて、北部各地で徴兵反対の暴動が勃発した。そのうち最大のものは、七月、ニューヨーク市で生じた。アイルランド人など貧民や新来移民からなる暴徒は、徴兵官や徴兵事務所を襲撃し、「金持ちくたばれ」と叫びながら富裕者の居宅や商店を略奪した。ニューヨーク市には小規模な黒人居住区があったが、ここも襲撃の対象となり、黒人がリンチの犠牲になった。

戦時下の南部社会——混乱の社会

戦争にともない、南部連合政府も、リンカーン政府と同じく、政治、経済、社会の全般にわたる戦時非常体制をとっていった。しかし、南部の体制はさまざまな障害のためにうまく機能せず、むしろ社会全体の混迷と対立を深める結果となった。

まず政治体制そのものが機能しなかった。連邦国家を名乗ってはいるものの、その憲法において州権の正当性をうたっているほどであったから、各州はことごとにリッチモンドのジェファソン・デイヴィス政府に盾突いた。たとえば、南部もはじめは志願兵制をとっていたが一八六二年四月、兵員確保のため、アメリカ史上はじめての徴兵制を導入せざるをえなくなった。これにたいして各方面から、州権を侵犯した「リンカーン主義」だとして、ごうごうたる非難が巻き起こった。また、戦争遂行に不可欠な徴税さえスムーズに進まなかった。

連邦軍による港湾封鎖によって、ヨーロッパからの工業製品の輸入もとだえたため、軍需産業を中心に鉄道や船舶まで含めて経済全体が実質的な軍事統制のもとにおかれた。兵士の糧食を確保するために、綿花から食糧への作付け転換までが呼びかけられた。そもそも、南部経済には絶望的な弱点があった。商品流通と市場経済が未発達だったことである。鉄道網が未発達で、流通通貨量も決定的に不足していたために、せっかく生産された工業製品や食糧も戦場や消費地になかなか届かなかった。

このような困難に直面して、デイヴィス政権は強権的行動にでた。各地に多くの係官を派遣して、時には戒厳令までしきながら、税金の徴収や食糧、奴隷労働力の徴発を強行した。しかし、強権的措置は、ただでさえ深刻な経済の混乱をさらに強め、社会の亀裂を深めることになった。

戦争が進むにつれ、南部の経済と社会の混乱は極端なものへと向かった。労働力不足による生産不振と、連邦軍の侵入による生産施設の破壊のために、慢性的な物不足に拍車がかかり、軍需品はおろか、食糧、塩、砂糖、コーヒー、釘、靴といった生活必需品にさえ事欠くようになった。戦費の調達に苦しむ南部連合政府が、裏付けのない紙幣を乱発したこともあいまって、開戦時から一八六四年一月の三年たらずのあいだに、じつに二六〇〇%にのぼるインフレが襲い、南部は事実上現物経済に逆戻りした。

労働力の不足も深刻であった。北部と同じように、移民の誘致につとめたが、成果はなかった。そのため、砦の建設などには奴隷を徴用して使役した。また、北部と同じ総力戦体制のなかで、女性も労働力として軍需工場や病院などに動員された。一家の働き手を軍隊にとられた農場では、困窮が深まるなかですべての重荷が女性の肩にかかった。南部の徴兵法も、身代わりを立てることや、二〇人以上の奴隷の所有者には兵役を免除することを認めていたため、民衆のあいだでは、「金持ちのための戦争を貧乏人が戦っている」という不満が巻き起こった。一八六三年春には、南部の多くの都市で食糧を求める住民のデモや暴動が頻発した。

一方、奴隷解放宣言公布後、プランテーションからの奴隷の脱出は加速化し、北部の期待どおりに

北軍キャンプに逃れてきた奴隷たち　北軍は彼らを南軍からの「戦利品」として保護した。

南部経済の根幹を破壊しつつあった。戦争末期には、およそ一〇〇万人の(元)奴隷――南部全黒人人口の四分の一――が、なんらかのかたちで連邦軍の保護のもとにはいった。

戦場と戦局のゆくえ

こうした苛烈な総力戦となった戦争には、推計で、北部で約二三〇万人、南部ではおよそ七〇万人から八〇万人が参戦した。このなかで、北部側では三六万人が死亡、二七万五〇〇〇人が負傷し、南部側では死者二六万人、ほぼ同数の死傷者をだした。したがって総死傷者は一〇〇万人を遥かにこえた。

すさまじい人的犠牲をもたらした最大の理由は、この戦争が、当時最新のさまざまな技術、兵器、戦術を動員した、人類史上はじめての「近代戦争」であったからである。とくに、命中率の高い連発式ライフル銃と殺傷力の強い弾丸の導入は、死傷者の数を激増させた。また、塹壕にこもって敵と対峙する戦術は、従来の戦闘方法を一新した。鉄道、電信など最新の輸送・通信手段も利用された。水上では、装甲艦やごく初歩的なものであったが潜水艦まで登場した。

死傷者が多かった理由はほかにもある。糧食、飲料水、衣料、毛布などの寝具の質の悪さ、野戦病院、便所などの不備と不衛生のために多くの兵士が命を落とした。戦闘が原因で死亡した人数の三倍が病気で死亡した。

奴隷解放宣言の結果、黒人たちは大挙して北部・連邦軍に参加した。陸軍と海軍に編入された二〇万人を上回る数は、連邦軍兵士全体のほぼ一〇分の一、全黒人成年男子の約二〇％に当たる。しかも、そのうちほぼ八〇％が奴隷州の出身だったといわれる。しかし、連邦軍でも厳然とした人種差別が待っていた。黒人たちは白人とは別個の黒人部隊に組織されたのである。しかし、黒人たちは自由のために死に物狂いで戦った。彼らの奮闘は、ともに戦った白人兵士、北部世論、ついにはリンカーン政府にも影響を与え、解放後の黒人の権利の問題について、好意的な態度を引き出す一因となった。

こうして、リンカーンが奴隷解放にこめた軍事的狙いは、おおむね的中したといってよかった。世界の世論は北部に大義ありと認めて連邦支持にまわり、イギリス、フランスも干渉の機会を失った。国内でも解放された奴隷はプランテーション経済に致命的打撃を与えただけでなく、貴重な戦力として連邦の勝利に貢献した。

おりしも、一八六三年あたりから、戦時経済体制下の北部経済がフル稼働にはいり、本来の生産力を発揮し始めた。抵抗があったとはいえ徴兵制の施行で人的動員の体制も整い、南北の力の差がみえ始めた。こうして、一八六三年七月、連邦軍は東部戦線のゲティスバーグと西部戦線のヴィックスバーグで貴重な勝利をえることになった。とりわけヴィックスバーグの勝利は意味あるものだった。なぜなら、南部の心臓部ともいえるジョージア州への侵入ルートが切り開かれたからであった。このルートにのって連邦軍のジョン・シャーマン将軍は、ついに一八六四年九月、ジョージア州アトランタを占領し、その後サヴァンナへと一気に押し出し、南北カロライナを切り裂き、南から南軍を追いつめていった。一八六五年四月九日ヴァージニア州アポマトックスにおいて、南軍総司令官ロバート・リー将軍が、連邦軍総司令官ユリシーズ・グラントに降伏し、ここに戦争は終わりを告げた。

3 再建の時代

南部再建の課題とリンカーンの再建構想

奴隷解放と南部連合の敗北で戦争が終わったとき、南部の再建の課題とはそもそもどのようなものであったのか。まず、解放された奴隷たち（解放黒人）をどのように扱うのかという問題があった。市民として扱い、市民権を与えるのか。与えるとしても、白人と平等なものを与えるのか、市民権のなかに選挙権まで含めるのか。さらに、無一文の解放黒人の経済生活はどうあるべきか。労働者として生きるのか、それとも土地所有農民としてか、あるいは別の道があるのか。他方で、南部白人の問題があった。南部連合に与《くみ》した者たちをどう扱うのか、誰をどこまで罰すべきか、あるいはプランテーションなどの財産は没収すべきか否か。これらは、総じて、戦争後の南部の政治、経済、社会のすべてにかかわる問題であった。つまり、どのような社会を南部につくるのかが問われていた。しかも、社会の再建を誰が担うのかもまた問われていた。

南部の再建は、じっさいには終戦のはるか前、連邦軍が南部連合の支配地域を占領したときから始まっていた。占領地の扱いそのもののなかに、リンカーンの再建構想が示されていた。リンカーンがもっとも腐心したのは、一八六二年四月連邦軍が占領したニューオーリンズを含むルイジアナの処置であった。彼は、翌六三年十二月、ルイジアナを対象に最初の公式の再建構想である「一〇%プラン」を示した。連邦に忠誠を誓う者(個人)には、奴隷財産を除いて財産権を保障して、恩赦を与え、そのような者が、六〇年大統領選挙の有権者数の一〇%をこえたときには、彼らのあいだで新しい州政府を組織することを許すというものであった。これは、南部社会の長期構想を描くというより、むしろ、いかにして南部の占領地域に親リンカーン政府的政治勢力を育成して、南部連合を弱体化させ、降伏に追い込むのかという軍事的考慮に立つものだった。そのプランを適用して、六四年四月、ルイジアナに親連邦的な白人による新州政府が樹立された。この州政府においては、黒人の選挙権は問題にさえされなかった。それどころか、黒人の労働のあり方について、ルイジアナの占領軍司令官たちは、黒人たちをプランテーションに連れ戻し、強制的にプランターとのあいだに労働契約を結ばせていた。

ルイジアナの事態は連邦議会の共和党議員を憂慮させた。ルイジアナからの報告はその社会が戦争をへたにもかかわらず、以前とほとんど変わらない状態にあることを伝えていた。ここに連邦議会は、「一〇%プラン」に対抗すべく、一八六四年七月、ウェイド－デイヴィス法案を可決した。新しい法案は、州の白人有権者の過半数が、過去において南部連合を自発的に支持したことはないという宣誓をするまでは、州政府の組織化を認めないとする格段に厳しい内容のものだった。また、黒人については、法の下の平等は認めていたものの、投票権は与えなかった。しかし、リンカーンはルイジアナの再建を守るために、この法案に署名をせず放置し、そのまま握りつぶしてしまった。

リンカーンは一八六五年四月十一日の「最後の演説」のなかで、きわめて慎重な言い回しながら、はじめて公的に黒人の選挙権を認めた。黒人のうち「知性に優れた者、兵士としてわが大義に身を捧げた者」に投票権を与えてはどうか、というのである。しかし、この提言が日の目をみる前、一八六五年四月十四日、彼は凶弾に倒れた。

ジョンソンの再建政策

リンカーンの暗殺後、副大統領から大統領に昇格したアンドルー・ジョンソン(在任一八六五〜六九)は、南部連合に与《くみ》したテネシーの出身で、もともと民主党員だったが連邦離脱に反対した、いわゆる「ユニオニスト」であった。プランター階級に激しい敵意をいだいており、南部連合にたいしても厳しい態度を表明していたことから、厳しい南部再建政策をとるのではないかと予想されていた。しかし、就任直後より、彼は予想とはまったく逆の政策をとった。

一八六五年五月、彼が布告によって示した再建政策とは、まず連邦に忠誠を誓い、奴隷解放を受け入れることを条件に、南部の白人に恩赦ないし特赦(奴隷を除くすべての財産の回復を含む)を与えることを第一とした。南部連合の大物指導者や、二万ドル以上の課税対象となる財産の所有者も大統領特赦を申請できた。そのうえで、奴隷制の廃止、分離の取消し、南部連合の負債の破棄をうたった州憲法を制定することを条件に、州政府の組織化と連邦復帰を許すというものであった。黒人の選挙権はおろか、政治勢力としての黒人の扱いについては一切ふれられていなかった。つまり、彼は白人だけの手による南部再建を構想したのであった。

こうしたジョンソンの再建構想のもとに、南部では州政府がつぎつぎに組織され、活動を開始した。各種選挙もおこなわれ連邦議会議員も選出された。一八六五年年末から始まる連邦議会に出席すべくワシントンに参集してきた議員のなかには、かつての南部連合の副大統領アレグザンダー・スティーヴンズまで含まれていた。

また、再組織された南部の各州議会は、「黒人取締法(ブラック・コード)」と総称される法体系によって、黒人の社会生活と経済生活を統制しようとした。それらは、黒人の財産所有権、結婚権、契約権、訴訟権などを認めてはいたものの、他方で、雇用証明書の携帯、契約期間中に仕事を放棄した者の逮捕、「浮浪者」のプランテーションでの強制労働、黒人青少年の「徒弟」としてのプランターへの無償労働などを定めていた。つまるところ、できるだけ奴隷に近いかたちで黒人たちを労働力としてプランテーションに縛りつけておこうとする意図が露骨にあらわれた一連の法であった。それだけでなく、黒人たちの狩猟、釣り、家畜の放し飼いなどの権利も制限された。それらも、黒人たちがプランテーション労働から逃れて、自給自足の生活に逃げ込むのを防ぐための措置であった。また、税制も人頭税が主で、土地財産への課税は軽くされたため、解放黒人に不釣合いに重いものだった。

共和党急進派による再建政策の浮上

南部の実情はワシントンにも届いた。一八六五年十二月から開会した連邦議会において、事態を憂慮した共和党は、南部選出議員の承認を停止し、上下両院合同委員会を設けて再建の課題に改めて取り組んだ。

この連邦議会では、共和党は南部再建にかかわる二つの法案を提出して、南部の事態の改善をはかろうとした。ひとつは、一八六六年三月で一年の期限が切れる解放民局の延長法案であった。前年に設置された解放民局は、解放黒人の救済と支援を主たる目的にした連邦機関であった。人々の救済に連邦政府が直接かかわるという点で、その機関も内戦中に進んだ連邦権限の拡大(「中央集権的国家」の登場)を感じさせる措置であった。強固な州権主義者であるジョンソンは、これを受け入れず拒否権を行使した。

いまひとつは、市民権法案であった。その法案は、契約権、訴訟権、法のもとでの平等、幸福追求権、財産権などの合衆国市民の基本的権利は、人種、皮膚の色、以前の隷属状態などに関係なく、すべての合衆国市民にたいして連邦政府が保障するもので、州などによって奪われてはならないと定めていた。ここに、はじめて合衆国市民権が州の枠をこえた国民的権利であることが明言されようとしていた。

法案では、焦点であるはずの黒人の選挙権の問題にはふれられていなかった。これは、急進派を除いては、共和党の大半が、市民権と選挙権は必ずしも結びつかないものだと考えていたことによる。共和党としては比較的穏健な提案であり、ジョンソンと十分妥協しうると考えていたが、またしてもジョンソンは拒否権を行使した。連邦権力の肥大化と南部の不参加がその理由であった。

結局二つの法案は、大統領の拒否権を乗りこえて成立したが、南部でのいわば逆行現象の進行とジョンソンの非妥協的態度は、共和党を全体として強硬路線(=急進化)に向かわせ、党内でも主導権は急進派に移っていった。こうして、一八六六年六月、連邦議会は憲法修正第一四条を可決させた。先の市民権法の内容を憲法のなかに位置づけて大統領の拒否権がおよばぬようにする必要があったためである。その内容は、市民権法の再確認に加えて、成年「男子」のうちのある者に選挙権を与えない州は、その分だけ連邦下院議員の割当数を減らされること、南部連合指導者の公職追放、および南部連合の負債の無効などからなっていた。

議会と大統領の対立はいきおい激しくなっていった。ジョンソンは再選をにらんで、あらたに「ナショナル・ユニオン党」を結成した。その党と共和党は、一八六六年秋の中間選挙で憲法修正第一四条を争点にして激しく争った。キャンペーン中のジョンソンの常軌を逸した言動も一因となって、共和党が圧勝し、ジョンソンは惨敗した。

一八六六年十二月から開かれた連邦議会では、共和党は急進派主導のもとに、南部にたいしてはっきりと強硬路線(＝急進路線)に転換した。つまり、ジョンソンによる再建を破棄して、もう一度やりなおそうというのであった。連邦議会は、翌六七年三月、第一次再建法を制定した。これは、南部を五つの軍管区に分けて軍政のもとにおき、南部諸州が、黒人に選挙権を与える規定をもつ州憲法を制定すること、および憲法修正第一四条を批准することを条件に、連邦復帰を認めるという内容であった。

連邦議会による再建はかくして、ジョンソンの州権論的再建とは正反対に、連邦権力による軍事力までともなった強力な施政となった。南北戦争によって北部に出現した中央集権国家が、いまや南部社会の再編に直接乗り出したのであった。しかもその目的は、黒人への選挙権の付与であり、また憲法修正第一四条の批准であった。軍隊の指揮系統をめぐる争いがジョンソンと議会とのあいだに起こり、これが議会によるジョンソンの弾劾にまで発展した。結局、一八六八年五月、上院での投票により、彼は一票差で弾劾をまぬがれたが、事前の裏交渉で再建法の施行を妨害しないことを約束した。

かくして、再建法の規定にしたがって、南部諸州は改めて連邦軍の監視のもと、新しい州憲法を定めて連邦に復帰してきた。一八六六年七月、早々と修正第一四条を批准して連邦復帰を果たしていたテネシー州は別として、六八年中ごろから七〇年中ごろのあいだに、残りの一〇州すべてが復帰を果たした。

急進的再建州政府

一八六七年春以降、急進的再建体制下の南部では各州において、黒人も参加した選挙を通じてあらたな再建州政府が樹立された。これらすべてにおいて、共和党が政権を握った。したがって、急進的再建州政府と呼ばれるべきであろう。各州の共和党政権を、選挙基盤として、また指導者としても支え担っていたのは、解放黒人、自由黒人、北部出身の白人、連邦支持派の南部の白人などからなる連合勢力であった。黒人史家W・E・B・デュボイスは、この政権を「プロレタリアートの支配」とか

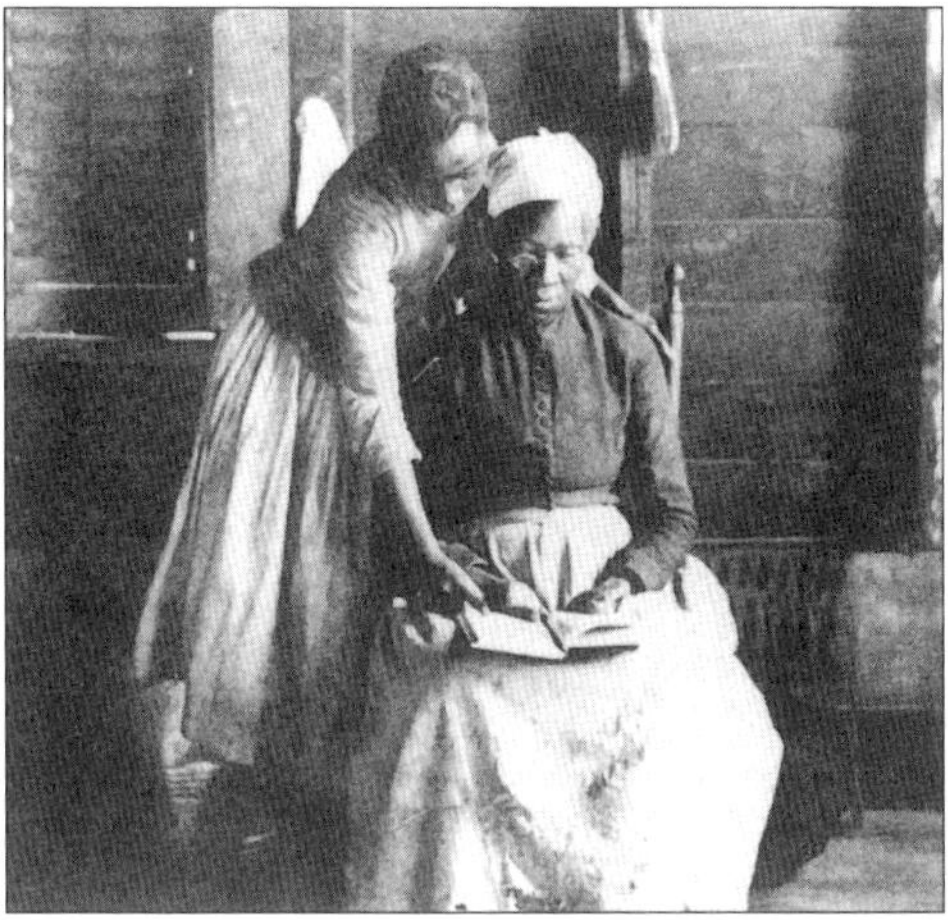

私も字が読めるようになりたい　娘が母親に読み方を教えている。教育は黒人すべての願望だった。

って呼んだ。その表現は、たしかに少々おおげさではあるが、政権の支え手の性格をよくいいあてている。もちろん、なかには、白人黒人を問わず、富裕な者や専門職の者もいたが、大半は貧しい農民、労働者、職人などからなっていた。急進的再建州政府が「革命的」とみなされるのはまずもってこの基盤の大衆性にあった。

各州政府のおこなった施策の数々も、まさに「革命」の名にふさわしかった。まず二十世紀の社会福祉国家を想起させるような社会政策が実行された。公立学校、病院、刑務所、孤児院、精神病院などが設立された。貧しい市民の医療のために出資する州もあった。法改正により、離婚条件の緩和や既婚女性の財産権の拡大がはかられ、青少年を親の虐待から守る規定が設けられた。

なかでも州による無料公教育制度の創設は、黒人だけでなく白人貧民にとっても画期的なことだった。とくに奴隷時代、法律で読み書きを禁じられていた黒人たちは、子どもだけでなく大人までも学校に殺到した。これらの公教育は、法律によって人種分離が規定されていたわけではなかったが、白人、黒人の双方の意向で実際上はほとんどが分離学校でおこなわれた。

労働・経済立法においても顕著な成果がみられた。ジョンソン再建時代の「黒人取締法」は廃止された。そのうえで農場主が破産した場合、収穫物への第一抵当権を農業労働者に与えること、政治的理由での労働者の解雇を禁止することなども定められた。また、税制も、土地と不動産への課税が中心になったため、プランターや白人農民に負担が移された。

経済分野でのもっとも重大な論争点は、解放黒人のために耕作用の土地を用意するかどうかという問題であった。黒人たちは彼らの夢である「四〇エーカーの土地と一頭のラバ」の実現に、政府が援助を与えることを期待していた。しかし、この問題については、連邦議会において、すでにひとつの枠がはめられていた。先に述べた解法民局の延長法案が連邦議会に上程されたとき(一八六六年)、共和党急進派の騎手であるサディアス・スティーヴンズは、南部プランターの土地を没収し、解放黒人に分配することを盛り込んだ修正案を提出した。しかし、これは圧倒的な大差で否決された。国家権力が、財産を所有者の意思に反して没収することは、財産権にたいする重大な侵害である、というのがおもな反対理由だった。

そのようなわけで、急進的再建州政府では、プランターの土地の没収はほとんど問題にならず、焦点は、州が土地を買い上げてそれを解放黒人に払い下げる措置をとるか否かであった。この点では、急進的再建州政府を担う共和党員のなかでも意見が分かれた。多くの州では、土地財産というものは、自由な市場のなかで賃労働からスタートして、個人の才覚と努力によって獲得すべきだという意見が大勢を占め、土地の払下げは見送られた。わずかにサウスカロライナ州のみが、土地を買い上げて長期融資付きで払い下げる事業を実施しただけだった。こうして、解放黒人の圧倒的な部分が、無産の労働者として投げ出されることになり、南部にも「独立自営農民《ヨーマン》の楽園」を築こうとした共和党急進派と解放黒人の夢は事実上破れた。

加えて、急進的再建州政府が樹立と同時に積極的に取り組んだのは、南部諸州の経済開発であった。鉄道をはじめ、製造業や銀行の育成がはかられた。なかには、北部やヨーロッパからの移民誘致につとめる州もあった。各州が一様にもっとも力を注いだのは、とくに鉄道の整備であった。このような経済開発路線を重視する人々は、解放黒人の自営農民化には反対だった。なぜなら自由を求める黒人たちが土地をえた場合、市場経済からも「自由」になり、自給自足的生活にひきこもってしまうのを恐れたからであった。

「自由」の意味

以上のような再建州政府の施策を歴史的にどのように位置づけることができるのか。解放された黒人にとっての自由とは、なによりも白人の支配から脱して、自分たちの生活や労働を自分たち自身で律することだった。それは具体的には、自由に移動することから、奴隷制度のため引き離されて会えなかった肉親や親族と再会すること、また教育を受けること、自分たちの教会を成立すること、選挙で投票することなどまでを意味していた。

このうち黒人たちのエネルギーがもっとも発揮されたのは政治の分野であった。急進的再建州政府を設立するための選挙を皮切りに、彼らは熱狂的に投票に参加した。その投票率はつねに九〇%をこえた。彼らは、早くから「ユニオン・リーグ」などを通じて固く共和党と結びついていた。こうして黒人票は南部共和党票の八〇%を占めるほどであった。

黒人たちのなかには、選ばれて議員、行政職などの官職に就く者もあった。なかには連邦議会にまで進出した者もある。急進的再建州政府には黒人も参加していたことから、南部白人はこれを「黒人による支配」として激しく攻撃した。しかし、じっさいには黒人が過半数を占めた例は、サウスカロライナ州下院があるだけで、議員、行政職などでは、黒人はその人口、得票力からすれば不釣合いなほど小さな位置しか占めていなかった。むしろ再建州政府を支配していたのは、南北の白人たちであった。北部から来た白人たちは「カーペットバッガー」(渡り鳥)、南部出身の者は「スキャラワッグ」（火事場泥棒）と呼ばれて南部白人からさげすまれていた。南部の混乱に乗じて一獲千金をもくろむ卑怯者というわけである。しかし、じっさいは、彼らの多くはなんらかのかたちで南部の変革に協力しようという情熱に燃えた人々であった。

さて、経済生活における自由の問題はどうなったのか。すでに述べたように、ほとんどの解放黒人は、土地をもつことができないままに、無産の労働者として放り出された。他方、プランターたちにとっては、黒人以外にプランテーションでの労働力として利用できる者は存在しなかった。こうして、一八六八年ころから、両者のあいだにある妥協が成立した。それは、プランターがプランテーションの土地を小区画に分割し、それを農機具、種子、肥料、住居などとともに黒人に貸しつけ、収穫物を一定の割合で分けあうという制度で、シェアクロッピングと呼ばれた。プランターにとっては、ともかく労働力を確保でき、しかも賃金（プランターは黒人を労働者と位置づけていた）を現物で支払えるという利点があった。一方、黒人農民にとっては、奴隷の時代とちがって家族として独立した住居で生活し、独立した区画を耕せるという魅力があった。これも「自由」のひとつのかたちだった。

しかしシェアクロッピング制度のもとでの「自由」は長続きしなかった。営農を始めるための備えのなかった解放黒人たちは、予定の収穫物を担保に食糧その他生活必需品を商人（時にはプランター）の経営する商店から、利子つきの掛けで購入せねばならなかった（クロップ・リーン制）。価格も利子も割高で、黒人農民たちはたちまち借金の罠に捕えられていった。再建州政府はこうした状況のもとでいずれ崩壊していくことになる。

4　再建の破壊

全国政治の動向

内戦を機に政治的に大きな変化、「革命」が起こったのは南部だけではなかった。北部にも全国を包摂することになる別の種類の「革命」が起きていた。それは、南北戦争中、連邦政府によってレールをしかれた国家主導による経済開発であった。このことについては次章にゆずるが、南部再建が進行中、北部社会でも同じような州政府主体の際立った改革政治が実行されていた事実を見逃してはならない。

急進派共和党が実権を握った州では、州政府が公衆衛生、福祉、教育などについて大きな責任を負うようになり、市当局も公園建設や水道、ガス事業に出資した。たとえばもっとも進んでいたニューヨーク州では、新しい教員養成大学の設立、はじめての州慈善委員会の設置、公立学校の授業料の無料化、ニューヨーク市の住宅の最低基準の設定などがおこなわれていた。

そうしたなかで着実な改善がみられたのは、北部の黒人の状況であった。たしかに、戦争後いくつかの州の州民投票で、黒人選挙権が否決された例もあったが、その場合でも、共和党支持者の圧倒的多数は支持投票をした。南部で進む「革命」の影響を受け、一八六六年の市民権法や、連邦憲法の修正第一四条および第一五条(黒人選挙権を確認したもの、七〇年確定)の成果をいかして、乗物や公共施設での分離や差別の廃止、部分的ではあるが統合教育の促進などがはかられていた。

しかし、その全国政治の流れは、早くも一八六七年の州選挙のころから変化の兆しをみせ始めていた。その選挙では、北部諸州で共和党が後退し、民主党が大幅に進出した。続く六八年の大統領選挙は、南部再建の是非を問う国民投票の性格をもっていた。南部の再建反対派は、テロ組織クー・クラックス・クラン(KKK)などを使って、猛烈な選挙妨害にでた。南部共和党の票を暴力でおさえこもうとしたのである。しかし、彼らの行為はかえって北部の反感をかい、共和党候補ユリシーズ・グラント(在任一八六九〜七七)の圧勝を許す結果となった。

つぎの一八七二年大統領選挙ではグラントの再選に反対する人々が共和党をわって「リベラル・リパブリカン」党を結成した。彼らはグラント政権の腐敗を糾弾し、清廉な政治の実現のために公務員制度の改革を唱える一方で、連邦政府による強権的な再建政策にも反対した。彼らにとって腐敗した政治家が国家権力を利用して国民を操るという点では、ボス政治も再建政府も同質のものだった。自分たちのような「最良の人々」こそが施政の任にふさわしい、これが彼らの確信だった。

選挙では、「リベラル・リパブリカン」党は惨敗し、グラントが圧勝した。しかし、その意味するところは小さくなかった。彼らの動きにはグラント政権期に進行した二つの重要な政治的傾向があらわれていたからである。ひとつは、連合的政党であった共和党が今や、職業的政治家と、リベラル・リパブリカンのような上流・中産階級的「改革者」、そして労働者・農民のような下層の人々の三層へと解体を始めたことであった。そしていまひとつは、南北戦争開戦以来活発であった国家権力の積極的発動による改革に、ブレーキがかかってきたことであった。

一八七四年の中間選挙では、民主党が圧勝し、南北戦争後はじめて連邦下院の過半数をえた。時代

つかまったクラン団員　白人テロ組織クー・クラックス・クランは1866年テネシーではじめて結成され，南部全域に広まった。

の風ははっきり変わりつつあった。解放黒人たちには市民権・選挙権の法的保障など十分なことをしてやった、もうこれ以上の再建は必要ないという気分が支配的になりつつあった。そこに七三年に恐慌が起こり、北部の世論は、賃金、失業、農業不況、通貨など再建以外の問題に関心が移っていった。

それに呼応するかのように、連邦政府、とくに第二期にはいったグラントの南部にたいする関心もうすれていった。後述するように、このころ南部では、急進的再建州政府が白人民主党員の暴力によってつぎつぎに破壊された。南部からの救援を求める声にたいして、グラントはそれまではしきりに連邦軍を派遣して治安の維持につとめていたが、一八七五年九月には、ミシシッピ州知事からの救援要請にたいして、「国民全体が、毎年秋に南部で起こる暴動にはうんざりしてしまっている」と語り、連邦軍を派遣しなかった。

一八七六年の大統領選挙は、ひとつの時代の終焉であった。選挙は共和党候補と民主党候補のあいだで大接戦となり、連邦議会で決着がつけられることになった。結局、民主党は共和党のラザフォード・ヘイズの当選を受け入れた。しかし七七年四月、それに符牒をあわせるかのように、連邦軍が最後まで残っていたサウスカロライナとルイジアナから撤退したのである。

急進的再建州政府の破壊とその意味

急進的再建州政府は、樹立当初から、南部白人たちの激しい攻撃にさらされていた。南部白人たちの攻撃の内容は、すでにみた「黒人支配」を別にすれば、放漫財政、浪費、非能率、腐敗、重税などであった。それらはすべてある程度あたっていた。これまでみてきたような公教育などの社会政策、鉄道など産業振興には膨大な資金を要した。それらは裏付けのない公債や税金でかき集められた。ただ再建州政府の税制は、たしかに白人土地所有者に重圧を課したが、資産をもたない解放黒人に重税をかけていた白人政権のそれに比べれば、遥かに妥当なものだった。贈収賄など腐敗もたしかにあったが、それも社会・経済施策に膨大な資金が動くところではどこでもみられる現象であり、この時代のアメリカの政治文化そのものであった。しかし、急進的州政府のように、人種的・階級的憎悪に包囲されている政権にとっては、それは致命的な攻撃の対象となった。

そのように、急進派政権にも弱点は多々あったが、南部白人民主党の攻撃は、じっさいのところ言論よりむしろ、むき出しの暴力を前面に押し出したものだった。たしかに、クー・クラックス・クランは、一八七〇年と七一年に制定されたクラン取締法の効果もあって消滅したようにみえたが、すぐに別の類似のテロ組織が出現しては白昼堂々と黒人や白人共和党員に恫喝や暴力を加えた。こうして共和党に固い忠誠心をいだく黒人たちも、しだいに選挙ができなくなっていった。他方、旧南部連合の指導者が大赦令などでつぎつぎに公職追放を解かれて政治に復帰したため、白人民主党の側はますます勢いづいていった。選挙では、暴力だけでなくさまざまな不正も使って、彼らは「勝利」(南部白人民主党のことばでは「救済」)をおさめていった。「救済」は一八六九年のテネシーに始まり、七七年

再建政策への批判　北部の新聞にあらわれた風刺漫画。強権的再建政策のもとで荒廃する南部(左)と，ヘイズの放任政策によって繁栄する南部(右)。

のフロリダとルイジアナで終わった。

「救済」によって南部に出現した白人民主党政権がまず実行したのは、州の歳出の削減と、経済・労働関係の法制を逆転させることであった。歳出削減による「小さな政府」への復帰は顕著だった。とくに、公教育が削減の対象とされた。また、税制ではふたたび逆進性の強い制度が採用された。「黒人取締法」を思わせる労働力管理の法律が復活され、悪名高い「囚人貸出制度」が拡大し、作物への第一抵当権は労働者からプランターへ移された。

黒人参政権の制度的剥奪や、白人と黒人の社会生活の場での分離が本格的に進行するのは一八九〇年代以降である。それに引き比べ、経済・労働関係の法や制度の改変が格段に迅速におこなわれたことは、急進派再建州政府の施策がいかに「社会革命的」であったかを逆に物語っている。

南部の再建は「終了」したのではなく、「破壊」されたというべきであろう。南部社会だけでなくアメリカ全体にとっても、この間の改革は破壊されねばならぬほど「革命的」だったともいえよう。

南部と北部は、自らの社会を守るために、厳しい内戦に踏み込んだ。そして一六年後、南部再建の破壊の余燼がおさまったとき、双方の社会とも、かつての社会を守るどころか、思いもかけない姿になった自分たちを発見した。南部にとっては、守るべきものの中心にあった奴隷制は跡形もなくなっていた。しかし他方、北部も違った環境のなかにいる自分を発見した。自由労働制を守るために導入した中央集権的国家が、その自由労働制をかみくだこうとしていた。連邦政府はすでに南部で自由労働制が期待した「独立自営農」という夢の開花をくじいていた。そして今また自由労働制の夢を打ちくだこうとしていた。一八七七年、アメリカ史上未曾有の大鉄道ストライキが勃発した。これを鎮圧すべく投入されたのは南部から呼び戻されたばかりの連邦軍であった。

第六章

爆発的工業化と激動の世紀末　一八七八〜九六年

1　「金ぴか時代」と政治

「不毛な」時代であったのか

一八七七年の南部再建の終了から、八〇年代末までの時期は、俗に「金ぴか時代」とか「金メッキ」時代と呼ばれる。これは小説家マーク・トウェインがチャールズ・D・ウォーナーと共著で書いた小説『ギルディッド・エイジ』(一八七三年)のタイトルに由来している。このタイトルは、当の時代が皮相な拝金主義と俗物精神に支配された、軽佻浮薄《けいちょうふはく》な時期であることを示唆している。このような時代の性格づけは、トウェインだけでなく同時代の多くの知識人にも共有されていた。じつは、そのことが歴史研究者を含めたのちの時代の観察者たちの時代観にも大きな制約を与えてきた。同時代人によってかけられたいわば呪縛を振り払って仔細に観察すれば、この時代はかなり異なった相貌をあらわす。つまり、この時代は、南北戦争と再建のなかで二つの「革命」を経験したアメリカが、かつてのような西欧世界の辺境に位置する農業的社会から、工業や都市を特徴にする社会へと爆発的に変貌し、世界の舞台へおどりでた時期だった。

その変化はあまりに急激で大規模だったため、アメリカ社会を大きく揺さぶった。従来からの価値観や生活様式に固執する人々は、変化にともなうあらたな現実に反発や疎外感を覚え、さまざまなかたちで抵抗した。変化と抵抗のせめぎあいは一八八〇年代いっぱいまで続き、九〇年代にはいり、正面から激突した。金メッキはもはや剝げ落ち、地金むきだしの階級闘争が極点にまで達した。このなかから勝利者として立ちあらわれたのは、新しい産業的・都市的体制とその担い手たちであった。この意味で、一八七〇年代以後の約三〇年間は、前現代的アメリカから二十世紀的アメリカへの過渡期、つまり両者が激しくせめぎあい、結局後者が勝利をえた時代、いいかえれば、二十世紀的アメリカ誕生の時代といえよう。

ただでさえ低い評価を受けてきた「金ぴか時代」のなかで、さらに評価が低いのが、政治の分野であった。じつは、この点でも、観察者たちは、当代の政治について「目標において貧弱、成果において不毛」と断言したヘンリー・アダムズのような、同時代のエリート的知識人の時代観の影響を受けてきた。アダムズ自身が、大衆と職業的政治家を蔑視する、いわゆるマグワンプ(先住民のことばで「若い首領」という意味の皮肉)の一員であり、その見地には明らかに階級的偏見がかかっていた。しかし、この時代の政治についても、二十世紀に向けた胎動期としての重要な側面を見落としてはならない。

しばしば「金ぴか時代」は自由放任の時代で、国家権力は存在しなかったかのようにいわれるが、それは大きな誤解である。これまで述べてきたように、南北戦争中に出現した強力な連邦政府権力は、戦争後も西部の公有地処分や鉄道への支援において重要な役割をはたしていた。また、この間、連邦政府の機関や職員も徐々に増加した。ただし、南北戦争から再建にかけての、いわば非常時に許された連邦権力の積極的発動への批判が徐々に高まった結果、その活動に一定のブレーキがかかったことは確かである。この点では、とくに、消極国家論の立場に立つ民主党が、一八六八年ごろから復活して、二大政党間の均衡＝手詰まり状態が生まれ、積極国家の担い手である共和党が手を縛られたことが影響していた。しかし、南北戦争以来の積極国家の流れはとまってはいなかった。それを傍証するかのように、ひさびさに共和党が大統領と上下両院を握ったハリソン政権期の第五一議会（一八八九〜九一年）では、マッキンリー保護関税法はじめ、記録的な数の連邦法が成立している。

しかも、この間、連邦政府権力の発動の内容に変化が生じた。従来の公有地開放、鉄道支援にみられたような経済的「利益配分」の役割に加えて、独占的行為の取締りをうたった州際通商法（一八八七年）、シャーマン反トラスト法（九〇年）のような、経済行為の「規制」の機能もあわせもつようになった。

この時代、国家権力を構成する立法・行政・司法の三権のうち、行政府の長である大統領はきわめて弱体だったといわれてきた。しかし、最近の研究では、十九世紀末に向かって、大統領の力と意義は増大し、全国政治の中心の位置を占めつつあったことが明らかになってきた。とくに、一八九〇年代にはいるあたりから、大統領は政策目標をもった議会指導者としての役割もおびるようになり、行政府による法案作成が目立つようになった。この点、ベンジャミン・ハリソン(在任一八八九～九三)と、ウィリアム・マッキンリー(在任一八九七～一九〇一)の二人の共和党大統領の手腕はとくに注目される。

一方、連邦司法府もまた強い力をふるった。司法府は、立法審査権を通じて、事実上の公的政策の方向づけをしただけでなく、経済活動の調整や規制の役割もはたしていた。しかし、この間の司法府の方向性は保守的で、独占規制法の網の目を広げて大資本を擁護し、たびたびストライキ差止命令をだして労働運動の弾圧の側にまわり、さらには憲法修正第一四、一五条の意義を低め、南部の黒人差別を容認した。このため、業を煮やした連邦議会のポピュリスト議員は、司法権限の制限、司法府公選制を求める法案を提出したほどであった。また、勢力伯仲による手詰まりはあったものの、連邦議会も重要な役割を果たしており、立法や委員会活動などによって実質的に行政の役割さえ果たしていた。

政党政治の展開

この時期、草の根から国民を政治に結びつけていたのは、組織としての政党であった。二大政党のうち、民主党は一八七〇年代には、南北戦争の打撃から完全に回復し、八四年、九二年の二度にわたりグローヴァー・クリーヴランド（在任一八八五〜八九、九三〜九七）を大統領に当選させた。一方、共和党は、南北戦争時の自由労働イデオロギーに立つ連合政党から、実業人主導のブルジョワ政党へと変質していった。

二大政党による競争は熾烈をきわめ、勢力は拮抗した。それにともない、国民の政治参加はきわめて活発で、大統領選挙をはじめ各種選挙の投票率は、つねに八〇％前後を記録した。国民の政党への忠誠心は強く、選挙前ともなると、人々は両党に分かれて大規模なパレードに加わり、鳴り物入りで通りを練り歩いた。選挙は一種の祝祭の様相すらみせていた。このような雰囲気のなかでは、党への忠誠の強さは男らしさの証明とされ、マグワンプなどは「女々しい」という非難をあびた。

この期の二大政党のあいだには、しばしば重要な争点はなかったとされるが、じつは、選挙民にとっては身近な、それだけに切実な争点が存在していた。共和党は、自分たちを南北戦争で勝利した愛国者の党、進歩の党として位置づけ、民主党を「反逆者」の党として糾弾した。また、禁酒の実施、安息日の順守、カトリックなどの教区学校の規制、外国人排斥などのように、いわゆる「民族・文化的争点」の点では、プロテスタント的立場から、厳しい取締りを主張した。他方、民主党は、自分たちを反中央集権の党とする立場から右のような問題を個人の自由の問題として取締りに反対した。また南部では、「失われた大義」の党として白人の忠誠心をつかんでいた。この間の唯一の経済的争点といってもよい関税問題では、共和党は保護関税を唱え、民主党は保護関税反対の立場から「歳入のためだけの関税」、つまり低関税を主張したが、ここにも両党の国家権力の捉え方の違いが反映していた。

この政党政治を草の根から支えていたのが、職業政治家であった。この種の草の根タイプの政治家の芽生えは南北戦争以前からみられたが、南北戦争後、政治は職業として確立した。急速に拡大する都市において、行政と政党組織をたばねたボス政治家はその典型である。しかし職業政治家の台頭は、政治を「高貴な者の義務」とする伝統に立つ、マグワンプなど貴族主義的エリートからの強い反発を招くこととなり、連邦公務員の試験任用制の導入を定めたペンドルトン法(一八八三年)を導きだした。その後、試験任用の範囲はしだいに拡大していき、一九〇一年には、全連邦公務員の四〇%以上を占めることになった。このことは、結局、政党政治の活力をそぐことになった。政党政治家が自由にできる官職(パトロネッジ)が減ったことは、当然ながら、彼らの影響力を弱めた。また、試験任用で採用された公務員からは党費や献金がえられにくくなったため、政党は企業献金への依存を強めることになった。とくに、共和党は、一八八〇年あたりからその傾向を強めた。共和党がブルジョワ政党化していった原因のひとつであろう。

このように二大政党拮抗の時代、たしかに両党のあいだには、それなりの意味をもつ争点が存在していたものの、覇権を握りつつある実業の利害を大きく損なうような争点、たとえば独占規制や金融・通貨制度の問題などは、棚上げされる傾向にあった。それは、両党の実権を実業人やその代弁者たちが握り、その点では両党には大差なかったからである。したがって重要な争点を提出する役割は、第三政党に託された。

共和党に「裏切られた」と感じた労働者たちは、時にグリーンバック運動、時に労働騎士団などと一体になりながら独自の労働者政党を結成して、選挙に打って出て善戦することもあった。たとえば、かのヘンリー・ジョージは一八八六年のニューヨーク市長選に出馬して、第二位にはいる善戦ぶりを示した。このときの三位は、若きシオドア・ローズヴェルトだった。農民もグレンジャー運動やグリーンバック運動のなかで、「反独占党」などと銘打った独立政党を結成して戦った。しかし、二大政党の壁は厚く、第三政党はたとえ善戦しても、それは地方での短期的なものに限られ、その力が全国にまでおよぶことはなかった。

2 爆発的工業化・都市化と西部・南部の変貌

工業化・都市化

「金ぴか時代」の政治が従来注目されなかったのは、この時代が想像を絶するほどに急激な工業化・都市化の時期であったため、経済的・社会的変化に圧倒されて、政治的側面が時代の主役とみなされてこなかったことと無関係ではなかろう。

すでに述べたように、このような工業化・都市化の条件は南北戦争中に連邦政府の手によって整えられていた。戦後、これらの条件をいかして、東部、五大湖沿岸などで急速に工業化が進んだ。アメリカは土地、水、森林、鉱物資源などの天然資源にめぐまれていた。また、労働力不足を補うための技術革新も早くから盛んであった。あわせてこの間、北・西欧ついで南・東欧からの大量の移民が到来し、労働力をまかなった。投資銀行家などからの国内資本に加え、イギリスなど海外からも豊富な資本が供給された。それ以上に、東部、五大湖沿岸の工業製品と、西部・南部の食糧、原材料、燃料が鉄道を通じて結ばれ、たがいに生産を刺激し合った結果、広大な国内市場が形成されたことが決定的に重要であった。しかも、その国内市場は保護関税の壁によって守られていた。連邦政府は保護関税以外に、公有地の開放、鉄道への支援などでも重要な役割を果たした。

鉄鋼、農業機械、繊維、精肉など、従来からの業種において、生産の近代化と生産力の増強がみられただけでなく、石油精製、化学、電気・通信などあらたな分野での生産が始まり、めざましい発展をとげた。このなかで鉄道網の拡大は、鉄鋼、機械、石炭、木材など多種多様な関連業種の発展を刺激した点でも、大きな意義をもっていた（一八六九年、最初の大陸横断鉄道ユニオン・パシフィック－セ

ベッセマー転炉　1886年ピッツバーグのカーネギーの製鋼所の様子。19世紀後半の爆発的工業化の象徴。

ントラル・パシフィック鉄道完成)。こうして、一八六〇年から一九〇〇年のあいだに、工業投資額は一二倍に、工業生産額は四倍に増加し、アメリカはイギリスをぬいて世界一の工業国へと躍進していった。

しかし、その急激かつ大規模な産業発展はつねに熾烈な競争をともなった。競争相手より有利な立場に立つために、あるいは競争を避けるために、さまざまな方策がとられた。生産、価格などについて複数企業が協定を結ぶ「プール」、弱い企業が強い企業に経営を委ねる「トラスト」、複数企業の株式を集中させる「持ち株会社」などのいわゆる「独占体」が出現した。とくに、一八九〇年代は多くの独占体が出現し、「トラスト狂熱の時代」と呼ばれた。

この時期の産業化の大きな特徴は、大規模な都市化と密接に結びついていたことである。十九世紀中ごろまでは、工場は動力源としての水力を利用するために、農村地帯に立地することが多かった。しかし、南北戦争後、工場は蒸気機関を動力に利用できるようになったため、都市やその周辺に立地するようになった。人口の集中する都市は、豊かな労働力源であるとともに有望な市場でもあったからである。こうしてアメリカは本格的な都市化の時代に突入した。ニューヨーク、ボストン、フィラデルフィアのような古くからの商業都市は、工業都市の機能もあわせもつようになり、人口は膨張した。周辺地域を合併したニューヨークの人口は、世紀末には三〇〇万人をこえた。五大湖沿岸、中西部にもあらたに大都市が出現した。こうして、アメリカの人口中に都市(人口二五〇〇人以上)居住者の占める割合は、一八六〇年の一九・八%から一九〇〇年の三九・四%へと倍加した。

一八六〇年代後半から九〇年代にかけては、生産力の飛躍的発展がみられただけでなく、大量消費社会の先駆けをなす変化が同時に進行していった。かつて自家生産されていた食品や衣料品が製品化され、家事用機材も商品化の波にあらわれ始めた。こうして、大都市にはデパートが店開きし、全国にチェーン・ストアが展開し、カタログ販売は草深い農村にも浸透した。販売を促進するための広告業も重要産業として確立した。示された品ぞろえやディスプレイのなかには、上品な中産階級的生活のためにはなにをどのように買うべきかという、一種の「文明化」に向けたメッセージがこめられていた。

移民と都市の生活

急激に膨張した都市人口の供給源のひとつは、国内の農村地域からの人口の流入であった。農村地域の若者や離農した人々の都市への「逆流」が起こっていた。いまひとつは、ヨーロッパを中心として世界各地からアメリカに殺到した移民であった。その数は、一八六〇年から一九〇〇年のあいだに一四〇〇万人に達した。このうち、一八八〇年代まではイギリス、ドイツ、スカンディナヴィア、アイルランドなど北・西欧出身の移民が多かったが、九〇年代以降はポーランド、オーストリア゠ハンガリー、ロシア、イタリアなど南・東欧出身者が激増し、その数は逆転した。アイルランド系移民

「盗賊のねぐら」 ドキュメンタリー作家のジェイコブ・A・リースはニューヨークのスラム街の惨状を紹介した写真で，人々の同情だけでなく恐怖心もあおった。

を除けば、北・西欧系の移民には、自作農や熟練職人出身で、渡航の備えのある者が多く、アメリカ到着後は家族単位で西部に入植するものが多かった。彼らは比較的識字率が高く、宗教的にはプロテスタントが多かった。それにたいし南・東欧系移民には、母国での社会変動によってはじきだされた貧しい農民出身の者が多く、独身者や出稼ぎの割合が高かった。彼らは識字率も低く、宗教的にはカトリック、ユダヤ教、ギリシア正教と多様であり、膨張を続ける都市の最下層の労働者として出発した。

移民は、大西洋岸の諸都市だけでなく、太平洋岸にもやってきた。ゴールド・ラッシュをきっかけに、中国人移民、ついで日本人移民が到来した。南西部ではメキシコ系の人々の往来も盛んであった。また、世紀末の米西戦争(アメリカ・スペイン戦争)の結果アメリカ領となったフィリピン、プエルトリコなどからの移住者も加わった。こうして、アメリカは世界各地から到来したさまざまな民族の混住する多民族社会の様相をさらに強めた。

都市に集中した移民たちは、各民族ごとにゲットー(特定の民族の集住地)を形成し、出身地の言語、宗教、生活習慣などを持ち込み、それぞれの教会や学校を中心に、相互扶助のネットワークで結ばれた濃密なコミュニティを築き上げた。しかし、ゲットーは多くの場合スラム化した。「テネメントハウス」と呼ばれる狭く通気の悪い安アパートの部屋には、数家族が折り重なるように暮らしていた。上下水道、トイレ、ゴミ収集なども整備されておらず、ゲットーはまさにアメリカ社会の「恥部」であった。

このような都市大衆を基盤にして台頭してきたのが、ボス政治家であった。彼らは都市の急激な膨張に行政が対応できないために生じた空白に乗じて勢力を拡大した。彼らは、就職から小犯罪のお目こぼしまで、日常的に住民の世話を焼くことによってその票を支配し（その集票組織をマシーンと呼ぶ）、市政に進出した。市政においては、市街電車、電気、ガス、水道などの公益事業会社と癒着し、その利益をはかるかわりに多額の賄賂をえて私腹を肥やした。彼らの行為は明らかに「腐敗」ではあったが、不十分な行政サーヴィスを補い、それらを介して民衆と政治を結合し、結果的に政治を民衆にとって身近なものにしていた点は無視できない。

この時期の都市、とくに新興都市は、まったく無計画のうちに拡大したわけではない。碁盤目状の区画、商業地と住宅地の区分、公共交通機関や街灯の導入、公園など公共施設の建設など、ある計画性と意図をもって街づくりはおこなわれていた。実業人などのエリートのうちには早くから郊外へ脱出する者もあったが、多くは都心の高級住宅街に住んだ。都市中産階級は、あらたに開発され始めた郊外住宅地から電車などで都心まで通勤するようになった。通勤費の払えない貧しい移民労働者たちは、都市内の労働者居住区から職場まで歩いてかよった。こうして都市は階級的な編成をも色こく投影していた。

ロング・ドライヴ　開放牧地の草を食べさせながら，積出し駅まで牛の大群を追っていくロング・ドライヴ(あるいはラウンド・アップ)は，かつてグレート・プレーンズの風物詩だった。

西部の開発

南北戦争後、ミシシッピ川以西の地域の開発は急速に進んだ。その先陣を切ったのは鉱山開発であった。戦前からの鉱山開発に続き、ロッキー山中で金、銀などの貴金属以外に、銅、鉄、石炭など重要な鉱物資源の採掘が始まった。

つぎにこの地域に進出したのは、牧畜業者であった。ミシシッピ以西のグレート・プレーンズ、とくに西経九八度以西の地は年間降水量五〇〇ミリ以下の乾燥地で、樹木も少なく、「大アメリカ砂漠」と呼ばれていた。乾いた堅い大地のため農業開発は遅れたが、そのかわり、この地の公有地を利用した「開放牧地」での牛の放牧が盛んにおこなわれた。なかでもテキサスから、ミズーリ州のセダリアやカンザス州のアビリーンのような「キャトル・タウン」(牛の町)まで牛の大群を追い、そのあいだに公有地の草で肥え太らせる「ロング・ドライヴ」や「ラウンド・アップ」は、この時期の大平原の風物詩でもあった。

しかし、この「大アメリカ砂漠」にも、一八七〇年代なかばから農業開発の手がおよぶようになった。この時期、乾燥地域であったにもかかわらず例外的に降水量が多かったこと、深耕できる農機具をはじめとして機械化が進んだこと、乾燥農法や乾燥に強い品種が導入されたこと、樹木の柵にかわって鉄条網が導入され耕地や家畜の管理が容易になったことなどがあいまって開発は急速に進んだ。農業開発が進むにつれ、土地は囲い込まれ、「開放牧地」での放牧の時代は終わり、畜産業の主役は牧場での飼育に移った。

一八七〇年代以降、西部の開発が急速に進んだ背景には、技術的進歩だけでなく、六二年の自営農地法によって西部の公有地が開放されたこと、その時期の爆発的工業化・都市化によって原料、燃料、食糧の需要が飛躍的に拡大したこと、また農業的・鉱業的西部と工業的・都市的東部や五大湖沿岸地域とを結ぶ鉄道網が発達したことなど、より大きな要因が働いていた。さらに、公有地の開放、鉄道への土地や資金の供与、先住民の掃討と管理などによって連邦政府が果たした積極的役割は決定的な意味をもっていた。

こうして十九世紀後半、アメリカの鉱業と農業も大きく発展した。一八六〇年から一九〇〇年のあいだに、鉱業生産額は約三倍にふえた。同じ時期、小麦、トウモロコシ、綿花、食肉などの農業生産額と農場数は約三倍、農場面積は約二倍にふえた。とくに、この時期は「農業革命」の時代とも呼ばれた。穀作、畜産、酪農、綿花、野菜など地域ごとの生産の多様化や特化が進み、農業技術の発達もあって、生産性は飛躍的に高まり、アメリカは世界一の農業国としての地位も固めた。「農業革命」があってこそはじめて安定した食糧供給が確保され、大規模な都市化も可能になったことはいうまでもない。

しかし、そうした西部の大規模な開発も、一八九〇年代までには終わりに向かうことになった。おりしも一八九〇年の国勢調査報告は、未開と文明の境界線であるフロンティア・ラインを、国土を貫いて引くことができなくなったと述べていた。これを受けて、一八九三年、歴史学者のフレデリック・ジャクソン・ターナーは、アメリカの民主主義と国民性をはぐくんできたフロンティアは消滅したと宣言した。

先住の人々の征服

西部開拓の終わりは、そこに住む先住アメリカ人(インディアン)およびメキシコ系などの先住入植者の掃討や征服も、完遂されたことを意味していた。西部の先住民は白人による西部の鉱業開発や農業開発に押されて後退を重ねた。彼らの生活はすべてバッファロー(野牛)に依存していた。白人たちがバッファローの猟場をあらし、乱獲したために、バッファローの数はほとんど絶滅に近い状態にまでに激減してしまった。

連邦政府は、生活手段を奪われた先住民たちを保留地に囲い込んで管理する政策をとった。これに抵抗する者にたいしては、たび重なる掃討戦が強行された。彼らは白人の圧倒的武力の前に敗北を重ねたが、時に相手に大きな打撃を与えることもあった。しかし、一八八六年、アパッチ族の指導者ジェロニモの降伏をもって、先住民の武力による抵抗は終わった。さらに一八九〇年、サウスダコタのウーンデッドニーにおいて、騎兵隊は女性、子ども、老人を主としたスー族の一団のほとんどを全滅させた。これをもって先住民の虐殺も終わりを告げた。そうした掃討戦のなかで「野蛮人」の典型、白人「文明」の対極にあるものとしての先住民のイメージは、これまでにも増して固められた。

先住民にたいする苛酷な扱いが白人の改革運動家からの批判をあびたこともあって、連邦政府は一八八七年、ドーズ法によって先住民にたいする政策を大きく転換させた。この法律は、先住民の伝統的な共同体所有地を解体して個別の家長に分与し、彼らに合衆国市民権を与えるというものであった。この政策には土地をねらう白人たちのために先住民の土地を流動化させる企図も含まれていたが、その本質は先住民の「文明化」にあった。つまり、そこには、土地所有と堅実な農耕定住生活に裏づけられた市民権という、「アメリカ文明」の理念が示されていた。

アメリカがメキシコから奪取した南西部や太平洋岸には、それ以前から先住民だけでなく、スペイン系やメキシコ系の人々が、地主、農民、牧夫、坑夫などとして居住していた。しかし、彼らの多くは、アメリカによる占領後は、土地や利権をアメリカ人に奪われていった。こうして彼らの多くは、アメリカ人地主、牧場主、鉱山主などのもとで最下層の労働者として雇われ、貧しい生活をよぎなくされていった。

南部社会の変化

再建州政府を破壊して白人民主党政権を樹立した勢力は、南北戦争・再建の時代を生き延びたプランター、商人、実業人などからなっており、「ブルボン」と呼ばれる人々であった。すでに述べたように彼らは再建州政府を打倒すると、「小さな政府」を標榜してただちに公教育など社会政策への支出を大幅に削減した。しかし、その一方で、北部資本を導入して南部の産業化をはかろうとする「ニューサウス」計画には、熱心に取り組んだ。じっさいに南部各州において、鉄道、鉄鋼、石炭、綿織物、タバコ、木材などの分野で振興がはかられた。しかし、その多くが北部資本に依存していたため、北部と競合する業種、たとえばアラバマ州バーミングハムの鉄鋼・石炭業などは、北部資本の統制下にその競争力をおさえこまれていた。

結局、発展をみたのは南部産の商品作物を原料とする綿織物業、タバコ産業や製材業など付加価値額の低い業種だけだった。あらたな就業機会もつくりだされたが、そこでも厳しい人種差別が存在しており、黒人にはタバコ産業などを除き、門戸は閉じられていた。また低賃金のため、移民もほとんど流入しなかった。こうして、南部の産業化の夢ははたされず、全国経済のなかで南部はいわば「国内植民地」として、綿花など原料生産地の地位におしとどめられていた。

他方で、南部の近代化（産業化）の試みは南部社会に大きな影響を与えた。北部には比べるべくもなかったが、南部でも都市化が進み、白人、黒人の都市住民の数がふえていった。変化は農村にもおよんだ。鉄道網が農村に浸透するにつれ、資本主義的商品経済の波がすみずみにまでおよんだ。かつて

プランテーションの商店と掛売帳　シェアクロッパーたちはこのような商店で生活必需品を掛けで購入させられていた。

自給自足に近い生活をしていた丘陵地帯（アップカントリーあるいはヒルカントリーと呼ばれる地帯）でも、商品経済に対応して現金収入をえるために、綿花への作付け転換の圧力が強まった。商品経済に対応できない白人農民たちのなかには、土地を失い、小作農に転落する者があとをたたなかった。こうして近代化を推進しようとする勢力と、白人農民たちのあいだの階級的対立は鋭さを増した。

南部の黒人たちは、再建後もつねに白人からの暴力と恫喝にさらされてはいたが、南北戦争の貴重な成果である選挙権を行使して南部共和党を支え、無視できない政治的な力を維持しつづけていた。しかし、南部だけでなく全国的に階級対立が激化するにつれ、その立場はやがて危ういものになっていった。

3　分裂する社会と思潮

階級とイデオロギー

十九世紀後半、アメリカの階級構造は分裂の様相を深めていった。社会の頂点には成功した実業人を中心とする「億万長者」が座った。一八七〇年代には実業界のなかで資本家階級の一員であるというはっきりした意識が急速に広まっていった。さまざまな業界団体だけでなく実業人の政治組織が結成されたことは、この意識の反映である。

新しい中産階級が登場し始めたのもこの時期であった。自営農民、熟練労働者、自営業者、弁護士、医者、牧師、聖職者など旧来からの中産階級に加え、産業化にともない、支配人、会計士、セールスマン、技師、会社員、店員など、いわゆる「ホワイトカラー」からなる新しい中産階級が生み出され、急速にその数を増していった。

下層階級にも顕著な変化があらわれていた。すでに南北戦争中から進行していた現象だが、一八七〇年代には各地の都市に恒久的工場労働者があらわれていた。一部の熟練労働者は中産階級に吸収されていったが、残りの大部分の労働者は賃労働制のもとに呻吟する、文字どおり労働力しか売るもののないプロレタリアートの地位に固定された。しかも、このような特徴は、世紀末からの南・東欧系移民の急増によってますます強められていった。上流・中産階級の人々には、アメリカ生まれであれ外国生まれであれ、労働者、とくに都市労働者はもはや世界を異にする人々のようにみえていた。

南北戦争を挟んだ前後の時期のアメリカ、とくに北部社会において支配的だった社会思想は、自由労働イデオロギーと一般に呼ばれるものであった。この考え方は、他人に指図されることなく生産的労働（ものをつくる労働）に従事し、見苦しくない生活を営めるほどの財産をもつ人間こそ、自立した真の「自由人」であり、市民権や参政権はこのような人々に与えられるべきであるとした。なぜならば、そうした経済的自立があってこそはじめて、公共の善に役立つような政治的判断ができるから、というのであった。
　このような社会観は、農民はいうまでもなく、独立的な職人層や熟練労働者をも「生産者」として肯定的にとらえた。さらに、熟練労働者や自営農民への上昇を期待する賃労働者にとっては、まさに「アメリカの夢」そのものをあらわしていた。このような自立への希望から、北部の農民だけでなく、職人や労働者までが奴隷制(自由労働の対極)の拡大に反対して南北戦争に赴いたのであった。また、共和党とは、そのような考え方を基礎にして、北部の農民、労働者、実業人の同盟のうえに築かれた政党であると彼らは考えていた。

　しかし、南北戦争後、階級分裂と対立が深まるにつれ、このイデオロギーと同盟はともに解体し始めた。すでに、南部の急進的再建州政府の土地政策をめぐる議論にあらわれていたように、そもそも自由労働イデオロギーには、二つの流れが存在した。市場のなかでの自由な競争というプロセスに重きをおく流れと、生産的財、とくに土地の所有という結果を中心にすえるものであった。このなかで、実業人たちは前者の立場をとった。つまり、彼らは、自由労働イデオロギーを、激しい経済競争のなかで富を取得する自由という、自由放任《レッセフェール》主義的・功利主義的文脈に読みかえ、自らの立場を正当化した。おりしも、ハーバート・スペンサーの唱える「社会進化論《ソーシャル・ダーウィニズム》」がイギリスから紹介され、成功者を生存競争のなかで生き残った「適者」としてほめ称え、敗者を切り捨てる社会理論がもてはやされた。また、ホレイシオ・アルジャーの描く「ボロから金持ちへ」の成功物語がさかんに読まれた。こ

1877年の大鉄道ストライキ　ストライキ労働者と州兵の衝突で破壊しつくされたピッツバーグの鉄道操車場。

のような風潮は、拝金主義をはびこらせ、実業と政治の癒着を深め、政治の腐敗を生んだ。

労働者・農民・女性

一方、労働者たちは自由労働イデオロギーを字義どおり受けとめ、奴隷解放のつぎの課題は、賃労働制からの自分たちの解放だととらえていた。労働者たちは賃労働制を不自由労働の一種とみなしており、これを廃止して、労働者による協同生産におきかえる構想をもっていた。当面、彼らがもっとも力をいれていたのは、八時間労働制の要求であった。これはたんに労働時間の短縮を求めたものではなく、一日を三等分し、働く八時間以外に、十分な睡眠に八時間、残りの八時間を労働者たちの自由な活動にあてて、人間らしい生活を保証しようというものであった。

しかし、かつての盟友である実業人は、八時間労働制の要求を拒絶した。彼らは、イリノイやニューヨークなどの州法で法制化された八時間労働制を押しつぶしただけでなく、おりからの激しい企業間競争に打ちかつために、賃金を切り下げたり、労働者に自律性を与えていた職場慣行を否定したり、労働災害補償の要求を斥けたりした。こうして、自由労働イデオロギーが求めた夢、つまり労働者たちが財産と品位を備えた中産階級に上昇する夢は、階級分裂の深化と固定化のなかで遠のいていった。

これに抗議して、労働者たちは労働組合を中心に、非組合員や職場周辺のコミュニティの支援もえて、激しいストライキやボイコットに立ち上がった。こうして、一八七三年以来の不況のなか、七七年七月、「大動乱」と呼ばれた大鉄道ストライキが勃発した。賃金カットに反対してウェストヴァージニアで始まったストライキは、連邦軍投入への反感ともあいまってまたたくまに全国に広がり、アメリカ史上初の全国ストとして記憶されることになる。労働者たちは、連邦軍だけでなく、州兵、ピンカートン探偵社の私兵などを動員した武力弾圧の前に多くの犠牲者をだして敗れた。この出来事は資本家だけでなく中産階級的「改革者」をも戦慄させた。彼らは階級分裂と対立の深さを思い知らされ、一層労働者の運動への警戒を強めた。一方、労働者にとっても衝撃は大きかった。同盟者であったはずの共和党連邦政府が、その軍隊を自分たちに差し向けてきたからである。

一八八〇年代にはいり息を吹き返した労働者たちは、自由労働イデオロギーに依拠した全国的労働者組織である「労働騎士団」の指導のもとに、八六年、ふたたび八時間労働制の要求を掲げて立ち上がった。が、そこでも彼らを待ち受けたのは厳しい現実であった。一八八六年の幅広い運動は、シカゴのヘイマーケット広場での爆弾爆発事件を口実にした弾圧によって敗北し、その後「労働騎士団」も衰勢に向かった。

労働者の運動から農民に目を転じてみよう。独立自営農民こそ、自由労働イデオロギーが思い描いた理想の人間像であった。しかし、この時期の農民は「農業革命」の陰で苦況にあえいでいた。南北戦争後の農業の最大の特徴は、ほぼ全国の農村が資本主義的市場経済の圏内に組み込まれ、ほとんどの農民が商業的農民の性格をおびるようになったことであった。こうして農民たちにとって、鉄道や穀物倉庫《エレベーター》などの交通運輸手段、また営農資金をえるための金融制度、さらには利子や作物価格に大きく影響する通貨政策のありようなどが、強い関心の的になった。とくに農民が不満をもったのは、南北戦争後、農産物価格がほぼ一貫してさがりつづけていたことである。

「女性の味方」　女性参政権活動家を揶揄した絵。固い表情の女性を中心に右上から時計回りに囚人，ホーボー(浮浪労働者)，先住アメリカ人，移民が配されている。

これらの課題に取り組むために農民組織や運動があらわれた。そのなかで代表的なものは、一八七〇年代なかばにイリノイ、アイオワ、インディアナ、ミシガン、ウィスコンシンなどの中西部で活躍したグレンジ(農民共済組合)であった。この組織は、女性を含む農民のあいだの親睦と自己教育を目的として発足したが、出荷・購入における協同事業、さらには鉄道やエレベーターを規制するための州法を制定する運動へと向かった。いくつかの州ではその法制化は実現し、一般に「グレンジャー法」と呼ばれた。

一方、一八七〇年代後半から農民だけでなく、一部の都市労働者の支持も受けながら勢力をえた運動が、グリーンバック運動であった。この運動は、南北戦争中に発行された連邦紙幣グリーンバックの正貨への兌換・回収をやめ、ひきつづき発行するよう求めた。その狙いはたんなるインフレ待望論ではなかった。民間銀行である国法銀行の紙幣発行にかえて、連邦政府による紙幣発行を求めたことからもわかるように、その根底においては、国家による通貨管理を求める構想を含んでいた。この運動は各地で労働騎士団の支援をえながら第三政党を結成して選挙戦にいどみ、かなりの成果をあげたが、一八八〇年代にはいり衰退していった。

女性の運動にもふれておこう。奴隷の解放とともに、南北戦争に自らの権利の獲得を願った女性参政権運動だったが、先にふれたように憲法修正第一四条で選挙権が「男性」にのみ限られたことによって、その期待は裏切られてしまった。その後も、中産階級の女性を中心に、運動はひきつづき活発だった。しかし、成果は乏しく、州レヴェルの参政権でさえ、西部の四州で実現しただけだった。運動の拡大をはかって禁酒運動やポピュリスト運動と手を携えて進もうとしたが、肝心のポピュリストのオマハ綱領では、その要求は棚上げされてしまった。一方で、彼女らは、無知で教養のない外国人や黒人たちより、上品で道徳的な自分たちのような女性に参政権を与えるべきだと主張していた。ここには、女性差別の被害者が外国人排外や人種差別の加害者にまわるという構図がみてとれる。

選挙権はなかったものの、南北戦争後の女性たちは、社会のいろいろな分野で活発に活動していた。彼女らのなかには、男性とともに、あるいは男性を助けて社会的な活動に参加する者もいた。労働者階級の女性たちは労働組合の門戸をたたいた。「アメリカ労働総同盟」(AFL、一八八六年結成)をはじめ多くの組合は女性を排除したが、労働騎士団だけは、女性の突上げの前に門戸を開いた。農村でも女性たちは、グレンジや農民同盟など、女性を受け入れていた組織によって活動していた。

文明化の衝動

右にみた爆発的な工業化や都市化の進展にともなう社会の複雑化、またさまざまな社会的分裂の深まりを前にして、エリート層や中産階級のなかで現状に批判的な人々は、種々の「改革」、つまり社会の「文明化」と彼らが呼ぶ試みを始めた。

そのような動きのなかでもっとも早くあらわれたものが、前章で紹介した一八七二年の「リベラル・リパブリカン」の運動である。流れはさらに続き、一八八四年の大統領選挙において共和党の候補ジェームズ・ブレーンをきらって、民主党のグローヴァー・クリーヴランドを支持する共和党員たちがあらわれた。彼らが「マグワンプ」である。彼らの多くはニューイングランドの貴族主義的エリート階級の出身で、強い大衆蔑視と職業政治家への嫌悪に立っていた。こうして彼らは、スポイルズ・システム（猟官制）こそボス政治家と無知な大衆を結びつけ、政治の腐敗をもたらす元凶だとして、公務員制度の改革を訴えた。先述したように、彼らの主張は、公務員採用に試験任用制を導入し、徐々にその適用範囲を拡大していくことを定めた連邦法であるペンドルトン法（一八八三年）として実現した。

また民衆の教育水準をあげるため、初等教育をはじめとする公教育の改革と拡充がはかられた。また、民衆啓発のため各地に公立図書館、美術館、博物館、劇場、公園などがつぎつぎに設けられた。この時期、なんどか開催された万国博覧会も、「野蛮」と「文明」を対比し、「文明」の優位と、それを支える産業家や新しい技術の力を大衆に誇示するものであった。やはり同時期、スラム街にはいって民衆の教化、生活指導にあたるセツルメント運動が始まり、専門家としてのソーシャル・ワーカーが生まれてきた。

さらに、西部を中心に禁酒運動が高まり、カンザスなどのように州として禁酒法を制定するケースもあらわれた。また、日曜日の安息を義務づける法律、ギャンブル規制、離婚制限、猥褻《わいせつ》や売春の取締りなど、いわゆる「社会浄化」をはかる動きが活発化した。

そうした「改革」運動において労働者以上に危険視されたのが、一八七三年の恐慌以後急増した放浪者や浮浪者であった。彼らこそ、職もなく、家もなく、財産と品位という中産階級的価値観の対極にある存在であり、コミュニズムやアナキズムのような危険な外来思想の媒介者として警戒された。こうして州レヴェルで法律によって彼らを取り締まろうとする動きが強まった。

アメリカ生まれの労働者までが危険とみなされた時代の風潮のなかでは、エイリアンである外国からの移民は、一層危険視された。この時期、もっとも激しい迫害を受けたのは西海岸の中国人移民であった。迫害の中心となって行動したのは労働騎士団に属するアイルランド系などの「白人」労働者であった。彼らは中国人排斥の理由のひとつに、中国人の多くが「契約労働者」という不自由労働者の一種である点を指摘した。こうして、西海岸地域では、自由労働イデオロギーが、民族排外や人種差別と結合したのであった。彼らの運動は、アメリカ史上初の移民規制法である一八八二年の中国人労働者移民排斥法となって結実した。中国人労働者が途絶したあとにその空白をうめるために渡来したのが日本人移民であった。

また、一八九〇年代から急増した南・東欧系の移民もまもなく危険視された。ニューヨーク港の入り口のエリス島に入国審査所が設けられ、連邦政府が入国審査を始めたのは一八九二年からであった。さらに、ニューイングランド各地では、移民への読み書きテストを課する法律を求める運動が活発化した。

その一方、現状への批判や「改革」の動きはこれらにとどまらなかった。むしろ、体制の根本的転換や大幅な手直しを主張する論者もあらわれた。ダニエル・デ・レオンらの社会主義労働党(SLP)のような社会主義者は、ほとんど影響力を広げられなかった。それにかわって、アメリカ独特のユートピア的社会構想があらわれた。ヘンリー・ジョージは土地にのみ課税することによって富の再分配が実現できると唱えた。エドワード・ベラミーは、ユートピア小説『顧みれば』(一八八八年)のなかですべて国有化された未来社会を描いた。また、ポピュリスト指導者の一人、ヘンリー・ダマレスト・ロイドは、競争にかわる共同を基本にした社会を構想した。さらに、やや系統は異なるが社会学者のレスター・ウォードは、人間社会の進歩のためには積極的政府による計画化が不可欠であると説いた。

4 激動の世紀末

ポピュリストの抗議

一八八〇年代末より、農民の苦境は一層深まった。西部での干魃《かんばつ》、不作、イナゴの害、土地ブームの崩壊などが彼らの苦境を深めた。さらに、なによりも小麦、トウモロコシ、綿花など主要商品作物の価格が依然としてさがりつづけていた。

　このような状況を背景に、一八八〇年代末より、南部および中西部で農民同盟と呼ばれた運動が急成長していった。農民同盟も、従来の農民組織と同じく、農民間の親睦と自己啓発を本来の目的としていたが、苦境のなかで協同出荷・協同購入のような自助的事業に積極的に取り組んだ。しかし、これも彼らの資金不足や仲介商人の反発などのために失敗した。こうして、彼らは政治、とくに連邦政府による救済に望みを託し、第三政党「人民党」（ポピュリスト党）を結成して政治の世界に進出した。収穫物を担保にした農民への直接融資をえようとした「連邦農業公庫《サブトレジュアリー・プラン》」構想は、このような彼らの願望をもっともよくあらわしたものである。

　しかし、政治への進出は南部では大きな犠牲をともなった。少なくとも二大政党制が存在し支持政党からの離脱が比較的容易だった西部とはちがい、白人民主党による支配が続く南部では、人民党への参加は裏切りを意味した。クロップ・リーン制による収奪に苦しむ白人農民たちは、はじめ南部農民同盟に参加して救済を期待した。その努力がむくわれないとわかったとき、苦衷の決断の末に同盟員のほぼ半数が人民党に参加した。

　そうした白人のなかでの階級対立の顕在化は、南部黒人の運命を大きく変える方向へと作用していった。ポピュリストたちは経済的利害を同じくする黒人たちに共闘を呼びかけた。しかし、黒人たちの多くは白人農民への警戒心を解かず、呼びかけに応じようとしなかった。ここに、黒人を挟んで白人階級間での激しい駆引きが始まった。結末は悲惨であった。白人農民と黒人農民の連帯を恐れるプランター層と、黒人が支配層の道具として利用されることを警戒する白人ポピュリストのあいだで妥協が成立し、黒人参政権の剝奪と黒人の分離が強行され始めたのである。南部ではその後、公教育・公共施設を中心に、社会生活のほとんどで黒人を分離して差別する人種分離の法制度(ジムクロウ制度とも呼ぶ)が進行した。こうして南北戦争の成果は失われ、黒人たちにとって「どん底」と呼ばれる時代がおとずれることになった。

一方、そうした犠牲をともないながらも一八九〇年、カンザスとネブラスカにはじめて登場した人民党は、秋の選挙で連邦議員はじめ多くの当選者をだし、全国に衝撃を与えた。二年後の九二年、農民同盟、労働騎士団はじめさまざまな改革組織や活動家が参集するなかで全国人民党が結成され、秋の選挙では大統領候補のジェームズ・ウィーヴァーはそれまでの第三党としてはアメリカ史上最高の一〇〇万票を獲得した。

ポピュリストの基本綱領であるオマハ綱領(一八九二年)には、「浮浪者と百万長者という二大階級が生まれ」、アメリカは「破滅に瀕している」という時代認識が示されていた。ここには「アメリカの夢」、つまり自由労働イデオロギーの破産と、ヨーロッパ的階級分裂の淵へのアメリカの転落が語られていた。ポピュリズムこそ前現代の終わりに登場した、自由労働イデオロギーを信じる人々の最後の運動であった。さらに綱領には破滅からの救済策として、生産手段である土地の私有と、金融・通貨、および交通・運輸などの交換・流通手段の国有・国営を組み合わせた折衷的な経済体制の構想が示されていた。これは自由労働イデオロギーと積極的国家観を組み合わせたものであった。南北戦争以来の積極国家の展開のなかで、ポピュリストもすでに積極国家を前提として受け入れていた。いまや彼らにとって問題はその国家権力をいかにして自分たちが握るのかにあった。

ポピュリストの運動には当時の代表的全国労働者組織であるアメリカ労働総同盟(AFL)は参加していなかった。その理由を会長のサミュエル・ゴンパーズは、「人民党は労働者の政党ではなく人を雇う立場の農民の政党である」といって、ポピュリストのプチブル性を指摘した。かつてゴンパーズは労働騎士団の路線をさして「センチメンタル」だと批判し、明確に自由労働イデオロギーを否定していた。このこともあわせて考えると、たしかに、そこには重大な相違があった。ポピュリストが労働者や農民の賃労働者あるいは小作への固定化や転落に抵抗していたのにたいし、ゴンパーズはそれを現実のものとして受けとめたうえで、労働条件の改善をはかろうとしていたのである。

労働者の抗議

一八九二年ペンシルヴェニア州のカーネギー製鋼ホームステッド工場で、経営者がAFL傘下の強力な組合をつぶすべくロックアウトにでたことから、大ストライキが勃発した。ピンカートン探偵社

コクシーの軍隊　オハイオ州マシロンからワシントンへ向けてヴァージニア州内を行進中の失業者たち。ワシントン到着後，警察に蹴散らされた。

の私兵や州兵まで動員した会社側と労働者とのあいだに、銃撃戦まで含む激しい闘いが展開されたが、結局労働者は敗れた。

さらに一八九三年、アメリカ史上未曾有の恐慌が生じ、多くの鉄道、企業、銀行が倒産し、街には一説では三〇〇万人の失業者があふれた。連邦政府が失業者救済のために公共事業をおこし、給料を連邦政府の発行する紙幣で支払うよう求める運動が起こった。富裕者たちはこれを一笑に付し、連邦議会も耳をかそうとしなかった。怒った失業者たちはポピュリストのジェイコブ・コクシーらを指導者に、全国で一七の失業者の集団を組織してワシントンをめざして徒歩で行進した。これをみて、エリートたちは、浮浪者の脅威が現実のものとなったとして恐怖におののいた。

そうした恐慌下の不安のもとで、一八九四年シカゴ近郊のプルマン寝台車製造工場において、賃金切下げや会社町「プルマン・タウン」での管理に抗議して大規模なストライキが起こった。労働者たちの求めに応じて、ユージン・デブスらの指導する全米鉄道労働組合が支援の同情ストにはいり、それはまたたくまに全国に拡大した。一八七七年以来の大規模な鉄道ストライキであった。しかし、ゴンパーズらAFL指導部はデブズからのゼネストの呼びかけをことわり、逆に労働者たちに職場に戻るよう呼びかけた。経営者側は連邦軍や連邦裁判所のスト差止命令まで繰り出してストライキを鎮圧した。この間、多くの死傷者がでただけでなく、鉄道施設にも多額の損害が生じた。これと前後してアイダホの銀鉱山地帯やイリノイなどの瀝青炭《れきせいたん》地帯でも激しいストライキが生じたが、いずれも敗北した。

一八九六年大統領選挙

一八九〇年代はこうして労働者や農民の不満が渦巻く騒然とした雰囲気のなかで進み、注目は九六年の大統領選挙に集まった。この時期ポピュリストは、支持層を広げるために、陣営内の深刻な路線論争をへて、当時西部の銀鉱山地帯はじめ、全国的に人気の高い争点であった銀貨無制限鋳造《フリー・シルヴァー》の要求に焦点をしぼった。オマハ綱領全体の保持を唱えるグループは少数派の地位に追いやられた。フリー・シルヴァーの要求もまた、たんに農作物価格の上昇を求めるインフレ待望論ではなかった。グリーンバック主義や連邦農業公庫構想ほどではないにせよ、連邦政府による金融・通貨管理を期待したものであった。

フリー・シルヴァーは二大政党を分裂させた。民主党では、ポピュリストの強いネブラスカ州出身でフリー・シルヴァー支持の立場のウィリアム・ジェニングズ・ブライアンが、予想に反して大統領候補に指名された。これをみて銀反対派は脱党し、独自の候補を立てた。ただ民主党がブライアンを指名したことは、ポピュリストを困った立場に追い込んだ。民主党と共和党のフリー・シルヴァー派分子を吸収して、既成二大政党の切崩しをめざすという、一八五四年の共和党結成と同じ事態の再現をねらう戦略がくずれたからである。結局、ポピュリストは激しい党内論争の末、ブライアンを自らの大統領候補として指名した。一方、共和党は、「保護」と金本位制による繁栄と安定を唱えるウィリアム・マッキンリーを指名した。マッキンリーのいう「保護」とはたんに保護関税だけでなく、外国の労働者や危険な思想からの合衆国の保護という、排外主義的でナショナリスティックな響きをもっていた。共和党でも銀支持派の脱党があったが、その打撃は軽微だった。

選挙キャンペーンは、かつてない激しいものだった。選挙前の世論調査ではブライアン有利という予測もあって、エリートたちは本当に革命が起こるのではないかと心配し、多額の選挙資金を共和党によせた。その資金は大量の選挙用ビラとなって消えた。資金に乏しいブライアンは汽車で全国をかけめぐった。

激しい選挙戦を反映して、当日の投票率は八〇%近く、勝敗を分けるとされたアイオワ、イリノイ、インディアナ、オハイオ、ミシガンなど中西部では、じつに九五%にも達した。選挙結果は一般得票七一〇万票(得票率五一・〇六%)対六四九万票(四六・六七%)、選挙人獲得数二七一対一七六でマッキンリーの圧勝であった。ここに二大政党均衡の時代は終わりを告げた。共和党は、一九三二年の民主党のフランクリン・D・ローズヴェルトの登場まで続く長期支配体制を打ち立てた。得票分布をみれば、マッキンリーは、全国の工業的・都市的地域や安定した農業地域をおさえた。他方、ブライアンは、南部、鉱山州、西部の農業州をえたにすぎなかった。ポピュリストが期待をかけた労働者はブライアンの主張に応えなかった。彼らはもう自由労働イデオロギーを体現した自立的労働者ではなく、賃金労働者であり、フリー・シルヴァーやインフレ要求には違和感しかもたなかった。

激動のただなかの一八九三年、おりしもシカゴで開催中の万国博覧会をおとずれたヘンリー・アダムズはダイナモ(発電機)をはじめ巨大な近代的技術力を目の当たりにして、産業化の力に驚嘆し、ポピュリストのような農民や労働者にこれらを扱えるはずがないといった。彼はすでに資本の勝利とポピュリストの敗北を予言していたのであり、それは的中した。ポピュリストとブライアンの敗北は、自由労働イデオロギーの最終的敗北を意味した。象徴的だったのは、AFLの消長だった。賃労働制を受け入れたAFLは、九〇年代の激動を生き延び、世紀末に組合員数五〇万人を維持しただけでなく、二十世紀にはいりさらに拡大に向かい、早々に組合員は一〇〇万人を突破することになる。労働の側で生き残ったのは自由労働制ではなく、賃労働制を受け入れた勢力であった。

おりしも、一八九六年、連邦最高裁は「プレッシー対ファーガソン事件」判決において、公共施設における人種分離を、「分離しても同等の施設であれば差別ではない」という実態を無視した議論を立てて是認した。再建期後半から一八九〇年にかけて、黒人を取り巻く状況は、南部ばかりか連邦全体において、悪化を続けていた。広い意味での「南北戦争の時代」は終わり、ときは巨大な企業資本の優越する時代へとすでに大きく転換していた。

■索　　引

人名索引

●ア―オ

アイゼンハワー　下113-115, 123, 124, 126, 134, 136, 140
Eisenhower, Dwight David　1890-1969
アギナルド　下26
Aguinaldo, Emilio　1870-1964
アーサー　上147
Arthur, Timothy S.　1809-85
アダムズ, A.　上103
Adams, Abigail　1744-1818
アダムズ, H.　上234, 271
Adams, Henry　1838-1918
アダムズ, J.　下8, 15, 41
Addams, Jane　1860-1935
アダムズ, J.　上75, 98, 103-107
Adams, John　1735-1826
アダムズ, J. Q.　上128, 132, 169
Adams, John Quincy　1767-1848
アダムズ, S.　上74
Adams, Samuel　1772-1803
アリート　下221
Alito, Samuel Anthony, Jr.　1950-
アルジャー　上255
Alger, Horatio　1832-99
アンドロス　上49
Andros, Sir Edmond　1637-1714
イッキーズ　下75
Ickes, Harold Le Clair　1874-1952
ヴァンビューレン　上133, 135, 137, 138, 142, 143, 170
Van Buren, Martin　1782-1862
ウィーヴァー　上266
Weaver, James Baird　1833-1912
ヴィシー　上164
Vesey, Denmark　1767-1822
ウィリアムズ　上42
Williams, Roger　1603-83
ウィルキー　下85
Willkie, Wendell Lewis　1892-1944
ウィルソン, J. L.　上157
Wilson, John L.　1809-86
ウィルソン, W.　下9, 18, 31-38, 43, 44, 46-48, 93
Wilson, Woodrow　1856-1924
ウィルモット　上173
Wilmot, David　1814-68
ヴェラザーノ　上35
Verrazano, Giovanni da　1485？-1528？
ウォード　上264
Ward, Lester F.　1841-1913
ウォーレス, G.　下162
Wallace, George Corley　1919-98
ウォーレス, H. A.　下75, 105, 119
Wallace, Henry Agard　1888-1965
ウォーレス, H. C.　下49
Wallace, Henry Cantwell　1866-1924
ウォレン　下144, 160
Warren, Earl　1891-1974
エキアーノ　上58
Equiano, Olaudah　1745-97
エドワーズ　上64
Edwards, Jonathan　1745-

1801
エマソン　上149
Emerson, Ralph Waldo　1803-82
エリオット　上33
Eliot, John　1604-90
オグルソープ　上40
Oglethorpe, James Edward 1696-1785
オサリヴァン　上167
O'Sullivan, John Louis　1813-95
オズグッド　上98
Osgood, Samuel　1793-1836
オバマ, B.　下217, 225-232, 234
Obama II, Barack, Hussein 1961-

●カ―コ

カストロ　下115
Castro, Fidel Ruz　1926-2016
カーター　下172-176
Carter, Jimmy　1924-
カートレット　上45
Cartelet, Sir George　1610-80
カフリン　下69
Coughlin, Charles E.　1891-1979
カボット　上33
Cabot, John　1425頃-98
カポーティ　下161
Capote, Truman　1924-84
カーマイケル　下155
Carmichael, Stokely　1941-98
ガリソン　上151, 152
Garrison, William Lloyd 1805-79
カルヴァート　上38
Calvert, Cecil C.　1605-75
カルティエ　上35
Cartier, Jacques　1494-1557
カルフーン　上116, 137, 138, 159, 160, 168, 173, 187
Calhoun, John Caldwell　1782-1850
キッシンジャー　下140, 166, 171
Kissinger, Henry A.　1923-
キャス　上174
Cass, Lewis　1782-1866
キャメロン　上201
Cameron, Simon　1799-1889
キング　下132, 143, 162
King, Martin Luthur, Jr. 1929-68
クーパー　上40
Cooper, Anthony Ashley 1621-83
グラント　上213, 227
Grant, Ulysses　1822-85
クリーヴランド　上237, 262
Cleveland, Stephen Grover 1837-1908
クーリッジ　下49, 50
Coolidge, Calvin　1872-1933
クリッテンデン　上198
Crittenden, John Jordan 1787-1863
クリントン, B.　下204-209, 212, 213, 231
Clinton, Bill（William Jefferson） 1946-
クリントン, G.　上97
Clinton, George　1739-1812
クレイ　上116, 125, 132, 140, 141, 170, 182, 187
Clay, Henry　1777-1852
クレヴクール　上68, 69
Crèvecoeur, Michael de

1735-1813
グレーザー　下179
Glazer, Nathan　1923-2019
クローフォード　上132
Crawford, William Harris
1772-1834
ケナン　下108
Kennan, George F.　1904-2005
ケネディ, J.　下133-143, 145, 147, 148, 150
Kennedy, John F.　1917-63
ケネディ, R.　下162
Kennedy, Robert F.　1925-68
ケリー　下15
Kelley, Florence　1859-1932
ゴア　下220
Gore, Albert Arnold, Jr.
1948-
コクシー　上268
Coxey, Jacob S.　1854-1951
コシューシコ　上88
Kościuszko, Thaddeusz
1746-1817
コックス　下48
Cox, James M.　1870-1957
ゴールドウォーター　下145
Goldwater, Barry M.　1909-78
ゴルバチョフ　下194, 198, 199
Gorbachjov, Mikhail Sergejevich
1931-
ゴンパーズ　上267, 269, 下8
Gompers, Samuel　1850-1924

●サーソ
サッター　上169
Sutter, John Augustus　1803-80
サムナー　上187
Sumner, Charles　1811-74
サンガー　下41
Sanger, Margaret　1883-1966
サンズ　上38
Sandys, Sir Edwin　1561-1629
ジェイ　上96, 98
Jay, John　1745-1829
ジェファソン　上15, 62, 80, 84, 98-101, 105-113, 127, 130, 133, 137, 143, 167
Jefferson, Thomas　1743-1826
ジェロニモ　上250
Geronimo　1829-1909
シモンズ　下51
Simmons, William J.　1880-1945
ジャクソン, A.　上116, 124, 132-141, 143-145, 147, 148, 151, 174
Jackson, Andrew　1767-1845
ジャクソン, J.　下183
Jackson, Jesse　1941-
シャーマン　上213
Sherman, John　1823-1900
シャンプレーン　上35
Champlain, Samuel de　1567-1635
シュトイベン　上89
Steuben, Friedrich Wilhelm von
1730-94
シュレジンガー2世　下169
Schlesinger, Arthur, Jr.　1917-2007
シュワード　上201, 207
Seward, William　1801-72
ジョージ　上239, 264
George, Henry　1839-97
ジョンソン, A.　上216, 218-220
Johnson, Andrew　1808-75
ジョンソン, L.　下142, 145-148, 152-155, 157, 169

Johnson, Lyndon Baines 1908-73
シンクレア 下12
Sinclair, Upton Beall 1878-1968
スコット, D. 上188
Scott, Dred 1795-1858
スコット, W. 上172
Scott, Winfield 1786-1866
スコープス 下52
Scopes, John Thomas 1900-70
スタントン 上148
Stanton, Elizabeth Cady 1815-1902
スティーヴンズ, A. 上196, 216
Stevens, Alexander H. 1789-1869
スティーヴンズ, T. 上187, 222
Stevens, Thaddeus 1792-1868
スティーヴンスン 下125
Stevenson, Adlei Ewing 1900-65
スティムソン 下80, 81
Stimson, Henry Louis 1867-1950
ステファンズ 下11
Steffens, Lincoln 1866-1936
ストウ 上147, 183, 184
Stowe, Harriet Beecher 1811-96
スペンサー 上255
Spencer, Herbert 1820-1903
スミス, A. 下59
Smith, Alfred Emanuel 1873-1944
スミス, J. 上37
Smith, John 1579-1631
スミス, J. 上150
Smith, Joseph 1805-44
スレイター 上122
Slater, Samuel 1768-1835

●ター ト
タウンゼンド 下69
Townsend, Francis E. 1867-1960
タグウェル 下65
Tugwell, Rexford G. 1891-1979
ダグラス, F. 上152
Douglass, Frederick 1817頃-95
ダグラス, S. 上185, 191, 192
Douglas, Stephen Arnold 1813-61
ダグラス, W. 下160
Douglas, William O. 1898-1980
ダドレー 上48
Dudley, Joseph 1647-1720
ターナー 上249, 下35
Turner, Frederick Jackson 1861-1932
タフト 下15, 29, 30
Taft, William Howard 1857-1930
ダレス 下114
Dulles, John Foster 1888-1959
チェイニー 下221
Cheney, Richard Bruce 1941-
チェイフ 下132
Chafe, William 1942-
チャーチル 下86, 89
Churchill, Winston 1871-1947
チャップリン 上23
Chaplin, Charlie 1889-1977

チャベス　下156
Chavez, César Estrada　1927-93
デイヴィス, J.　上187, 196, 209
Davis, Jefferson　1808-89
デイヴィス, J.W.　下49
Davis, John W.　1799-1859
デイヴィス, S.　上64
Davis, Samuel　1838-1908
ディキンソン　上74, 80, 91
Dickinson, John　1732-1808
テイラー　下8
Taylor, Frederick Winslow　1856-1915
デ・ソト　上35
De Soto, Hernando　1500頃-42
テネント, G.　上64
Tennent, Gilbert　1703-64
テネント, W.　上64
Tennent, William　1673-1746
デブズ　上269, 下9, 10
Debs, Eugene Victor　1855-1926
デュー　上156
Dew, Thomas Roderick　1802-46
デューイ, G.　下23
Dewey, George　1837-1917
デューイ, T.　下119
Dewey, Thomas E.　1902-71
デュカキス　下191
Dukakis, Michael S.　1933-
デュボイス　上220, 下18
DuBois, William E. B.　1868-1963
デレイニ　上152, 153
Delany, Martin Robinson　1812-85
デ・レオン　上264
De Leon, Daniel　1852-1914
トウェイン　上9, 233
Twain, Mark　1835-1910
トクヴィル　上17, 18, 163
Tocquville, Alexis de　1805-59
ドーズ　下57
Dawes, Charles Gates　1865-1951
トーニー　上188
Taney, Roger Brooke　1777-1864
トランプ, D.　下217, 233, 234
Trump, Donald John　1946-
ドール　下208
Dole, Robert Joseph　1923-
トルーマン　下96, 105, 107, 108, 111, 113, 116, 117, 119, 121, 140
Truman, Harry S.　1884-1972
ドレイク　上33
Drake, Sir Francis　1545頃-96

●ナ―ノ
ナイ　下82
Nye, Gerald P.　1892-1971
ニクソン　下133, 162-170, 191, 197
Nixon, Richard Milhous　1913-94
ネルソン　下97
Nelson, Donald M.　1888-1959
ノイズ　上150, 151
Noyes, John Humphrey　1811-86
ノックス, H　上98
Knox, Henry　1750-1806
ノックス, P.　下30
Knox, Philander Chase　1853-1921

●ハ―ホ
バー　上106, 111, 112
Burr, Aaron　1756-1836
ハウ　上177
Howe, Elias　1819-67
パーキンス　下66
Perkins, Frances　1882-1965
パークス　下132
Parks, Rosa　1913-92
ハースト　下22
Hearst, William Randolph　1863-1951
バチスタ　下115
Batista y Zaldivar, Fulgencio　1901-73
ハッチンソン　上42
Hutchinson, Anne　1591-1643
ハーディング　下48
Harding, Warren Gamaliel　1865-1923
ハドソン　上35, 44
Hudson, Henry　?-1611
バトラー　上202
Butler, Benjamin　1818-93
パーマー　下43
Palmer, A. Mitchel　1872-1936
ハミルトン　上95, 96, 98-101, 111, 140
Hamilton, Alexander　1757-1804
ハモンド　上154
Hammond, James H.　1807-64
ハリソン, B.　上235, 236
Harrison, Benjamin　1833-1901
ハリソン, W.　上135
Harrison, William Henry　1773-1841
ハリントン　下144
Harrington, Michael, Jr.　1928-89
ハル　下65, 81
Hull, Cordell　1871-1955
ハンコック　上80
Hancock, John　1737-93
ビーチャー　上146
Beecher, Lyman　1775-1863
ビドル　上140
Biddle, Nicholas　1786-1844
ヒューズ　下34, 49, 55, 57
Hughes, Charles Evans　1862-1948
ピューリツァー　下22
Pulitzer, Joseph　1847-1911
ビリャ　下35
Villa, Francisco　1877-1923
ピンショー　下29
Pinchot, Gifford　1865-1946
フィッツヒュー　上161
Fitzhugh, George　1806-81
フーヴァー　下49, 59, 60, 62-64, 79-81
Hoover, Herbert Clark　1874-1964
フェラーロ　下183, 184
Ferraro, Geraldine A.　1935-2011
フオード, G.　下170-172
Ford, Gerald Rudolph　1913-2006
フォード, H.　上22
Ford, Henry　1863-1947
フォール　下49
Fall, Albert B.　1861-1944
フセイン　下199, 200, 223, 225
Husayn, Saddām　1937-2006
フッカー　上42
Hooker, Thomas　1586頃-1647
ブッシュ(父)　下191-193, 198-205,

212, 221, 222
Bush, George Herbert Walker 1924-2018
ブッシュ(子) 下221-223, 225-227, 234
Bush, George Walker 1946-
ブライアン 上270, 271, 下35, 37, 52, 59
Bryan, William Jennings 1860-1925
ブラウン, J. 上187, 191, 192
Brown, John 1800-59
ブラウン, M. 上122
Brown, Moses 1738-1836
ブラック 下160
Black, Hugo 1886-1971
ブラック・ホーク 上145
Black Hawk 1767-1838
フランクリン 上60-62
Franklin, Benjamin 1706-90
ブランダイス 下34
Brandeis, Louis Dembitz 1856-1941
フリーダン 下161
Friedan, Betty 1921-2006
フリーモント 上201
Fremont, John Charles 1813-90
ブルックス 上187
Brooks, Preston S. 1819-57
プレスリー 下131
Presley, Elvis 1935-77
ブレッキンリッジ 上192
Breckinridge, John Cabell 1821-75
ブレナン2世 下160
Brennan, William J., Jr. 1906-97
ブレーン 上262
Blaine, James G. 1830-93
プロッサー 上164
Prosser, Gabriel 1776頃-1800
ヘイ 下23, 26
Hay, John Milton 1838-1905
ヘイズ 上229
Hayes, Rutherford 1822-93
ペイン 上82, 84
Paine, Thomas 1737-1809
ベラミー 上264
Bellamy, Edward 1850-98
ベル 上192
Bell, John 1797-1869
ペロー 下205
Perot, H. Ross 1930-
ペン 上32, 45, 47, 48
Penn, William 1644-1718
ヘンリー 上79, 97
Henry, Patrick 1736-99
ホイットニー 上121
Whitney, Eli 1765-1825
ホイットフィールド 上64
Whitfield, George 1714-70
ポカホンタス 上38
Pocahontas 1595-1617
ポーク, J. 上170-172
Polk, James Knox 1795-1849
ホプキンズ 下66, 67, 75
Hopkins, Harry 1890-1946
ポール 下40
Paul, Alice 1885-1977
ホワイト 下130
Whyte, William H., Jr. 1917-99

●マ―モ

マクガヴァン 下164
McGovern, George 1922-2012
マクナマラ 下151

McNamara, Robert S.　1916-2009
マコーミック　上178
McCormick, Cyrus Hall　1809-84
マーシャル　下108, 112
Marshall, George Catlett　1880-1959
マッカーサー　下113
MacArthur, Douglas　1880-1964
マッカーシー　下122, 123
McCarthy, Joseph Raymond　1909-57
マッキンリー　上235, 236, 270, 271, 下19, 22, 23
McKinley, William　1843-1901
マディソン　上96, 97, 100, 105, 115, 116, 124, 125, 127, 133
Madison, James　1751-1836
マハン　下27
Mahan, Alfred Thayler　1840-1914
メタコム　上32
Matacom　1639頃-76
メネンデス・デ・アヴィレス　上35
Ménendez de Aviles, Petro　1519-74
メロン　下49
Mellon, Andrew William　1855-1937
モイニハン　下179
Moynihan, Daniel P.　1927-2003
モーガン　下20
Morgan, John Pierpont　1837-1913
モーゲンソー2世　下66
Morgenthau, Henry, Jr.　1891-1967
モット　上148
Mott, Lucretia　1793-1880
モートン　上162
Morton, Samuel George　1799-1851
モーリー　下65
Moley, Raymond　1886-1975
モリソン　下124
Morison, Samuel Eliot　1887-1976
モンデール　下183
Mondale, Walter F.　1928-
モンロー　上125-129
Monroe, James　1758-1831

●ヤ―ヨ

ヤング　上150
Young, Brigham　1801-77

●ラ―ロ

ライスラー　上45
Leisler, Jacob　1640?-91
ライト　上138
Wright, Silas　1795-1847
ラファイエット　上88
Lafayette, Marquis de　1757-1834
ラフォレット　下13, 38, 39, 49
La Follette, Robert M.　1855-1925
ラローク　上35
La Rocque de Roberval, Jean-François de　1500?-60
ランキン　下41
Rankin, Jeannette　1880-1973
ランドルフ　上98
Randolph, Edmund　1753-1813

ランドン　下74
Landon, Alfred M.　1887-1987
ランファン　上106
L'Enfant, Pierre Charles　1754-1825
リー, R. E.　上191, 213
Lee, Robert Edward　1807-70
リー, R. H.　上84
Lee, Richard Henry　1732-94
リースマン　下130
Riesman, David　1909-2002
リップマン　下106
Lippmann, Walter　1889-1974
リンカーン　上189-198, 200-209, 212, 214-216
Lincoln, Abraham　1809-65
ルーサー　下118
Reuther, Walter Philip　1907-70
ルース　下90, 106
Luce, Henry R.　1898-1967
レーガン　下163, 174-180, 182-186, 188, 190-197, 202, 205, 211, 212, 225, 228
Reagan, Ronald　1911-2004
ロイド　上264
Lloyd, Henry Demarest　1847-1903
ローズヴェルト, F. D.　上271, 下64-66, 72-76, 78-83, 85, 88, 89, 91, 92, 94, 102, 104, 105, 117, 145, 169, 227
Roosevelt, Franklin Delano　1882-1945
ローズヴェルト, T.　上239, 下9, 18-20, 22, 27-31, 32
Roosevelt, Theodore　1858-1919
ロストウ　下138
Rostow, Walt Whitman　1916-2003
ロック　上40, 83
Locke, John　1632-1704
ロバーツ　下221
Roberts, John, Jr.　1955-
ローリー　上34
Raleigh, Sir Walter　1552頃-1618
ロルフ　上38
Rolfe, John　1585-1622
ロング　下69
Long, Huey Pierce　1893-1935

●ワ
ワシントン, B.　下18
Washington, Booker T.　1856-1915
ワシントン, G.　上54, 80, 81, 86-89, 95, 98-102, 106, 130
Washington, George　1732-99

事項索引

●ア―オ

INF全廃条約　下195, 234
愛国心　下39, 42, 51, 100
アイルランド系移民　上19, 175, 243, 下7, 82
赤狩り(第一次世界大戦後)　下43, 48
アダムズ-オニス条約　上117
アメリカ回復・再投資法　下229
アメリカ共産党　下71
アメリカ歳入法→砂糖法
アメリカ社会党　下9, 43, 71
アメリカ植民協会　上126, 127, 184
アメリカ人種学派　上162
アメリカ体制　上125
アメリカ的製造方式　上176-178
『アメリカ農夫の手紙』　上69
「アメリカの世紀」　下90, 106
アメリカ・メキシコ戦争　上172
アメリカ労働総同盟　上261, 267, 269, 271, 下8, 9, 50
アラスカ　上128
『アンクル・トムズ・ケビン』　上147, 183-185
アン女王戦争(スペイン継承戦争)　上54
安全保障国家　下110
アンダークラス　下190, 209
イギリス国教会　上36, 42, 45, 65, 67
イギリス帝国特恵関税制度　下80
石井-ランシング協定　下36
「偉大な社会」構想　下142, 145, 147, 153
移民　上12, 16-21, 26, 175, 176, 207, 208, 210, 223, 240, 243, 245, 246, 263, 下4-8, 12, 51, 52, 74, 79, 147, 216
移民法(1924年)　下51
移民法(1965年)　下147
イラン・アメリカ大使館人質事件　下174, 175
イラン核合意(2015年)　下230, 234
イラン・コントラ疑惑　下195
医療法(1965年)　下147
印紙法　上51, 73
インディアン→先住民
インディアン戦争　上32, 33, 63
インドシナへの介入　下114
『ヴァージニア覚書』　上127
ヴァージニア会社　上37
ウィスキー反乱　上99
ウィルモット条項　上173, 174
ヴェルサイユ条約　下46, 47
ウォーターゲイト事件　下169, 170
運河　上118, 119, 124, 137, 142, 158, 179, 180
映画　上24, 下53, 54, 100, 121, 123, 131, 159
英蘭戦争(第二次・第三次)　上44, 45, 47
XYZ事件　上104
エリー運河　上119-121
オイル・ショック　下165, 168
王政復古　上39
王領植民地　上38, 40, 47, 48
オーストリア継承戦争→「ジェンキンズの耳」戦争
オナイダ共同体　上151
オバマケア(「患者保護及び医療費負担適正化法」)　下232
オマハ綱領　上261, 266, 269
オルバニー会議　上55, 73
オレゴン条約　上172
オレゴンへの移住　上169
オレゴン領有問題　上169-172

●カ—コ

外国人排斥運動　上176, 237, 261
外国人法・扇動法　上105, 108
解放民局　上218, 222
科学的経営理論　下8
革新主義運動　下10, 12, 14, 15, 42
革新党(1912年)　下31, 34
革新党(1924年)　下49
革新党(1948年)　下119, 122
核戦略　下139
核の恐怖　下116, 122, 177
核兵器　下114, 116, 133, 136, 152, 177, 194, 195, 202, 214
カサブランカ会談　下91
家族　上23, 下129, 163, 190, 210
合衆国銀行(第一)　上99, 123, 140
合衆国銀行(第二)　上123, 124, 125, 140-143
カトリック　上38, 245, 下5, 15, 51, 52, 59
カナダ　上3, 9, 35, 91, 116, 126, 184, 下80, 202
カーナー報告　下155
カーペットバッガー　上224
刈取り機　上177, 178
カリフォルニアへの産業の移動　下101
環境保護　下22
環境問題　下147, 196, 203, 211
カンザス・ネブラスカ法　上185-188, 191
関税法(1816年)　上125
関税法(1828年)　上138, 139, 160
関税法(1832年)　上138, 139
関税法(1861年, モリル関税法)　上205
関税法(1890年, マッキンリー関税法)　上235
関税法(1913年, アンダーウッド関税法)　下32
関税法(1922年, フォードニー-マッカンバー関税法)　下50, 58
関税法(1930年, スムート-ホーリー関税法)　下58, 64
関税問題　上123-125, 138, 139, 238, 下29
完全主義　上149-151
カンバーランド国道　上118, 125
議会内保守連合　下76, 104, 140
機会の平等　下179
企業規制(連邦政府による)　下20, 21, 31, 33, 178, 211
気候変動抑制に関するパリ多国間協定(2015年)　下230
北アメリカ自由貿易協定　下202
北大西洋条約機構　下111, 139
北ベトナム爆撃　下151, 157, 166
9.11→同時多発テロ
九カ国条約　下56
キューバ　下22-24, 26, 58, 82, 115
キューバ危機　下137, 139
恐慌(1819年)　上130
恐慌(1873年)　上229, 263
恐慌(1893年)　上268
競合的多数の理論　上160
行政府再編法　下79
共和主義(リパブリカニズム)　上102, 108, 113
共和党　上25, 186, 191, 192, 195, 196, 217, 218-220, 227-229, 235-239, 255, 258, 270, 271, 下6, 22, 29, 31-34, 46-48, 49, 55, 57-59, 74, 82, 85, 104, 119, 124, 125, 163, 176, 183, 191, 193, 203, 206-209, 221, 222, 229, 232, 233, 235
共和党急進派(共和党革新派)　上218, 219, 222, 223, 226, 下29, 31, 65

巨大企業　下19
ギリシア・トルコ援助法案　下107
『ギルディッド・エイジ』　上233
銀貨無制限鋳造の要求　上269-271
銀行法(1935年)　下73
禁酒運動　上146, 147, 262, 下14, 15
禁酒法(州)　上147, 262, 下15
禁酒法(全国)　下52
緊張緩和(デタント)　下136, 166, 173, 195
金ぴか時代　上233-235, 240
金融危機(1930年代)　下62, 66
グアダルーペ-イダルゴ条約　上172
グアム　上6, 下23
クエーカー教徒　上42, 45, 47
クー・クラックス・クラン　上227, 230
クー・クラックス・クラン(第二次)　下51, 59
グリーンバック(運動)　上205, 208, 239, 260
クレイトン反トラスト法　下33
グレート・プレーンズ　上9, 247
グレンジャー運動　上239
グレンジャー法　上260
軍産複合体　下98, 125
軍隊宿営法　上73-76
経済機会法　下146
経済再建税法(1981年)　下180
経済的権利章典　下105, 117
ケインズ的経済政策　下117, 140
ケベック法　上76, 78
ケロッグ-ブリアン条約　下58
原子爆弾　下92, 96, 106, 107
原子力発電　下181
減税　下49, 50, 140, 180, 181, 185, 192
ケンタッキー決議　上105
憲法(連邦憲法)　上93, 95-100, 152, 158, 188, 196, 197, 219, 227, 下90
憲法修正第1条　上97
憲法修正第14条　上219, 220, 227, 236, 260
憲法修正第15条　上227, 236
憲法修正第16条　下32
憲法修正第17条　下13
憲法修正第18条　下15, 42
憲法修正第19条　下16, 42
憲法制定会議(フィラデルフィア会議, 1787年)　上95
「権利の章典」　上96, 97
郊外化　下127-129
航海法　上48, 50, 52
公教育(制度)　上62, 146, 221, 222, 226, 230, 231, 251, 262, 266, 下190
公共事業局　下67
航空機産業　上11, 下101, 212
公正雇用実施委員会　下102, 117
公正労働基準法　下75
交通革命　上113, 118, 120, 123, 140, 145, 180, 181, 185, 192
幸福追求　上15
公民権法(投票権法, 1965年)　下146
公務員制度改革　上238, 262
公有地条例(1785年)　上93
国際通貨基金(IMF)　下93, 201
国際連合　下89, 93, 94, 108, 113, 174, 199
国際連盟　下46-48, 55
黒人(アフリカ系アメリカ人, アフロアメリカン)　上19, 20, 26, 30, 55, 56, 58, 59, 121, 126-128, 152, 153, 155, 156, 162-167, 183-185, 188-191, 198, 201, 203, 204, 208, 211-227, 229-231, 251-253, 265, 266, 272, 下3, 8, 16, 18, 42-44, 51, 53, 74, 76-78, 102, 126, 131, 132, 134, 136, 141, 143, 146, 153-156, 179,

183, 184, 190, 220, 227, 228
黒人投票権の剥奪　上231, 266, 下16
黒人取締法　上217, 222, 231
黒人文化　上165, 166
国内治安法　下122
国法銀行(法)　上206, 260
国民健康保険制度　下79, 119, 205, 206
国連軍　下113
国連国際環境開発会議　下203
互恵通商協定法　下81
国家安全保障会議　下111
国家安全保障会議68号文書(NSC68)　下111, 113
国家安全保障法　下110
コットン・ジン→綿繰り機
『コモンセンス(常識論)』　上82
雇用促進局　下72, 104
雇用法　下117
孤立主義　上130, 下39, 47, 78, 82, 83, 85, 86, 100
ゴールドラッシュ　上172, 182, 245
「棍棒」外交　下27

●サーソ
再建州政府　上220, 221, 223-225, 229-231, 255
再建法　上219, 220
最高裁革命　下76
財政赤字　下141, 153, 192, 193, 196, 207
サーヴィス産業　下127, 147, 187, 188, 193
サウスカロライナ人民への布告　上139
砂糖法(「アメリカ歳入法」)　上72
産業革命　上121-123, 140, 145
産業別組合会議(前身産業別組織委員会)　下73
参戦(第一次世界大戦)　下36-39, 83
参戦(第二次世界大戦)　下88
サンフランシスコ講和条約　下112
GI権利章典→兵士再適応法
シェアクロッピング制　上225
ジェイ条約　上101, 102
自営農地法(ホームステッド法)　上192, 206, 248
シェーカー派　上149
「ジェンキンズの耳戦争」(オーストリア継承戦争)　上54
四カ国条約　下56
市支配人制　下13
市場経済　上123, 下141
市政改革運動　下12
自治植民地　上48
七年戦争→フレンチ・アンド・インディアン戦争
失業保険制度　下73
「シティズンズ・ユナイテッド対連邦選挙委員会」判決　下234
自動車　上11, 22, 下54, 60, 118, 120, 127, 181, 186, 211
司法部改革法案(1937年)　下76
市民権運動　下18, 132, 136, 141, 143, 145, 146, 154, 158
市民権法(1866年)　上218, 219, 227
市民権法(1964年)　下142, 145, 161
市民的自由の抑圧(第一次世界大戦期)　下43
ジムクロウ制度→人種分離(制度)
社会主義運動　下9
社会進化論　上255
社会の分極化　下188
社会保障法(1935年)　下73
ジャクソニアン・デモクラシー　上133
ジャズ　下53
シャーマン反トラスト法　上235,

下19, 33
自由銀行法　上143
州権党　下119
州憲法　上138, 219, 220
州権論　上137
自由黒人　上44, 75, 126, 152, 162, 188, 190, 198, 220
州際高速道路網　下127, 192
州際通商委員会　下21
州際通商法　上235
重商主義　上51-53
住宅建設　下119, 127
住宅法(1954年)　下125
自由党　上152
自由土地党　上152, 173, 181
「自由の息子たち」　上73
自由貿易政策(アメリカ)　下81, 89, 92
州法銀行　上123, 124, 140, 141
自由放任(主義)　上137, 235, 255, 下49, 62
住民主権　上174, 182, 183, 186, 187, 189, 191
住民投票制　下13
住民発議制　下13
一四カ条　下44
自由労働イデオロギー　上232, 237, 254, 255, 257, 258, 263, 266, 267, 271
出港禁止法　上111
10%プラン　上214, 215
ジュネーヴ協定　下114
「巡礼の始祖」(ピルグリム・ファーザーズ)　上41, 43
「障害をもつアメリカ人法」　下211
蒸気船　上119
証券取引法　下68
情報化時代の開幕　下187
情報の自由法　下170
商務院　上50, 51
「勝利なき平和」演説　下37
「諸条件の平等」　上18
女権運動(女性運動)　上146, 147, 148, 260, 下15, 16, 160, 161, 210
女性参政権　上260, 261, 下16, 33, 42
女性の地位　上68, 102, 147, 148, 下54, 102, 129, 160, 161, 183
所得税(連邦)　下31, 32
新移民　下5, 9, 15
人権外交　下173
人工衛星　下187
人種差別　上26
人種分離(制度)(ジムクロウ制度)　上266, 272, 下16, 134
人種暴動　下43, 48, 155
真珠湾攻撃　下86, 88, 90, 96, 102
新保守主義　下179
進歩のための同盟　下138
人民党(ポピュリスト)　上265-271 下4, 11
新連邦主義　下163
枢密院　上49, 50
スエズ戦争　下115
スキャラワッグ　上224
スコープス裁判　下52
スタグフレーション　下170, 175
スペイン継承戦争→アン女王戦争
スポイルズ・システム→猟官制
西漸運動　上113, 116, 118, 120, 185
世界経済　下62
世界産業労働者組合　下9, 43
積極国家　上235
積極的差別是正措置　下154, 161
セツルメント(・ハウス)運動　上262, 下8, 15
セミノール戦争(第二次)　上145
セーラムの魔女狩り　上62, 63

セルフメイド・マン　上134
全国黒人向上協会　下18
全国産業復興法　下67, 69, 72
全国社会正義同盟　下69
全国女性組織　下161
全国復興局　下67
全国労働関係法(ワグナー法)　下73
戦時権限法　下170
戦時債務　下57
戦時産業局(戦時生産局)　下39, 97
戦時動員体制(第一次世界大戦)　下39, 42
戦時動員体制(第二次世界大戦)　下96-102
先住民(インディアン)　上4, 6, 12, 17, 28-33, 37, 38, 41, 47, 54, 55, 65, 66, 101, 143-145, 249, 250, 下156
先住民強制移住法　上144
選抜徴兵法(1917年)　下39
選抜徴兵法(1940年)　下85, 98
選抜徴兵法(1948年)　下109
1812年戦争　上113, 116, 118, 120-124, 133
1818年の英米国境条約　上117
1850年の妥協　上182, 183
全米自動車労働組合　下118, 218
専門家　下11, 13, 22
戦略兵器削減条約(第一次)　下202
戦略兵器削減条約(第二次)　下202
戦略兵器制限条約　下168
善隣外交　下82, 115
総会議　上14, 41
組織社会　上25, 26
租税改正法(1986年)　下185
ソ連　下82, 85, 91, 94, 96, 100, 106, 110-113, 115, 116, 119-122, 126, 136-139, 151, 157, 166, 168, 171, 173, 174, 176, 194, 195, 197-199

●ター ト

対アフガニスタン戦争　下216, 223-225
対イラク戦争　下200, 216, 223-225
第一次世界大戦　下36-47
大覚醒　上64, 65
大覚醒(第二次)　上113
大気汚染防止法(1990年)　下203
大企業社会　上24, 25, 下3, 4, 97
大恐慌　下57, 59-68
対抗文化　下158, 162, 179, 204
大衆文化　上24, 25, 下130
大西洋憲章　下86, 89
大統領権限　上135
大統領権限の拡大　下168, 169
第二次世界大戦　下84, 88-105
大陸横断鉄道　上185, 192, 206, 241
大陸会議(第一回)　上76, 78, 91
大陸会議(第二回)　上80, 84, 88, 90, 91, 98
大陸軍　上88
大量消費　上24, 243, 下54
大量生産　上22, 下54
タウンゼンド運動　下69
タウンゼンド諸法　上74, 75
タウン・ミーティング　上41, 76
ダニエル・シェイズの乱　上94
タバコ　上38, 39, 52, 78, 121, 149, 154, 251
タフト-ハートリー法　下118
男女同権修正条項　下161
ターンパイク(有料道路)　上118, 119, 142
ダンバートン・オークス会議　下93
小さな政府　下178, 180, 193, 209, 212, 213, 232
中央情報局　下110, 115, 138
中国人移民　上245, 263
中国人労働者移民排斥法　上263

中国貿易　上169
中産階級　上246, 254, 257, 258 ,260, 261, 263, 下9, 15, 74, 119, 123, 130, 131, 159, 183, 184, 193, 206, 218-219, 228, 233
中産階級的生活スタイル　上24, 下129
中南米→ラテンアメリカ
中立法　下83, 84
朝鮮戦争　下112-114, 122, 124, 136
「懲罰的」諸法　上78
徴兵法(南部連合)　上210
徴兵法(連邦, 1863年)　上208
直接予備選挙制度　下13
通貨法　上53
帝王的大統領制　下138, 169
帝国主義　下26, 29
ティー・パーティー運動　下231-233
テキサス併合問題　上167, 168, 170, 171
デタント→緊張緩和
鉄道　上179-181, 207, 209, 212, 223, 235, 240, 241, 248, 251, 252, 259, 260, 下3, 4, 20, 21, 42
鉄道ストライキ(1877年)　上258
「鉄のカーテン」演説　下107
鉄法　上53
テネシー渓谷開発公社　下68
デパート　上243
テヘラン会談　下91
デモクラティック・リパブリカン党　上132, 134
テレビ　上24, 下120, 129, 152, 182
ドイツ系移民　上19, 66, 175, 243, 下38, 43, 82
ドイツ賠償問題　下57
同時多発テロ(9.11)　下221-225
投票権法→公民権法
投票税　下16, 71
投票率の低下　下172, 184
逃亡奴隷法　上182
独占　上242, 下4, 32
独立宣言　上15, 82-86
独立戦争　上78-91
都市化　上19, 240, 242, 248, 252, 下54
ドーズ法　上250
ドミニオン・オヴ・ニューイングランド　上49
ドル外交　下30
ドルと金の交換停止　下165
トルーマン・ドクトリン　下108
奴隷解放　上197, 198, 201-204, 208, 210, 212, 216
奴隷制即時廃止運動(家)　上146, 151, 152, 198
奴隷制度　上8, 26, 55-57, 85, 93, 121, 124, 151-156, 160-163, 166, 168, 173, 174, 181-192, 195, 196, 198, 202, 216, 232
奴隷制擁護論　上160-162
奴隷取締法　上164
奴隷反乱　上59, 163
奴隷貿易　上57
奴隷貿易禁止法　上121
ドレッド・スコット判決　上188, 191, 192, 194
トンキン湾決議　下150, 166

●ナ—ノ

ナショナル・リパブリカン党　上132, 134, 140
ナット・ターナーの乱　上164
南・東欧系移民　上245, 254, 263, 下51, 147
南部への産業の移動　下101, 186, 191

南部民主党保守派　下76, 78, 104
南部連合(アメリカ連合国)　上193, 196, 197, 200, 201, 209, 210, 214-216, 219
南北戦争　上194-213
日米関係　下28, 56, 84, 86
日米交渉(1941年)　下86
日系人強制収容　下99
日本　下28-30, 35, 55, 56, 79, 80, 82-84, 86, 88, 89, 94, 96, 106, 112, 164, 186, 200
日本人移民　上245, 263, 下28, 51
日本占領政策　下112
ニューイングランド評議会　上43
「ニューサウス」計画　上251
ニューディール　下12, 42, 64, 68-76, 78, 79, 117, 119, 121, 125, 145, 156, 178
ニューディール・リベラリズム　下75, 79, 145
ニューディール連合　下74, 172
ニュー・ナショナリズム　下31, 33, 34
ニューネーデルラント植民地　上35, 44, 47
ニュー・フリーダム　下31, 33
ニューヨーク植民地農民の土地暴動事件　上66
ニューレフト運動　下157, 158, 161
ネオコン　下221
年期(契約)奉公人　上49, 55, 56, 61
農業革命　上249, 258
農業調整法　下67, 72, 78
農民同盟　上265
ノーナッシング党　上176

●ハ―ホ

パクス・アメリカーナ　下133
八時間労働制の要求　上257, 258
パナマ運河　下27
パリ講和会議(1919年)　下46
パリ講和条約(1898年)　下23, 26
ハワイ　上6, 下96
ハワイの併合　下23
反共産主義　下120
バンクヘッド－ジョーンズ小作農民法　下75
万国博覧会　上178, 262, 271
反ニューディール　下68, 69, 72
ヒスパニック　上20, 下156, 216, 227
非米活動委員会(下院)　下121, 122
ピューリタン　上13-15, 37, 41-44, 67
ピルグリム・ファーザーズ→「巡礼の始祖」
貧乏白人　上157
フィラデルフィア会議→憲法制定会議(1787年)
フィリップ王戦争　上32
フィリピン　下23, 26, 29, 82
フィリピン独立軍との戦争　下26
封じ込め政策　下108, 112, 113, 115, 118, 137
フェデラリスト(党)(連邦派)　上96, 100, 101, 104, 106, 108, 125, 126
プエルトリコ　上6, 下23
フォード・システム　上22, 23
武器貸与法　下85, 90, 97
福祉国家　下73, 179
福祉制度改革法(1996年)　下213
普通選挙制度(白人男子)　上133, 下6
復興金融公社　下64
部分的核実験停止条約　下139
「ブラウン対教育委員会事件」判決　下126, 131, 134, 144
ブラックパワー　下155

ブラック・ホーク戦争　上145
プラット修正条項　下26
プランター　上61, 62, 78, 81, 121, 137, 145, 157, 158, 164, 215-217, 222, 223, 225, 231, 251, 266
プランテーション　上56, 121, 123, 201, 203, 210 212, 214, 215, 217, 225
プルマン・ストライキ　上269
「プレッシー対ファーガソン事件」判決　上271
ブレトンウッズ協定　下93
プレーリー　上9, 10
「フレンチ・アンド・インディアン戦争」(七年戦争)　上54, 55, 70, 71
プロテスタント　上38, 62, 237, 245, 下4, 51
フロリダ購入　上117
フロンティア学説　下35
フロンティアの消滅　上249, 下22
米英金融通商協定　下107
兵士再適応法(GI権利章典)　下105, 117
米西戦争　上245, 下23, 26, 27
ベーコンの反乱　上65, 66
ベトナム戦争　下136, 148-153, 162, 166, 169, 223
ベトナム反戦運動　下156-159
ベトナム和平協定　下166
ベルリンの壁　下139, 197, 198
『ペンシルヴェニアの一農夫の手紙』　上74
変動相場制　下165
ペンドルトン法　上238, 262
ホイッグ急進派の思想　上83
ホイッグ党　上132, 134-136, 139, 170, 173, 186
貿易赤字　下164, 196
包括的核実験禁止条約　下214
法貨法　上205
邦憲法の制定　上81
帽子法　上52
「法と秩序」　下162, 191, 228, 233
泡沫法　上52
北西部条例　上93
母子家庭の増加　下190
ボス政治(家)　上227, 238, 246, 262, 下7, 14
ボストン茶会事件　上76, 77
ポツダム会談　下94
ポピュリスト→人民党
ホームステッド法→自営農地法
ホームレス　下64, 181, 193

●マ—モ

マイケル・ブラウン射殺事件　下220
マクネアリー－ハウゲン法案　下50, 59
マサチューセッツ湾植民地会社　上41
マーシャル・プラン　下108, 121
マシーン　下7, 12-14, 59, 71
マッカーシズム　下110 122, 124, 159
マックレーカー　下12
ミシン　上177
ミズーリ協定　上181, 186, 188, 189
民主党　上25, 132, 137, 139, 142, 170, 173, 174, 191, 192, 194, 227-229, 235, 237, 238, 270, 下6, 7, 18, 31, 32, 34, 48, 59, 64, 65, 67, 72, 74-76, 78, 79, 113, 117, 119, 125, 141, 145, 162, 164, 169, 172, 176, 183, 184, 204-206, 208, 227, 229-231
民主党による南部一党支配　下18, 76, 78, 146

民族自決の原則　下38, 44, 86, 89
民兵　上87, 88
無効宣言の理論　上138, 139, 160
無条件降伏　下91
無制限潜水艦戦　下38
無党派層　下185
明白な運命　上167
名誉革命　上49, 51
メイン法　上147
メキシコ　上128, 167, 168, 171-173, 182, 186, 200, 250, 下35, 38, 202
メディケア　下146, 207, 232
メディケイド　下147, 207, 232
綿花　上121, 123, 137, 154-156, 158, 178, 200, 206, 209, 248, 251, 253
『もうひとつのアメリカ』　下144
木綿工業　上122, 123
モリル土地供与法　上206
モルモン教　上149, 150
門戸開放政策　下26, 30, 36, 56, 79, 93
モントゴメリー・バス・ボイコット運動　下132, 136
モンロー主義　上128-130, 171, 下27
モンロー主義へのローズヴェルト・コロラリー　下27, 58

●ヤ―ヨ

ヤルタ会談　下94, 106
ヤング・プラン　下57
「有益な怠慢」　上51, 70
豊かな生活　下120, 129
ユダヤ系移民　下7
ユダヤ人　上19, 下51, 52
ユートピア共同体の建設　上146, 149-151
要扶養児童家族扶助制度　下213
四つの自由　下86, 89, 92, 100, 105

●ラ―ロ・ワ

ラジオ　上24, 下53, 66, 69
ラストベルト　下218
ラテンアメリカ(中南米)　上16, 126, 128, 129, 163, 下30, 81, 82, 115, 138, 201, 202
ラテン・グラマースクール　上62
リストラクチャリング　下186, 193
リパブリカニズム→共和主義
リパブリカン(党)(共和派)　上100, 101, 105, 106, 108, 115, 124, 125, 131
リベラル　下78, 104, 105, 120, 121, 125, 141, 143, 145, 154, 155, 163, 183, 204, 210
リベリア　上126-128, 151, 184
リーマンショック　下215, 225
流血のカンザス　上187
猟官制(スポイルズ・システム)　上136, 262
領主植民地　上48
リンカーン=ダグラス論争　上191
ルイジアナ購入　上108-110, 167
ルイスとクラークの探検隊　上110
ルート-高平協定　下29
冷戦合意　下139, 152, 162
冷戦後の新しい世界秩序の構築　下199
レーガノミックス　下178
レギュレーター運動　上66
連合議会　上93, 95, 98
連合規約　上91-94, 96
連合国宣言　下90
連邦課税法(1861年)　上205
連邦緊急救済局　下66
連邦準備制度　下33, 62
連邦準備制度理事会　下73, 181, 215, 229
連邦準備法(1913年)　下33

連邦取引委員会法　下33
ロアノーク島への植民　上34
労働騎士団　上239, 258, 260, 261, 263, 266, 267
労働組合　上208, 257, 271, 下8, 9, 20, 50, 73, 118, 122, 183, 184, 219
労働災害保険　下14
老齢年金制度　下73
ロシア革命(ソ連の成立)　下46, 48
ロング・ドライヴ　上247
ロングによる「財産分配運動」　下71
ロンドン会社　上37
ロンドン経済会議(1933年)　下80, 81
ワグナー−スティーガル住宅供給法　下75
ワグナー法→全国労働関係法
ワシントン会議　下54-57, 79
WASP(ワスプ)　下4, 5, 7, 8, 15, 52, 74
綿繰り機(コットン・ジン)　上121, 178
湾岸戦争　下199, 200, 223

写真引用一覧

1……Bernard Bailyn et al., *The Great Republic : A History of the American People,* vol.1, Lexington, D. C. Heath and Co., 1977, 1985 (3th ed.).

2……David A. Hounshell, *From the American System to Mass Production, 1800-1932 : The development of Manufacturing Technology in the United States,* Baltimore/London, The Johns Hopkins University Press, 1984.

3……John W. Kirshon (ed.), *Chronicle of America,* New York, Chronicle Publications, 1989.

4……Carl N. Degler et al., *The Democratic Experience : A Short History,* Illinois/London, Scott, Foresman and Co., 1981.

5……Richard N. Current et al., *American History : A Survey,* New York, Alfred A. Knopf, 1965, 1995 (9th ed.).

6……Thomas A. Bailey and David M. Kennedy, *The American Pageant : A History of the Republic,* Lexington, Mass., D. C. Heath and Co., 1956, 1983 (7th ed.), 1994 (10th ed.).

7……John A. Garraty and Robert A. McCaughey, *The American Nation : A History of the United States,* New York, Harper and Row, 1987.

8……Bruce Levine et al., *Who Built America? : Working People and the Nation's Economy, Politics, Culture and Society,* vol.1, New York, Pantheon Books, 1989.

9……Mary Beth Norton et al., *A People and a Nation,* Boston/New York, Houghton Mifflin Co., 1994 (4th ed.), 1998 (5th ed.).

10……Joshua Freeman et al., *Who Built America? : Working People and the Nation's Economy, Politics, Culture and Society,* vol.2, New York, Pantheon Books, 1992.

カバー――ユニフォトプレス提供
p.14――1, p.55
p.23――2, p.298
p.34――1, p.22
p.39――1, p.38
p.43――3, p.22
p.46――3, p.62
p.64――3, p.98
p.77上――3, p.134
p.77下――ユニフォトプレス提供
p.83――1, p.278
p.89――3, p.166
p.96――3, p.193
p.107下――3, p.231
p.119――4, p.155
p.135――1, p.381
p.139――5, p.251
p.144――6, p.285
p.159――1, p.375
p.165――6, pp.266-267
p.177――6, p.320
p.184――1, p.411
p.186――7, p.407
p.207――8, p.423
p.211――8, p.425
p.221――9, p.461
p.228――9, p.458
p.231――9, p.494
p.241――10, p.35
p.244――10, p.18
p.247――5, p.463
p.252上――9, p.464
p.252下――9, p.464
p.256――10, XXVI
p.259――9, p.605
p.268――9, p.139

久保 文明　くぼ ふみあき
1956年生まれ。東京大学法学部卒業，法学博士
現在，東京大学大学院法学政治学研究科教授
主要著書：『ニューディールとアメリカ民主政』(東京大学出版会 1988)，『現代アメリカ政治と公共利益』(東京大学出版会 1997)，『日米関係史』(共著，有斐閣 2008)，『アメリカ政治史』(有斐閣 2018)

島田 眞杉　しまだ ますぎ
1945年生まれ。京都大学大学院文学研究科博士課程中退
京都大学名誉教授
主要著書・論文：『市民的自由の探求――両大戦間期のアメリカ』(共著，世界思想社 1985)，『アメリカ合衆国の歴史』(共著，ミネルヴァ書房 1998)，「戦後秩序の中の豊かさと消費――復員兵・自動車労働者・48年選挙」(『アメリカ史評論』11 1993)

執筆者紹介(執筆順)

紀平 英作　きひら　えいさく

1946年生まれ。京都大学大学院文学研究科修士課程修了，博士(文学)
京都大学名誉教授
主要著書：『ニューディール政治秩序の形成過程の研究』(京都大学学術出版会 1993)，『パクス・アメリカーナへの道』(山川出版社 1996)，『アメリカ合衆国の膨張』〈世界の歴史 23〉(共著，中央公論社 1998)，『歴史としての核時代』〈世界史リブレット 50〉(山川出版社 1998)

明石 紀雄　あかし　のりお

1940年生まれ。ウィスコンシン大学大学院修士課程修了，博士(文学)
筑波大学名誉教授
主要著書：『トマス・ジェファソンと「自由の帝国」の理念――アメリカ合衆国建国史序説』(ミネルヴァ書房 1993)，『モンティチェロのジェファソン――アメリカ建国の父祖の内面史』〈Minerva 西洋史ライブラリー55〉(ミネルヴァ書房 2003)，『エスニック・アメリカ(第3版)――多文化社会における共生の模索』(共著，有斐閣 2011)

清水 忠重　しみず　ただしげ

1944年生まれ。京都大学大学院文学研究科博士課程中退
元神戸女学院大学文学部教授
主要著書・論文：『世界歴史大系 アメリカ史 1』(共著，山川出版社 1994)，『アメリカの黒人奴隷制論――その思想史的展開――』(木鐸社 2001)，「ウィリアム・ロイド・ガリスン」(『史林』57巻4号 1974)，「アメリカ植民協会」(『神戸女学院大学論集』40巻2号 1993)

横山 良　よこやま　りょう

1945年生まれ。京都大学大学院文学研究科博士課程単位取得退学
神戸大学名誉教授
主要著書・論文：『アメリカ合衆国の歴史』(共著，ミネルヴァ書房 1998)，「カラーラインの乗り越え方――南部ポピュリストの闘いにみる」(常松洋・肥後本芳男・中野耕太郎編『アメリカ合衆国の形成と政治文化』昭和堂 2010)，「Populism と populism ――アメリカ・ポピュリズム研究のアポリア」(『アメリカ史評論』35 2018)

『新版　世界各国史第二四　アメリカ史』
一九九九年十月　山川出版社刊

YAMAKAWA SELECTION

アメリカ史《し》　上

2019年 7 月20日　第 1 版 1 刷　印刷
2019年 7 月30日　第 1 版 1 刷　発行

編者　紀平英作《きひらえいさく》

発行者　野澤伸平

発行所　株式会社山川出版社
〒101-0047 東京都千代田区内神田1-13-13
電話03(3293)8131(営業)8134(編集)
https://www.yamakawa.co.jp/
振替 00120-9-43993

印刷所　株式会社加藤文明社

製本所　株式会社ブロケード
装幀　菊地信義

 ISBN978-4-634-42381-7